女性事務職のキャリア拡大と職場組織

浅海典子

日本経済評論社

目次

序　章　課題と研究方法

第1節　本書の目的と意義

1　本書の目的と人的資源管理研究への意義

本書の目的は、女性事務職の仕事とキャリアを職場組織の中で捉え、その内実と変化をあきらかにすることである。男性とともに働く職場組織の中で事務労働を担う女性たちは、誰と、どのように仕事を分け合い、何を引き受けているのか。女性たちがベテランになるにしたがって、その仕事は変わっていくのか。変わっていくとすればその背景には何があり、女性事務職のキャリアはどこへ向かっているのか。このような問いに答えるために、女性事務職の仕事そのものに焦点を当て、深く立ち入って分析する試みである。

女性労働者の人材開発と能力の発揮は、人的資源管理研究の主要なテーマのひとつである。その主な理由として、まず第一に労働の担い手としての女性への期待の高まりが挙げられる。労働力人口は二〇〇五年の六七七〇万人をピークに減り始め、特に若年労働力（一五～二九歳）は二〇〇〇年から二〇二五年までの二五年間で五〇〇万人、男性労働力は同じく二五年間に三〇〇万人減少すると予測されている。一方で女性労働力は、労働力率の上昇が見込まれるために総数では横ばいで推移すると見られている（内閣府2004）。

二点めに、女性労働者の人材としての質の高まりが、人的資源管理における重要性を増す要因となっている。女性労働者の高学歴化は進展の一途をたどり(1)、また平均勤続年数は二〇〇四年には九・〇年に達した(2)。三人に一人は勤続一〇年以上のベテランであり、もはや短期勤続による浅いキャリアを前提とした人材とはいえなくなりつつある。

三点めとして、企業が「労働者の多様性」に目を向け始めている点が指摘できる。経済の停滞と需要の落ち込みを打開し、環境変化に柔軟に対応するために、「ダイバーシティ マネジメント」すなわち多様な人材の能力や発想、価値観を活かすことによって、組織の活性化と創造性を高めようとする人事・経営戦略が提案されている（日経連ダイバーシティ・ワーク・ルール研究会2002；経済同友会2004）。具体的には、女性・高齢者・外国人などの多様な人材を活かす経営が企業の競争力強化につながるとされ、先進的に取り組んでいる企業の事例報告や調査が始まっている（有村貞則1999, 2004a, b；牛尾奈緒美2002；谷口真美2005）。「ダイバーシティ マネジメント」が従来の「女性の活用」とどう違うのか、またどのようなプロセスによって女性労働者の特徴を活かしていくのかに注目する必要があろう。

2　女性労働者にとっての意義

では、企業組織における女性労働の実態を解明することは、女性労働者自身にとってどのような意義があるだろうか。男女を問わず、働く個人を取り巻く環境が大きく変動し、雇用やキャリア形成への不安が広がっている。いうまでもなく、企業は透明性・納得性の高い人事制度を構築し、従業員のキャリア開発を支援する責任を負う。他方、働く個人には、市場と企業が求める技能を的確に捉え、自己のキャリア形成を設計して、自らの能力開発に主体的に取り組むこと、すなわち「キャリアデザイン」が求められている（労働政策研究・研修機構 2004）。女性労働者は家庭責任やライフイベントとの兼ね合いから、キャリアの中断や変更を余儀なくされる場合が多い。したがって、キャリアデザインは女性にこそ必要であるといえよう。女性労働者の仕事と能力、キャリア形成の内実をあきらかにすることは、なによりもまず女性労働者自身が自己のスキルを点検し、企業内あるいは労働市場でどのようなスキルが活かせるのか、さらに腕を磨くにはどのような経験と学習が必要なのかを考えるための手助けとなるであろう。

3　研究の視点

本書は女性労働者の中でも事務職を研究対象とする。事務職を選んだ第一の理由は、女性労働者全体への影響力の大きさである。欧米において事務職は、組織の成長とそれに伴う情報伝達の急増、およびタイプライターや電話機などの事務機器の発達により、一九世紀後半から急速に増大化した職業である。量的拡大は女性労働者の流入を招き、二〇世紀には、事務職は男性の職業から女性の職業へとその性格を変化させた。低賃金で決まりきった仕事を多くの女性が担っていることから「女性のゲットー」と呼ばれ（Benet 1972）、その後も女性事務職の仕事の特徴に関心が寄せられている（Davies 1982；Goldberg 1983；Glenn & Feldberg 1984）。

事務職が組織と技術の進展に伴って量的拡大を遂げ、女性比率を高めた道筋は、日本においても同様である（大沢真知子 1993）。現在では、労働力調査によれば女性事務従事者は全女性雇用者の三二・五％を占めており、事務職は女性雇用者にとって最大の職業である。また全事務従事者のうち五九・七％が女性であり、女性比率の最も高い職業でもある（厚生労働省 2005）。

第二に、事務職は女性労働者にとって影響力の大きい職業であるにもかかわらず、その仕事とキャリアに関する研究はきわめて少ない。これまでに、女性事務職がどのように意味づけられてきたかを歴史的に捉える試みがなされ

（金野美奈子 2000）、女性事務職が職場で示す「抵抗」の行動が描かれた（小笠原祐子 1998）。これらの研究は、女性事務職の実態に迫るための貴重な成果である。しかし、女性事務職が日々の勤務時間に具体的に何を行ない、誰とどのようにして仕事を分け合っているのか、その仕事はどれほど難しいものなのかといった、職務そのものに深く踏み込んだ研究成果はほとんど得られていない。さらに、職務内容に関する詳細な研究が不足しているにもかかわらず、一般に女性事務職の仕事は単純で定型的であり、その役割は補助的だといわれているのである。

女性事務職の仕事とキャリアを丹念に観察・分析しないままに、「定型的・補助的」であると断定することは、女性事務職の仕事と役割への理解を妨げる。さらに能力と組織へのインパクトを正しく評価する機会を逸し、能力開発や新たな進路探索の可能性を狭めることにつながるといえよう。

そこで本書では、以下の三つの視点から女性事務職の仕事とキャリアを職場組織の中で捉え、その内実と変化をあきらかにしたい。第一の視点は、「女性事務職は仕事経験を積み重ねることによって、能力伸張とキャリア拡大を図っているか」という点である。ある一時点での職務分析にとどまらず、事務職として働く女性たちの日々の具体的な仕事と、その日々の積み重ねとしてのキャリアの軌跡を丹念に探ることによって、「単純で定型的」とされる女性事務職の職務と能力伸張、およびキャリアの拡大を実証していきたい。

第二点めは、「男女の職務は分断され、女性事務職は補助的な役割にすぎないのか」という視点である。女性事務職を職場組織の内部に位置づけ、他のメンバーとの仕事の分け合い方、すなわち分業体制に焦点をあてて考察したい。職場の男性と女性事務職の仕事は決定的に分断されているのか、あるいは両者の分業体制にはある程度の柔軟性が見出せるのかを検討する。「補助的」とされる女性事務職の職場での役割を検証することによって、性別職務分離の有無と程度をあきらかにすることができよう。また、女性事務職のキャリアが拡大していくとすれば、職場の分業体制にも影響がおよぶものと考えられる。女性事務職のキャリア拡大と、職場組織の変容との関係を解き明かしていきたい。

第三点めは、前述の二点に生じている変化の背景を探る視点である。すなわち、「女性事務職の仕事とキャリア、および性別職務分離はなぜ変容していくのか」という視点であり、職場の内外から幅広く要因を探っていきたい。とりわけ、事務労働を大きく変化させていると思われる情報通信技術（ＩＴ）の進展に注目して、女性事務職の仕事にどのようなインパクトを与えているのかを検討する。

以上三つの視点から実証を進め、女性事務職のキャリア拡大と性別職務分離の変容のメカニズムを解明するための示唆を得ることとしたい。

第2節　研究方法と用語の定義

1　研究方法と調査概要

前節で述べた研究目的を果たすために、本書では事例研究を用いる。第Ⅰ部では情報通信機器メーカーA社営業職場の女性事務職の調査を、第Ⅱ部ではさまざまな企業で営業職に進出した一〇人の女性事務職の事例研究を行なう。女性事務職の職務内容とキャリア拡大を職場組織の中で捉え、性別職務分離の変容を観察するために、本書の第Ⅰ部では情報通信機器メーカーA社の営業職場の女性事務職を研究対象とした。製造業を研究対象に選んだ理由は、女性の人材開発と能力発揮におけるいわば「後発組」であると一般に考えられているにもかかわらず、他産業と同様に、女性の勤続年数の長期化と高学歴化、技術革新による事務業務の合理化といった変化にさらされているからである。

労働力調査によれば、二〇〇四年に製造業で働く雇用者の女性比率は三一・七％であり、医療・福祉（七九・三

％）、飲食店・宿泊業（六〇・五％）、卸売・小売業（五〇・四％）などに比べて低い（厚生労働省 2005）。また、製造業が女性社員の活用に関して先進的な産業であるとは、一般に考えられていないであろう。

しかし佐藤悦子［1998］によれば、電機連合加入企業の女性組合員の平均勤続年数は全女性雇用者と同程度であり、高学歴化も進んでいる。佐藤は電気機器会社で働く女性について、「かつては過半数が生産ラインに従事し、残る女性は庶務業務や間接部門の補助業務に従事して」いたが、現在は「単純で補助的な労働力から、不可欠な労働力となり、基幹業務にも進出しつつある」としている。また、最近の職務の動向に関して、ホワイトカラーが過半数を占めるようになった上に、パソコンの導入により事務部門の合理化が図られていると指摘している。(3) このような環境にある製造業の女性事務職の職務とキャリア拡大をあきらかにすることによって、女性事務職の将来に関する示唆を得ることができると考えられよう。

つぎに営業職場を選んだ理由であるが、日本企業の営業職場では、営業職と事務職の協働によって営業活動を行なう場合が多い。さらに、男性営業職を「営業マン」、女性事務職を「営業アシスタント」と呼ぶことがある。(4) つまり、女性事務職の役割が限定されていると見なされることが多いといえよう。そこで本書では、その営業職場における女性事務職と男性営業職の職務分担を観察する。女性事務職が「補助的」であるとの予見によらず、職場の男女の分業体制を事実に基づいて捉え直したい。

なお、事務労働者の非正規雇用化が急速に進んでおり、非正規雇用労働者への代替や外注化が事務労働をどのように変えたか、正規雇用労働者と非正規雇用労働者の職務はどのように区分され、その結果組織にどのような影響がおよんでいるのかを実証する必要が高まっている。しかし、調査時点でA社国内営業部門には、派遣社員が全国で若干名採用されているにすぎず、欠員補充としての短期的な活用に留まっていた。したがって、本調査では非正規雇用労働者については採り上げていない。

表序-1　調査概要

調査No.		調査名	対象者	方法	時期	所用時間
A社調査	①	仕事の洗い出し調査	事務職女性８人 営業経験のある男性社員２人	インタビュー インタビュー	1998年７月 1998年７月	１人約２時間 １人約1.5時間
	②	４年め職務担当状況調査	４年め事務職46人	アンケート	1998年７月～８月	－
	③	ベテラン職務担当状況調査	ベテラン事務職38人	アンケート	1998年12月	－
	④	ベテラン職務の変化調査	ベテラン事務職９人	インタビュー	1998年７月～1999年６月	１人１～２時間
			その上司１人	インタビュー	1998年11月	約１時間
	⑤	退職者職務内容調査	退職した事務職	インタビュー	1999年６月	約2.5時間
	⑥	同業他社職場組織調査	同業Ｑ社退職者	インタビュー	1999年７月	約２時間
	⑦	情報システムの変遷調査	退職したＡ社情報システム企画担当者	電子メールによる質問と回答	2000年１月	－
⑧		10人の事務職調査	事務職から営業職へ転換した女性10人	インタビュー	1995年６月～1996年９月	１人約３時間

第II部では、女性事務職の営業職へのキャリア拡大の内実を、一〇人の女性事務職へのインタビュー調査によって探る。事務職から営業職への転換事例調査であるため、一〇人の働く九社は産業・規模ともに多様であり、また一〇人全員が営業職場の事務職であったわけではない。営業職としての職務範囲もさまざまであるが、本人あるいは周囲の人たちが「事務職から営業職に転換した」と認識している点が一〇人に共通する特性である。なお、二つの調査の概要は表序-1のとおりである。(5)

2　用語の定義

つぎに、本書で使用する用語の定義を示したい。

事務職

本書における「事務職」とは、総務・庶務・経理などの管理部門、営業・販売部門、および各事業所の事務系業務に従事する労働者を指す。キーパンチャーなどのＯＡ機器操作を専門に行なう者を含むが、管理職は含まない。ただし、第I部で採り上げる情報通信機器メーカーＡ社の事務職は全員が営業職場の事務職であり、第II部ではさまざまな職場の事務職を調査対象としている。

本書では、コース別雇用管理制度[6]における総合職と一般職という区分では分析していない。コース別雇用管理制度を導入している企業が大多数とはいえないため[7]、本書では人事制度による枠を設けず、女性事務職の実際の仕事内容によって調査対象者を求めた。本書が採り上げた女性事務職は、コース別雇用管理制度を導入している企業においては、いわゆる一般職に該当した。なお、総合職にも女性事務職はいると考えられるが、そのキャリアルートは一般職とは異なると予想されるため研究対象としない。

販売活動・営業活動・営業職

「販売活動」とは、商品の売買に直接関係する勧誘・受注・納品・代金回収などの職務を指す。これに対して「営業活動」は、販売活動の準備や販売促進などを含めた、より広範な職務を表わす。この営業活動を行なうものを、「営業職」と定義する。営業職には女性社員が存在するが、その割合は低いため、特に断らない限り営業職とは男性である。なお、調査中に女性の営業職が見出された場合は、「女性営業職」と表記した。

課業・単位作業・職務

「課業」とは、それ自体が目的をもつ職務の単位であり、目的に沿った具体的な成果が確認できる大きさの仕事を意味する。また「単位作業」とは、課業を遂行する手段としての作業や動作を表わす。複数の課業や単位作業のまとまりを表わす場合には、「職務」もしくは「仕事」とした。

平均的な事務職・ベテラン事務職

第I部のA社調査では二階層の女性事務職を調査対象者として選び、それぞれを「平均的な事務職」「ベテラン事務職」と名づけた。「平均的な事務職」とは、A社の営業職場で働く入社四年めの女性事務職を指す。「ベテラン事務職」も営業職場で働く女性であるが勤続年数には個人によるばらつきがあり、その平均勤続年数は八・六年である。

第II部では、業種と規模の混在した九社で働く一〇人の女性事務職について考察した。中途入社者も含まれ、また勤続年数もさまざまなので、全員を「女性事務職」と呼ぶ。

職務分担・分業・性別職務分離

本書における「職務分担」とは、女性事務職とそれ以外の職場メンバーが、それぞれ何を担当し、どのようにして作業を分け合っているかという状況を表わす。第I部のA社調査では、女性事務職と営業職がどのように職務を分け合っているかに焦点をあて、第II部では女性事務職と他のメンバーとの職務分担についてあきらかにした。「職務（仕事）を分担する」という場合には、女性事務職とそれ以外の職場メンバーのそれぞれが、異なる作業や職務を行なっていることを意味する。

職場における職務分担状況を総括的に論じる場合には、「分業」または「分業体制」という表現を用いる。さらに、職場内での「分業」の結果、職務内容に性による偏りが生じる場合、この偏りを「性別職務分離」と呼ぶ。男女間の職種の偏りや上位職務と下位職務との配分の偏りを指す「性別職域分離」とは異なり、本書では職場レベルでの職務の偏りを表わしている。

職域拡大・職務転換・キャリア拡大

本書では、労働者がそれまでの担当職務に加えて、関連する新たな職務を取り込んでいくことを「職域拡大」と表現している。新たに取りこむ職務は職場内の課業や単位作業であり、小さな単位の職務である。

一方、「職務転換」は担当職務の変更を意味し、役割や職務の目的そのものの変更を伴う転換を指す。配置転換や昇格、人事制度上の公式的な職種転換だけでなく、職場内での新たな役割や職務への転換を含んでいる。「職務転換」によって新たなキャリアルートを進むことを「キャリア拡大」と表わしている。

IT・情報システム

本書の「IT」は情報通信技術を指し、「IT化」は専門技術者ではない事務系一般労働者の日常業務の処理における情報機器使用の拡大、およびLANやインターネットなどの通信技術による、データ交換とコミュニケーションの拡大を意味する。

また「情報システム」とは、受発注などの取引データを記録すると同時に自動的に伝票を発行し、またそのデータを関係部署へ転送する業務処理のシステムを指す。企業全体の業務処理システムを統合して経営戦略に活用する、より高度な情報システムの構築が進展しているが、本書では営業職場における日常の業務処理を支援する情報システムについて考察する。

第3節　課題と分析の枠組み

1　本書の課題

(1)　女性事務職の能力伸張とキャリア拡大

本書が解明する第一の課題は、「女性事務職は仕事経験の積み重ねによって能力伸張とキャリア拡大を図っているか」という点である。

　労働に関する多くの実証研究が職場レベルでの職務内容と職務分担を詳細にあきらかにしているにもかかわらず、女性労働の内実に関する実証分析は非常に少ないのが現状である。十分な実証研究が得られていないにもかかわらず、女性事務職の仕事は「ルーティン的な事務作業」と「職場の雑事」[8]であるとされ、業種や部署による差異が少ないとみなされてきた（中村真人 1987）。また女性事務職は職務に関する深い知識を要求されないために補助的であるとの見方もある（小方直幸・金子元久 1997）。しかしこれらの主張には、具体的な事例や職務に関する事実は挙げられていない。

　女性事務職の仕事に関する数少ない調査として、労働省婦人少年局［1963］『女子事務職員――実態調査報告』[9]がある。表序-2では、文書・人事関係の職務の種類別に、男女担当者の割合を示した。これによれば、一九六一年当時の多くの女性事務職が「文書の分類・整理」「発信」「受信」などを担当し、多くの男性事務職が「文書の起案」「分類・整理」「対外接渉」などを担っている。しかしながら、「文書の起案」「資料作成蒐集」などの職務を担当する女性も一割以上を占め、単純作業だけを行なっていたのではないことをうかがわせる。

　一九七〇年代の大手商社の女性事務職は、「書類作成」「応対」「ファイル」「運搬」などの職務を引き受けていたと推測されているが[10]、「書類作成」とは具体的にどの

表序-2　1961年における文書・人事関係事務の男女担当者割合

種類		女子(%)	男子(%)
文書	起案	11.3	58.0
	発信	50.9	41.7
	受信	42.5	35.1
	分類・整理	62.1	47.2
	持ち回り	37.1	21.0
物品	保管	41.6	35.7
	配布	36.0	26.6
賃金計算		22.2	18.1
賃金支払い事務		20.9	16.4
各種証明書の発行		16.5	17.5
出退勤簿整理		19.6	10.2
保管		15.2	11.7
資料作成蒐集		16.5	31.5
対外接渉		5.9	44.7
その他		5.7	4.6

出所：労働省婦人少年局［1963］『女子事務職員――実態調査報告』15ページより作成。

表序-3　人事・労務系職務における女性事務職の実施率

職　務	実施率(%)
人事・労務系職務	
採用計画の立案および実施	12.6
臨時社員を採用する際の判断	7.7
配置・昇進計画の立案	4.9
人事異動・昇進などの検討	4.4
人事考課の運用指導	3.8
賃上げの査定	4.4
労組・従業員団体との連絡・調整	1.6
トラブル・苦情処理	12.6
社員研修の企画・立案	15.9
社員研修の実施	20.3
給与計算・源泉徴収・社会保険事務	62.6
課内庶務	65.9

出所：東京都中央労政事務所［1998］『女性事務職の現状と活用に関する調査』32ページより作成。

ような書類を作成していたのか、単なる清書なのか、あるいは起案から行なうのかについてあきらかではない。

一方、東京都中央労政事務所による総務・人事労務・経理の各部門に関する調査(11)によれば、中小・中堅企業の間接部門で働く女性事務職には、企画・立案などの難易度の高い職務や対外折衝を担う人が数多く存在している（東京都中央労政事務所 1998）。表序-3では人事・労務系職務における女性事務職の実施率を示した。

このように、女性事務職の仕事は十分な裏づけがないままに「定型的・補助的」だとされてきた反面、数少ない事実調査では、単純な作業だけを担っているのではないことが読みとれる。したがって、仕事そのものをより詳しく調べたうえで、女性事務職の能力伸張やキャリア拡大を実証することが求められよう。

能力伸張やキャリア拡大が見出せれば、女性事務職の仕事が「定型的」で業種や部署による差異が少ないとするのは適切ではない。この点を検証するために、第I部情報通信機器メーカーA社の事例調査では、「平均的な事務職」と「ベテラン事務職」の職務分析を行ない、さらにベテラン事務職へのインタビュー調査を実施して勤続年数の伸長による仕事の変化を探った。その際、A社営業職場の女性事務職の職務を詳細に分析するために、五つの分析視点を設定した。この五つの視点については次項で詳しく述べる。

女性労働者の技能形成とキャリア拡大については、これまでにも実証研究が積み重ねられてきた（小池和男・冨田安信 1988；脇坂明 1990, 1998；大内章子 1999；仙田幸子 2000a, b)(12)。たとえば、女性社員の企業内部でのキャリア拡大に関して冨田［1991］は、「最初から基幹業務で育成」「補助業務から基幹業務へ進出」「補助・定型業務で長勤続」「配転によるキャリアルート開拓」の四タイプを見出している。職務上の必要性や本人の技能によって、複数のキャリアルートが考えられるというのである。また脇坂［1998］は、入社当初は補助的業務を担当するが次第に男性の仕事へと技能を伸ばし、まとまりのある仕事を任されるというプロセスが一般職のキャリア拡大の典型だとしている。一般職のキャリア拡大は連続的・漸次的に生じるという主張である。

そこで本書の第Ⅰ部では、A社の女性事務職が職務転換によるキャリア拡大を図った事例について、インタビューによってその内容と背景を探る。さらに第Ⅱ部では、事務職から営業職へのキャリア拡大を先進事例と捉え、一〇人の事例を調べてその内実をあきらかにする。

(2)　性別職務分離の有無と程度

性による仕事の違いについては、男女間の職種の偏りとしての分離である「水平的分離」と、同一職種内における上位職務と下位職務との配分の偏りである「垂直的分離」に区分したうえで、「性別職域分離」として研究されてきた（竹中恵美子 1989；木本喜美子 1995, 1999, 2003；首藤若菜 2003)。「水平的分離」「垂直的分離」が性別による偏りを労働市場全体から捉えようとしているのに対して、本書は職場内部における男女の職務分担を分析することを目的としている。そこで本書は、職場レベルでの男女の職務分担を「性別職務分離」と呼んでいる。

ひとつの職場において男女がどのように仕事を分け合っているのかをあきらかにする研究は少ないが、駒川智子［1998］は、ある都市銀行では総合職が「企画・判断業務」を、一般職が「定型業務」を担っているとしている。男女の仕事が決定的に二分されているという主張である。これに対して、脇坂［1998］は男女の職務分担のあり方によ

表序-4　商社営業部門の職務アイテムと男女社員の担当者

	女性(77人)		男性(42人)	
	担当者数(人)	担当者割合(%)	担当者数(人)	担当者割合(%)
成約				
引合い				
市場調査	7	9.1	37	88.1
採算データ分析	30	39.0	36	85.7
価格の交渉	25	32.5	39	92.9
与信				
与信限度申請	22	28.6	32	76.2
与信枠管理	21	27.3	28	66.7
売買契約				
受発注業務	45	58.4	36	85.7
注文・契約書	55	71.4	32	76.2
成約残管理	48	62.3	32	76.2
受け渡し				
外為関係				
信用状開設	28	36.4	11	26.2
信用状接受	20	26.0	8	19.0
為替予約	38	49.4	15	35.7
為替データ管理	35	45.5	10	23.8
荷為替買取	21	27.3	6	14.3
物流				
輸出書類作成	17	22.1	5	11.9
デリバリー	46	59.7	23	54.8
船賃の交渉	11	14.3	11	26.2
船ぷくの確保	10	13.0	5	11.9
通関書類作成	23	29.9	10	23.8
船積手配	31	40.3	17	40.5
滞船料交渉	8	10.4	4	9.5
クレーム処理	14	18.2	22	52.4
商品管理				
在庫データ管理	36	46.8	24	57.1
商品管理	18	23.4	15	35.7
仕入・売上業務				
受領書確認	41	53.2	15	35.7
仕入売上計上	54	70.1	11	26.2
債権債務管理	46	59.7	25	59.5
請求書の作成	60	77.9	12	28.6
集金	31	40.3	19	45.2
伝票起票	51	66.2	6	14.3

表序-4　続き

	女性(77人)		男性(42人)	
	担当者数(人)	担当者割合(%)	担当者数(人)	担当者割合(%)
決算・営業計画				
棚卸し	14	18.2	12	28.6
残高確認等	39	50.6	11	26.2
諸監査対応	24	31.2	12	28.6
営業データ作成	35	45.5	27	64.3
営業データ分析	9	11.7	28	66.7
営業計画作成	16	20.8	28	66.7
資金管理	9	11.7	10	23.8
その他				
社内通達配布	54	70.1	4	9.5
メール等配布	68	88.3	6	14.3
各種書類保管	60	77.9	8	19.0
間接販売費	59	76.6	9	21.4
庶務	60	77.9	5	11.9
給茶関係	67	87.0	3	7.1

出所：ペイ・エクイティ研究会［1997］『「商社における職務の分析とペイ・エクイティ」研究報告書』31ページより作成。

って職場には五つのタイプが存在することを実証し、また仙田幸子［2000a］は四七人の一般職へのインタビューによって五つの類型を見出している(13)。

ペイ・エクイティ研究会［1997］は商社の職務一覧を部署ごとに作成した上で、一五社の男女社員へのアンケート調査によって職務の分析と評価を行なっている。営業部門の四二の職務アイテムを列挙して男女社員(14)に「誰が担当しているか」を聞いた結果が表序-4である。ペイ・エクイティ研究会はこの結果から、女性は日常の雑務と「仕入・売上業務」を主要業務とし、男性は「成約」「営業計画」に関する業務を主に行なっていると結論づけ、「性による著しい職務の分離が見られる(15)」としている。しかしこの調査結果からは、女性事務職が「調査」「分析」「交渉」などの高度な職務を男性とともに担っている点を読み取ることもできる。ペイ・エクイティ研究会はアンケート調査で得られた回答者数の男女比率の偏りを、実際の職場の男女比率に修正したうえで、各職務アイテムの性別職務担当比率を算出している。それによれば、四二の職務のうち、男性職務（男性の担当比率が七〇%以上）が一三アイテム、女性職務（女性の担当比率が七〇%以上）が六アイテムであるとしており、混合職務（二三アイテム）が最も多い[16]。したがってこの調査結果では、男女の主要業務の違いだけでなく職務分担の曖昧さにも注目すべきであろう。商社営業職場の女性事務職と営業職は各々が主要な職務を持っているが、その分担は厳密なものではなく、男性だけ、あるいは女性だけが引き受けている職務は多数ではない。

岡崎敬子［1987］も、商社の営業部門では男性社員が契約交渉を行ない、女性事務職が契約成立後の手配を担当していることを見出している。ただし、価格変動の少ない取引きであれば女性が引き受ける場合もあり、商品やマーケットの特性、取引相手との関係によって男女の職務分担に変更が生じる点があきらかにされている。

このように、職場レベルでの男女の職務は深く分断されているという主張がある一方、いくつかに類型化できることが指摘され、さらに個々の職務を誰が担っているかを詳しく調べれば、男女の担当職務の境界線はむしろ曖昧であると捉えることができる。そこで本書の第I部では、A社営業職場における女性事務職と男性営業職の職務分担のあり方を観察する。職場の男女の分業体制を丹念に調べたうえで、性別職務分離の有無とその程度を検討したい。

さらに第II部では、女性事務職の営業職への進出による男女の分業体制の変化を考察する。結論からいえば、女性事務職のキャリア拡大によって性別職務分離は縮小に向かい、男女の分業体制が多様化していることが見出された。どのように縮小し、今後どうなるのかを考えたい。

(3) 女性事務職のキャリア拡大と性別職務分離の縮小を引き起こす要因

第三の課題は、「女性事務職の仕事とキャリア、および性別職務分離はなぜ変容するのか」を解明することである。女性事務職が職場内部でキャリア拡大を図る場合には、仕事とキャリアと男女の分業体制がすべて連動して変化していくものと想定できる。すなわち、ひとりの女性が勤続年数を重ねるにしたがって仕事の領域を広げ、キャリアの拡大を図り、それに伴って職場の男女の分業に変更が生じるという仕組みが予測されよう。そこで本書では、女性事務職の仕事とキャリア、およびそれを取り巻く男女の分業、すなわち性別職務分離の変化が、どのような要因によって引き起こされるのかを考える。第I部ではA社のベテラン事務職の事例によって、また第II部では、事務職から営業職へのキャリア拡大事例によって、どのような条件が女性事務職の仕事とキャリアの変容を促し、性別職務分離を縮小へ向かわせるのかを実証する。

性別職域分離の生成要因は、大きく分けて二つの立場から説明されてきた。すなわち、企業および女性労働者の合理的な判断の結果として男女の職域に差異が生じるという理論と、伝統的な男性観・女性観が性別職域分離を生み出すとする理論である（ホーン川嶋瑶子 1994；合場敬子 1996）。前者の立場に立つのが「統計的差別理論」である。統計的に見て短期就労である女性社員が浅いキャリアで務まる仕事に就くとし、効率を求める企業行動が、男女の職域分担を規定していくと考える（脇坂 1998；小池 2005）。

後者の立場は、企業の労務管理や職場の男性社員の姿勢が性別職域分離を生むとする。たとえば、木本［1995］は職場慣行の累積が百貨店男女社員の職務分離を生み出したとし、熊沢［1993］は女性を単純補助業務の担い手とする労務管理の基本原則の存在を指摘する。さらに、職場レベルでの性別職務分離には、コース別雇用管理制度の存在（駒川 1998）、あるいは職場の管理職の判断（大槻奈巳 1998）が影響を与えるとの見解が示されている。

一方で、性別職域分離の縮小や解消、すなわち男女が互いの仕事に乗り入れたり、その境界線が曖昧になるプロセスとその要因については、これまで論じられることが少なかった。限られた研究成果において指摘された要因には、以下の三点がある。

第一に、性別職域分離の生成要因とされる企業の労務管理方針が、一方で性別職域分離を縮小へ向かわせるという指摘がある。脇坂［1998］は歴史が浅いために優秀な男性社員の確保が難しい「イノベーター」企業が、女性社員の積極採用を図って性別職域分離を解消に向かわせるとしている。また経営トップの意思決定や人材活用方針の変更が縮小を生むことも指摘されている（駒川 2000；木本 2003；首藤 2003）。

第二に、労働市場変動への対応が男女の職域分離の変容につながる点があげられる。脇坂［1998］は男性労働力の不足が女性の採用と活用を促すと指摘し、首藤［2003］は少子化・高学歴化による中長期的な労働市場逼迫の予測が、経営者を現業職場への女性労働力の投入へ向かわせたとする。

性別職域分離に変化をもたらすとされる第三の要因は技術革新である。この点については事務労働のＩＴ化の影響に焦点をあてて、第五章において詳しく述べたい。

男女を問わず労働者が持てる力を十分に発揮し、能力を開発しながら協働していくためには、性別職域分離の縮小を引き起こす要因や背景を見極め、縮小に向けたさまざまな可能性を探ることこそが求められよう。そこで本書では、女性事務職のキャリア拡大を促し、職場の男女の分業体制に変化をもたらす要因を探ることによって、女性事務職のキャリア拡大と性別職務分離縮小のメカニズム解明への示唆と、今後の展望を得ることにしたい。

2　事務労働を分析するための五つの視点

「事務」とは、「経営活動に必要とされる情報の伝達と処理[17]」であると定義される。事務労働の分析にあたり、先行研究からいくつかの示唆を得ることができる。

第一に、事務労働には情報の入り口から出口までのプロセスが存在し、各段階の事務を情報処理の機能によって比較・分類すると、情報の「収集・分類・加工・創出・整理・伝達・記録・蓄積・検索」などに整理することができる（海老沢栄一 1980；山田明浦 1996）。したがって、分析対象である各事務作業が、このうちのどの機能を果たしているかを見極めることが重要である。

第二に、上記の各機能には難易度において差異があるものと思われるが、先行研究ではあきらかにされていない。たとえば、情報の「記録・分類・整理・保管」に比べて「加工・創出」はより高度な知識と判断を必要とすると考えられよう。したがって、本書の課題である女性事務職の能力伸張やキャリア拡大を分析するためには、事務労働を情報処理として捉えたうえで、各機能の難易度のレベルを考察する必要がある。

第三に、事務分析には各々の作業を詳細に分析するミクロの視点と、職場組織との関係において捉えるマクロの視点とが設定されうる。吉田寛治［1987］は事務効率化の研究において、作業量と時間の把握による動作改善を提起している。事務作業をより細かく分解して観察するミクロの視点である。一方、唐崎斉［1989］は組織編成や単位事務の分担状況を調査し、「事務分担表」や「職務記述書」を作成して、新たな事務システムを構築する方法が有効であるとする。事務労働がどのように区分され、労働者との結びつきがどのように設計されているかというマクロの視点による分析が必要であることがわかる。

これらの示唆を踏まえて、A社営業職場の女性事務職の職務を分析する五つの視点を設定した。

①　仕事の流れ（工程）のどの部分を担当しているか

一般に職場には、その目的を果たすための職務の工程が存在し、複数の労働者がその工程を分割して担当している。そこで営業職場の職務を分析するにあたって、当該職務が仕事全体の流れにおいてどの部分なのかという点を観察する。

②　職場の主たる目的である販売活動に対してどのような役割を担っているか

A社営業職場の業務目的は顧客への製品の販売であり、個々の職務がその目的に対してどのような役割を担っているかという視点から職務を分析する。

③　情報システムを使用しているか

各職務が、職場の業務処理を支援する情報システムを使用して遂行されているかどうかを考察する。(18)

④　事務労働を一連の情報処理と考えた場合の職務の難易度はどうか

情報処理である事務労働は「記録・分類・整理・保管」のような難易度の低い作業から、「加工・創出」のような判断を必要とする作業まで、幅広い技能レベルの作業によって成り立っていると考えられる。そこで、女性事務職の職務を情報処理の難易度によって分析することとしたい。さらに職務を情報処理の難易度によって観察することで、情報処理を支えるIT化の進展が、女性事務職の職務の難易度にどのような影響をおよぼすのかを検討する。

⑤　職務に要求される知識・技能は何か

各々の職務に要求される業務知識・製品知識、OA機器やパソコンの技能の必要性、およびコミュニケーションや対人折衝の技能について検討し、職務分析の視点とする。

以上の視点からA社営業職場の女性事務職の職務を観察・評価し、その特徴と頻度、男性社員との分担、および分担のあり方の変化とその背景を検討する。なお、第II部「一〇人の事務職調査」では、上記の五つの視点による分析には至っていない。様々な企業と職場を採り上げたため、一〇人の職務内容を洗い出して、比較検討による類型化を行なっている。

第4節　本書の構成

すでに述べたように、本書は二つの調査によって二部に分かれている。第Ⅰ部では情報通信機器メーカーA社の営業職場を採り上げて、三つの課題、すなわち

① 女性事務職の能力伸張とキャリア拡大
② 性別職務分離の有無と程度
③ 女性事務職のキャリア拡大と性別職務分離の縮小を引き起こす要因

を検証する。

第1章ではA社営業職場の組織と営業活動の概要を示した上で、女性事務職の集団全体としての職務を五つの視点に沿って分析する。また男性営業職の職務の概略を記して女性事務職と比較する。

第2章では平均的な事務職およびともに働く男性営業職が、どの職務をどの程度行なっているかをアンケート調査によってあきらかにする。得られた結果から平均的な事務職の職務の特徴、ならびに男女の分業と職場組織のあり様を分析する。

第3章ではベテラン事務職への調査結果を平均的な事務職と比較し、勤続年数の伸長による職務内容と職務分担の

変化を探る。また職域を拡大したケースを分析し、拡大した職務の特徴とその背景について検討する。

第4章ではベテラン事務職の職務転換の事例を採り上げ、転換後の職務の特徴とその背景を探る。また女性事務職の今後のキャリアルートについて予測を行なう。

第5章では、事務労働のIT化が女性事務職の職務にどのような影響をおよぼしてきたのかをあきらかにする。まずIT化の進展と事務労働との関係に関する先行研究の成果を概観する。つぎにA社営業職場における情報システム展開の経緯と機能の変遷を述べた上で、IT化の進展が女性事務職の仕事をどのように変えてきたのかをあきらかにする。

第II部では、さまざまな企業で事務職から営業職へキャリア拡大を果たした一〇人の事例を調査し、営業職へのキャリア拡大に絞って本書の課題を検証する。

第6章では、事務職時代の職務と営業職としての職務の特徴、およびその連続性を捉えて、キャリア拡大のパターンをあきらかにする。さらにその促進要因と阻害要因を検討する。

第7章では営業職へのキャリア拡大によって職場の分業体制にどのような変化が生じたかを観察し、性別職務分離の縮小と男女の分業の多様化を見出す。

終章では、本書の掲げた三つの課題について結論を述べ、女性事務職のキャリア拡大と性別職務分離の縮小を引き起こす仕組みを検討する。さらにA社の将来予測を通して、女性事務職に関わる展望と課題を示したい。

（1）　厚生労働省［2005］『平成一六年版女性労働白書』によれば、女性労働者の大卒比率は二〇〇四年には一五・六％に達し、高専・短大卒を加えると四七・八％におよぶ。

（2）　厚生労働省［2005］。

(3) 佐藤［1998］一五五～一五八ページ。

(4) たとえば、冨田安信［1992］一三三ページ。

(5) 第I部A社調査とその分析は拙稿［2001］で、第II部一〇人の事務職調査は拙稿［1997］ですでに報告しており、本書は全体を再構成して、加筆・修正を加えたものである。

(6) 本書ではコース別雇用管理制度を、「基幹的な業務を担い転勤の可能性がある総合職と、補助的な業務を担い転勤のない一般職とを区別して採用・管理する人事管理制度」とする。

(7) 二一世紀職業財団［2000］によれば、二〇〇〇年時点において、従業員数三〇〇人以上の二九八二社のうちコース別雇用管理制度を導入している企業は二四・六％である。企業規模別にみると五〇〇〇人以上の企業の導入割合がもっとも高く四三・〇％であるが、五〇〇〇人以上規模であっても「導入したことはない」企業が五五・一％で導入企業を上回る。

(8) 岡本英雄［1997］二七ページ。

(9) この調査は、全国の従業員数一〇〇人以上の製造業および金融保険業の三九三事業所と、そこで働く男女事務職員へのアンケート調査であり、一九六一年に実施された。なお、事務職員は、「庶務、企画、人事、厚生、労務、調査、会計、営業などの事務的な業務の企画、立案、実施ならびにこれに伴う転写、浄書、計算などの書記的な業務およびその補助的業務を行う者」と定義されている。

(10) 熊沢誠［1993］二四九～二五〇ページ。

(11) この調査は、東京都千代田区、中央区、文京区、台東区内の常用雇用者一〇人以上の事業所一一〇〇社（全産業）の事業主と、総務、人事労務、経理部門で働く事務職女性へのアンケート調査によって実施された。ここで採り上げる事業主調査のサンプル数は二三三件、従業員数は一〇〇人未満が約半数であり、全体の七割が三〇〇人未満である。中小・中堅規模の企業の実状と考えられよう。なお、調査対象企業の七八・一％がコース別雇用管理制度を採用していない。表序-3は、コース別雇用管理制度を採用していない企業で、女性事務職に任されている仕事について作表した。

(12) なお、最近では仕事と家庭との両立によるキャリア形成支援、いわゆるファミリー・フレンドリー施策の研究が進んでいる（脇坂 2001；川口章 2002；坂爪洋美 2002）。女性の職業継続と能力開発において重要な視点であるが、本書は職場に焦点を絞って分析を行なう。

(13) 脇坂［1998］は「男性独占型」「女性独占型」「男女同等型」「男女分業型」「中間型」の五タイプを見出し、仙田［2000a］は「分離型」「役職者補助型」「分担型」「役職者補佐型」「自己完結型」に類型化している。

(14) 女性七七人、男性四二人。女性回答者の九六％が一般職であるため、営業部門で働く女性事務職の状況を表わすものとみなすことができる。

(15) ペイ・エクイティ研究会［1997］三四ページ。

(16) ペイ・エクイティ研究会［1997］三四ページ。
(17) 並木高矣・島田清一［1981］四ページ。
(18) 調査時点において、製造業では製販統合型情報システム、すなわち製品の販売状況や在庫量、また顧客の要望に関する情報などを生産計画やマーケティングに活用するシステムの構築が課題となっていた（花岡菖・太田雅晴 1996）。しかしながら、A社調査では販売活動に直接関わる業務処理の情報システムについて検討している。

第Ⅰ部　営業職場における女性事務職の仕事とキャリア

第1章　営業職場の女性事務職の職務

第1章では、情報通信機器メーカーA社の国内営業職場と、女性事務職の職務の概要を示す。A社の概要と国内営業職場の営業活動を把握したうえで、女性事務職の職務一覧を作成し、女性事務職の集団全体としての職務の特徴をあきらかにする。本章で示す女性事務職集団全体としての職務分析を基本的な枠組みとして、次章以降で平均的な事務職とベテラン事務職の職務の分析を行ないたい。

第1節　情報通信機器メーカーA社営業職場の仕事

1　A社の概要

A社は日本を代表するＩＴ（情報通信技術）企業のひとつである。ＩＴ企業群には、コンピュータや通信機器などの開発と製造を行なうハードウェアメーカーをはじめとして、半導体メーカー、システム開発や運用を担うソフトウェア会社、回線を提供する通信事業者、各種サービスプロバイダーなどの、きわめて広範な企業が含まれる。その中でA社は電子情報通信機器の総合メーカーとして発展し、現在は情報システム構築を一貫してサポートするシステムインテグレーターとして広く事業を展開している。

A社の二〇〇五年の従業員数は、グループ全体で約一五万人である。グループ企業を含むA社の事業領域は、ハードウェア・ソフトウェアと通信技術を組み合わせて情報システムを構築し各種サービスを提供するIT・ネットワーク事業から、半導体およびプラズマディスプレイ・各種電子部品の開発・製造・販売まで、幅広い領域におよんでいる。(1)

本調査が行なわれた当時から、IT企業は新技術開発による急速な変化にさらされていた。また、業種や規模を限定しないあらゆる組織と、学校や一般家庭など広範な顧客に対するサービス提供が求められていた。そのため、コンピュータ・通信機器とソフトウェアを組み合わせて情報システム構築を提供するA社では、数多くの製品を製造・販売して顧客ニーズに応えていた。A社での聞き取りによれば、大型汎用コンピュータから電子部品まで調査時点で約二〇〇〇機種、商品名で約二万点を取り扱っていた。一九九〇年代に、顧客の要望がハードウェア中心からソフト・サービスへと次第に変化したため、A社では自前の開発にこだわらずに他社製品やソフトウェアを組み込んで、トータルなシステムを提供する事業形態に重点を置いた戦略がとられた。(2)そのため、顧客に提供する製品とサービスの他社との差別化はますます難しくなっていた。

2 A社国内営業部門の業務の特徴

このような環境下で、A社は一九九〇年代の初めに、それまでの製品・技術別の組織を市場別の組織へと再編成した。本調査が行なわれた当時のA社は、市場を大手通信企業と官公庁、一般企業、量販市場の三つに分け、各担当部門がそれぞれの顧客への事業を展開していた。国内営業部門はこのうち一般企業を顧客とする組織であり、国内各地域の一般企業および自治体への営業活動を担っていた。(3)

本書の課題をあきらかにするために、A社の中でも国内営業職場を調査対象に選定した。なぜなら、営業職場の女性事務職が担当職務を拡大しその役割を広げているとすれば、比較的低単価の製品を扱う職場の方が有利であろうと考えられるからである。これに対して、官公庁や大企業を対象とする営業職場で扱われる営業物件では、大規模なプロジェクトが予想される。さらにA社国内営業部門の人事担当者への聞き取りによれば、この部門の女性事務職の活躍が際立っているとのことだったので、国内営業部門を調査対象とした。

調査当時のA社国内営業部門は全国の支社・支店で構成され、各担当地区の事業所を対象に営業活動を行なっていた。地方自治体や公共事業体が最有力顧客であるが、地域の中小・中堅企業も重要な顧客層である。

A社での聞きとりによれば、前述したようなA社を取り巻く経営環境は、調査当時の国内営業部門の営業活動をつぎのように特徴づけていた。まず第一に、担当地域におけるきめこまかな市場の掘り起こしと、顧客への付加価値の高いサービス提供が要求されていた。A社はかつて、官公庁を中心とする大型受注によってシェアを拡大してきた。しかし、ITの進展とともに一般企業の受注が増え、取り扱う製品も大型汎用コンピュータからパソコンなどの低単価品へとシフトしていった。その結果、低単価の在庫品を活用した小口注文にも対応するようになった。それまでは販売店任せの小さな市場であっても、販売店を支援しながらタイムリーに対応して、売上を獲得する必要が高まってきたのである(4)。

第二に、国内営業職場では、顧客のニーズに合わせて情報システムと通信ネットワークを構築し、必要なハードとソフトをセットして提供する営業活動が求められていた。各地域の官公庁や一般企業に対して情報処理とネットワークのシステムを提供するためには、顧客の業務内容を理解したうえでシステムの改善提案を提出して、それが顧客に評価されなければならない。受注金額は、数万円から数億円まで多様であるが、平均すると百万円単位の物件が多いとのことであった(5)。また、固定客から単体製品の追加注文が入ったり、新規顧客から電話で問い合わせが入ることも多いという。

第三点として、多種多様な製品を保有し、しかも次々と開発される新製品を取り扱うために事務手続きが複雑化していた点が特徴的である。リースやレンタルなどの契約条件も多様であり、「複雑怪奇な営業制度を理解して、事務作業全体を管理する」(6)ことが事務職に求められていた。また顧客の個別ニーズに柔軟に対応する必要に迫られており、たとえば、製造部門が公式に通知する納期では顧客の要求に答えられない場合には、製造部門と直接交渉して納期を短縮する必要が生じる。この柔軟な対応ができるかどうかが、受注獲得にとって重要な要素になるのである。(7)このように、営業活動に伴う事務作業は複雑化し、例外的な対応や判断を迫られる機会が増えていた。

以上のように、調査当時のA社国内営業職場は、小口の商談を含めて地域のニーズをきめ細かく掘り起し、また顧客の業務に精通して付加価値の高いシステムを提供する必要に迫られていた。さらに多種多様な製品とサービス提供のための複雑な事務手続きを効率的に進めるだけでなく、顧客の個別要求への柔軟な対応を強く求められる職場であった。このようなA社国内営業職場において、女性事務職がどのような仕事を担い、役割を遂行しているのかを具体的に観察していきたい。

3　組織と人員体制

A社国内営業部門の調査時点の人員数は約三八〇〇人であり、そのうち、本調査が対象とした女性事務職（いわゆる一般職）(8)は九〇〇人弱である。この部門の職場は、取り扱い製品および販売経路と顧客によって図1-1のように分類され、このうち本調査では電子情報機器・通信機器を担当する営業職場を採り上げる。

支社支店の規模によって顧客の振り分け方はさまざまであり、たとえば、一人の営業職が公共事業体と一般企業を担当する場合もある。さらに、営業職と女性事務職は一対一の組み合わせとは限らないため、一人の女性事務職がたとえば公共事業体と一般企業を担当することも少なくない。

A社の営業職場は、支社・支店の違いや規模による相違はあるものの、概ね図1-2のような構造である。(9)

営業職は業種や地域によって顧客を分けて受け持ち、一名から四名ほどの営業職に対して事務職が一名ついている。

このほかに、技術スタッフがこのユニット内に配置される場合もある。さらに、大規模な支社では、総務・人事・経理などのスタッフだけのユニットが置かれることが多い。聞き取りのできた範囲内でもっとも小規模な支店は、二つのユニットで構成されていた。大規模な支社についてはあきらかにできなかったが、おそらく一〇ユニット以上で組織されているものと思われる。

図1-1　A社営業職場のタイプ

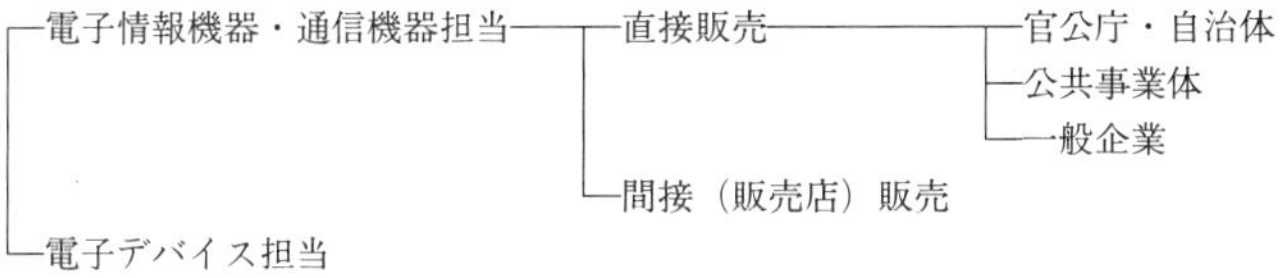

図1-2　国内営業部門の主な職場モデル

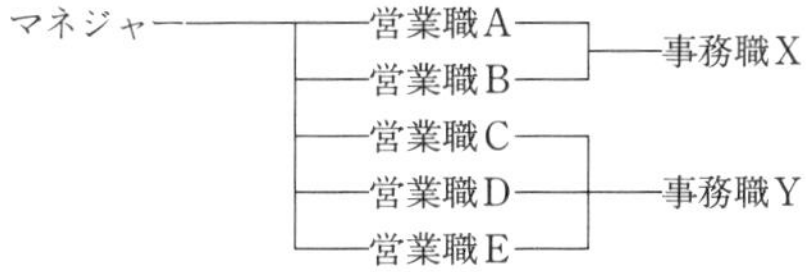

4　事務職と営業職の採用とキャリアの概要

つぎに、調査当時の事務職と営業職それぞれのキャリアの概要を、国内営業部門の人事担当者の話から見てみよう。A社の事務職は各支社で採用され、調査当時は短大卒が中心であった。ほとんどが新卒であり、地元の優秀な人材が採用されるものと思われる。調査時点におけるA社全体の事務職の平均勤続年数は約八・二年である。

これに対して営業職は、本社で一括採用された大卒男女の中から国内営業部門に配属される。この大卒男女の中には、本社や各支社の事務系スタッフとして配属される人もいる。また、高卒男性が営業職として採用されていた時代があったため、各支社・支店には高卒男性営業職もいるものと思われる。

営業職は全国各地への転勤や異動を経験しながらキャリアを積むが、事務職には原則として転勤はない。ただし、ペアを組む営業職を入れ替えたり、大規模な支社では営業職場から事務系スタッフへの異動も行なわれ、事務職の異動は部門の管理者によって決定される。

調査時点ですでに事務職から事務系スタッフ職や営業職への転換は行なわれていたが、転換の基準や選考方法は必ずしも明確ではなかった。また事務職からスタッフ職や営業職への転換は、本社採用大卒の職種区分への転換を意味しない。スタッフ職や営業職への転換後、主任に昇格すると本社採用大卒と同じ職種区分とみなされるようであった。国内営業部門において、事務職採用でその後主任に昇格した人は調査時点までに四人いたが、課長昇格者はまだ出ていなかった。大卒の本社一括採用者で主任に昇格した女性は、もはやめずらしくないほどいた。

5　営業活動の流れと情報システムの機能

つぎに、A社営業職場の仕事の流れと、その支援・管理を行なう情報システムの関係を説明する。A社調査のうち、「①仕事の洗い出し調査」の二人の営業経験者へのインタビューと、営業制度を解説した内部資料を参照して図1-3を作成した。また、各情報システムの機能を説明したのが表1-1である。

図1-3に示したように、営業活動は情報収集から始まり、半年ごとに立案される販売計画にしたがって進められる。営業職が担当顧客を訪問してニーズを探り、商談が具体化すれば、情報システムのハードとソフトの構成を提案して受注に至る。

受注が確定し、製品在庫が確保されると出荷の準備が始まり、物流基地からの出荷、顧客による検収、売上計上と代金請求書の発行の順に処理されていく。入金滞留物件のフォローや督促によって入金が終了し、アフターサービス

表１－１　情報システムの機能

名　称	機　能
営業システムａ	受注－出荷－検収－請求－入金の営業オンラインシステム。顧客からの注文内容を入力するとデータが関係部門に伝達され、伝票が自動発行されて回答が得られる。案件の進捗状況提示も行なう。
営業システムｂ	ａと同じ機能であり、一部の商品群の管理を行なう。
営業システムｃ	請求－入金の経理管理の一部を行なう。
見積りシステムｄ	ソフトとハードの構成決定を支援し、見積書と約定書を発行する。入力されたデータは営業システムａへ自動転送されて引き継がれる。また、このシステムは販売予算の立案にも活用される。
物流システムｅ	倉庫の入出庫管理システム。各地の物流基地での出荷確認を行なう。
資産管理システムｆ	下取り購入管理、工事費用処理、保守契約促進管理などを行なう。
顧客管理システムｇ	顧客の機種入れ替え予定や新規購入予定などの情報を管理する。
商談管理システムｈ	商談内容と進捗状況を管理する。
グループウェア	全国を結ぶ社内情報ネットワーク。新製品や価格に関する通知や、関係部門の情報を適宜取り出すことができる。

と新たなニーズの探索が始まる。また、製品のレンタル期間が満了になれば、下取りや撤去の手配が行なわれる。

一件の営業活動は、各段階に必要な情報システムを活用しながら、以上の手順で進められる。営業職と事務職は、複数の物件を同時進行させながら販売目標の達成をめざしている。

第２節　女性事務職の職務分析

１　課業と単位作業

営業活動において、事務職はどのような職務を担っているのであろうか。Ａ社調査では、まず「①仕事の洗い出し調査」で事務職女性八人に仕事内容を聞いた。その仕事内容を営業活動の流れに沿って課業として整理し、各課業における単位作業を順に挙げてナンバリングを行なった[10]。つぎに、営業経験のある男性社員二人への聞き取りを参考にしながら、営業活動の流れに沿って一覧表にまとめた。事務職女性に数回にわたりチェックしてもらい、適宜加筆・

図1-3　営業活動の流れと情報システム

営業活動の流れ		営業活動を管理・支援する情報システム
情報収集	新製品情報・顧客情報などを収集する	顧客管理システムg
販売計画立案	需要を分析し販売計画を作成する	見積りシステムd
顧客へのアプローチと提案	顧客を訪問してニーズを探り、展示会等で製品情報を提供した後、ハードとソフトの構成を提案する	データを自動転送　商談管理システムh
受注	契約書によって受注確定	営業システムa　営業システムb
出荷手配	納期が確定し、出荷と組立作業の指示を出す	
出荷	物流基地で出荷確認	物流システムe
納品	製品を納品	
検収	顧客が製品を点検して受領を確認	
請求	売上げを計上し代金請求書を発行	営業システムc
回収	必要なら督促する	
入金	請求内容と振込通知の照合	
アフターサービス	製品やサービスに関するフォロー	
戻入	レンタル期間満了により下取りや撤去	資産管理システムf

修正を行なって完成させたのが表1-2である。(11)

表1-2に示したように、A社営業職場の女性事務職の職務は、女性事務職集団全体として捉えれば、個々の目的を持った三一の課業とその目的を果たすための一三七の作業によって構成されている。ただし、ここでは事務職の職務を網羅することを目的としたため、職務の担当状況、すなわち個人が何をどこまでやっているかについてはあきらかになっていない。職務の担当状況については、第2章と第3章で詳しく述べる。

2　五つの分析視点による職務の検討

序章で述べたように、A社調査では事務労働を分析するための五つの視点を用意した。すなわち、

①　仕事の流れ（工程）のどの部分を担当しているか
②　販売活動に対してどのような役割を担っているか
③　情報システムを使用しているか
④　事務労働を一連の情報処理と考えた場合の職務の難易度はどうか
⑤　職務に要求される知識・技能は何か

の五つである。まず表1-2に列挙した女性事務職集団全体の職務内容を、この五つの視点に沿って分析する。

①　仕事の流れ（工程）のどの部分を担当しているか

表1-2の職務を図1-3に表わした営業活動の流れに沿って検討すると、事務職の職務は営業活動のすべての工程

表1－2　A社営業職場事務職の職務一覧

職　務	課　業	No.	単位作業	使用機器・システム
準備・提案・商談	情報収集・マーケット分析	1	顧客ニーズや購買予定に関する情報収集	
		2	ニーズサーベイのための顧客・販売店訪問	
		3	競合各社に関する情報収集	
		4	マーケットのマップ作成	PC
		5	新規顧客の与信調査	
		6	グループウェアから出荷・納期・新製品などの製造部門の情報を引き出し、営業職に連絡	PC
		7	顧客情報に関する資料作成（既存顧客の分類・ターゲット一覧など）	PC
	商談・製品説明	8	電話での注文の受け付けや売り込み	TEL
		9	在庫や需要を予測し、顧客に情報提供・売り込み	TEL
		10	電話での問い合わせから相手のニーズを把握し、セールスに繋がるように営業職に引き継ぐ	TEL
		11	納期打ち合せや商談のための顧客・販売店訪問	
	提案	12	提案内容の企画	
		13	提案書原稿の作成	
		14	提案書の清書	PC
		15	提案書の製本	
	在庫・価格確保	16	製造部門との打ち合せによる価格検討・値引交渉	
		17	在庫確認・確保	システムa
		18	受注機種および価格連絡伝票の作成（学校物件）	システムb
	契約関係文書作成	19	契約内容明細書の原稿作成	PC
		20	契約内容明細書の清書・入力	PC・システムd
		21	見積書原稿作成	PC
		22	見積書清書	PC
		23	契約書原稿作成	PC
		24	契約書清書	PC
		25	契約書製本	
		26	契約書の持参	
	入札	27	札（ふだ）の準備	
		28	入札手続	
受注～回収	受注・手配	29	受注伝票の発行	システムa・b
		30	得意先コードの登録依頼	システムc
		31	値引き申請書作成	システムa
		32	製造部門担当者へ値引き承認要請	TEL
		33	値引き承認確認	システムa
		34	受注計上	システムa
		35	値引き申請書・見積書の支社への送付（支店）	FAX
		36	オーダーミスや未処理オーダーの検索・処理	システムa
		37	販売枠・在庫引当確認	システムa
		38	在庫管理部門との納期交渉	TEL・グループウェア・FAX
		39	販売店や顧客との納期調整・納期回答	TEL
		40	製品の現地組み立てをサービス子会社に申請・予約	TEL
		41	現地組み立て申請書類作成	
		42	出荷指示	TEL・FAX

表１-２　続き(1)

職　務	課　業	No.	単位作業	使用機器・システム
		43	各地の物流基地への着荷確認	システムｅ
		44	物流手配	TEL・システムｅ
		45	納期問い合わせ・督促	TEL・グループウェア
		46	製造部門訪問による納期打ち合わせ・督促	
		47	同一製品・システムを異なる場所へ大量に納品する場合の、作業スケジュール作成・社内調整	PC・TEL
	他社製品仕入	48	仕入業者の登録	グループウェア
		49	他社製品仕入の見積要求	TEL
		50	他社製品仕入購入要求書の作成	グループウェア
		51	他社製品仕入見積・伝票・要求書の支社への送付（支店）	
		52	他社製品仕入の伝票処理	システムａ
	納品	53	送品確認	システムａ
		54	手書き納品書の作成・発行	PC・システムｂ
		55	リース会社からの注文書受領・請け書発行	
	検収	56	納品・検収・請求書の作成	システムａ
		57	検収印受領	
		58	検収登録の入力（売上の計上）	システムａ
		59	手書きおよび顧客指定請求書の作成	システムａ
		60	請求書の郵送または持参	
		61	請求登録の入力	システムａ
		62	請求もれ確認	システムａ
		63	引渡し完了通知書の作成と顧客・レンタル会社・出荷部門への連絡	システムａ
		64	保守開始通知・伝票発行・内容確認	システムａ
	回収・入金	65	代金回収	
		66	振り込み金額と請求内容の照合	
		67	照合結果のフォロー	TEL
		68	入金督促	
アフターフォロー	代替品手配	69	初期不良品代替品手配	FAX
	返品・解約	70	撤去指示書発行	システムａ
		71	物流手配	システムｅ
		72	レンタル会社の解約処理	システムａ
		73	廃棄手配	システムｅ・FAX
		74	レンタル満了に伴う伝票処理	システムｆ
		75	保守契約の推進	TEL
オーダー管理	オーダー促進	76	不良オーダーリストのチェックと原因調査	システムａ
		77	不良オーダーの処理・再手配	システムａ
		78	改善策の立案と上司への報告	
		79	未処理物件の点検と処理の督促	システムａ
	受注管理	80	受注台帳の記帳とメンテナンス	
	進捗管理	81	オーダー進捗状況管理表によるオーダー進捗確認・対処	
	積送品管理	82	積送品の確認	システムａ・ｅ
		83	積送品・逆積送品の棚卸	システムｆ

表1-2　続き(2)

職　務	課　業	No.	単位作業	使用機器・システム
		84	積送品・逆積送品の過不足調査・報告	システムａ・ｆ
販売予算策定・管理	販売予算策定	85	中期営業計画・販売予算・行動計画の立案	PC
	販売予算管理（担当顧客に関して）	86	販売予算進捗状況の把握	PC
		87	予算対実績の差異要因分析と対策の策定	PC
	販売予算管理（グループの取りまとめ）	88	進捗状況の把握と差異要因分析・対策策定・具申	PC
顧客管理	顧客台帳管理	89	部署独自の顧客台帳の作成・改定	PC
		90	配布先リストの入力・改定	システムｇ
		91	配布物の郵送	
		92	挨拶状（年賀・役員挨拶状）のデータのメンテナンス	システムｇ
		93	商談管理システムのデータの改定	システムｈ
輸出関連	輸出申請	94	輸出申請書類のチェックと判定書の発行	PC
		95	製造部門への輸出申請と交渉	
製品Ｚ関連	製品Ｚの販売活動	96	マーケット分析からアプローチ・デモ・商談・契約・手配・納品・フォローまで	システムａ・グループウェア・PC
販売促進	ユーザー・販売店向けサービス	97	ユーザー会窓口	PC
		98	コンピュータ講習会窓口	PC
		99	ユーザー向けセミナーの企画	PC
		100	ユーザー向けセミナーの事務局運営	PC
		101	販売店会の企画	PC
		102	販売店会の事務局運営	PC
		103	販売店・ユーザー訪問（販促資料配布・製品情報提供・コミュニケーション強化のため）	
		104	販売店に同行してユーザー訪問（製品情報提供・関係強化のため）	
		105	新製品情報の販売店への送付	FAX・PC
		106	販促品の購入手配と予算管理	
		107	支社ホームページの企画・取材・製作	PC
		108	ユーザーに対する製品のデモンストレーションの実施	
		109	製品の顧客企業内での広報用ツールの企画・製作	PC
支店統括	支店統括（支社のみ）	110	販売店経由契約物件の取りまとめと審査準備	
		111	学校物件の取りまとめ	
		112	各支店向け製品情報の提供	FAX・グループウェア
会議	会議	113	朝礼出席	
		114	グループ会議出席	
		115	部内会議出席	
総務・庶務	問い合わせ対応	116	ユーザーからの問い合わせ対応	TEL
		117	販売店からの問い合わせ対応	TEL
		118	一般のお客様からの問い合わせ対応	TEL
		119	クレーム対応	TEL
	ファイリング	120	受注伝票のファイリング	
		121	契約書のファイリングと管理	

表1-2　続き(3)

職　務	課　業	No.	単位作業	使用機器・システム
		122	製品通知書・営業通知書・マニュアルのファイリング	
		123	その他各種資料・帳票のファイリング	
		124	製品カタログの手配・整理	
	連絡・回覧	125	営業職・上司・その他への連絡・伝言	TEL・FAX
		126	受注・売上・入金実績の定期的なデータ出力	システムａ
		127	グループウェアからの通知の出力・回覧	PC・FAX・グループウェア
		128	一般文書の回覧・調査書類の回収	
		129	回覧物のファイリング	
		130	グループウェアからの価格表の出力・通知	PC・グループウェア
	文書作成	131	ワープロ・表計算・プレゼンテーションツール作成ソフトを活用した各種資料の作成・清書	PC
		132	会議用の提案書・資料の企画とデータの加工による作成	PC
	その他	133	課員への給茶	
		134	入札参加資格審査申請	
		135	メール配布	
		136	出張費・接待費の出金処理	
		137	後輩・派遣社員・パートの指導・育成	PC・各システム

にわたっていることがわかる。それに加えて、受注確定から回収終了までの手配中に発生するミスの発見と修正、顧客情報の管理、セミナー実施や製品情報の提供などの販売促進、職場の総務・庶務の職務などが見出される。

各単位作業がどの工程で発生するかを整理したものが図1-4である。「No. 1顧客ニーズや購買予定に関する情報収集」から「No. 28入札手続」までの単位作業は受注確定以前に発生し、「No. 29受注伝票の発行」から「No. 68入金督促」までは受注確定後の作業がほぼ発生順に並んでいる。「No. 69初期不良品代替品手配」から「No. 137後輩・派遣社員・パートの指導・育成」までは営業活動の流れと並行して発生する作業である。ただし、これらの営業活動の流れと平行する単位作業には、物件や部署によっては発生しないものも含まれている[12]。

以上のように、A社営業職場の女性事務職の集団全体としての職務は、営業活動のすべての工程に関わっている。また、物件や顧客情報の管理、販売促進、総務・庶務などの、営業活動の流れと並行して行なう職務も担当している。

図1-4　営業活動の流れと各工程で発生する課業・単位作業

職　務	課　業	単位作業No.		職　務	課　業	単位作業No.
情報収集	情報収集・マーケット分析	1～7		アフターサービス	代替品手配	69
販売予算・計画立案	販売予算策定・管理	85～88		戻入	返品・解約	70～75
アプローチ・提案	商談・製品説明	8～10		オーダー管理	オーダー促進	76～79
	提案	12～15			受注管理	80
	在庫・価格確保	16～18	営業活動の流れと並行して発生		進捗管理	81
	契約関係文書作成	19～26			積送品管理	82～84
	入札	27、28		顧客管理	顧客台帳管理	89～93
受注	受注・手配	29～41		輸出関連	輸出申請	94、95
		45～47		製品Ｚ関連	製品Ｚの販売活動	96
出荷手配・出荷	受注・手配	42、43、44		販売促進	ユーザー・販売店向けサービス	97～109
	他社製品仕入	48～52				
納品	納品	53～55		支店統括	支店統括	110～112
検収・請求	検収	56～64		会議	会議	113～115
回収・入金	回収・入金	65～68		総務・庶務	問い合わせ対応	116～119
					ファイリング	120～124
					連絡・回覧	125～130
					文書作成	131、132
					その他	133～137

② 販売活動に対してどのような役割を担っているか

各単位作業を販売活動に対する役割によって分類したところ、一三七の単位作業は以下の七つの職務グループに分類された。

I 付帯的雑務

販売活動に付帯的に発生するファイリング・製本・送付・回収・給茶などの雑務。

II 手配・手続き

製品の在庫確保、出荷や物流の指示などの手配と、定型的な各種の書類の作成や発行、受注計上、請求登録などの手続き。

III 交渉・調整・回答

納期や値引きの交渉や催促、顧客からの問い合わせへの回答、ユーザー会や講習会などの窓口。

IV ミスの発見とフォロー

手配・手続きにおいて発生したミスの発見と原因調査および再手配。

V 情報収集・分析・提案

新規物件獲得やニーズサーベイなどの販売活動準備のた

めの情報収集や調査と、集めた情報の分析・提案。

Ⅵ　情報提供・販売促進

顧客への情報提供やセミナーの企画・運営、製品デモンストレーションの実施などの販売促進。

Ⅶ　計画立案・販売活動

販売計画の立案とフォロー、顧客への提案内容の企画、販売活動の実施。(13)

③　情報システムを使用しているか

表１-２では単位作業ごとに、使用されるＯＡ機器と情報システムを明記した。これによれば、女性事務職集団は、職場で使用される八種類の情報システムとグループウェアをすべて活用して仕事を進めている。

④　事務労働を一連の情報処理と考えた場合の職務の難易度はどうか

「Ⅰ　付帯的雑務」「Ⅱ　手配・手続き」「Ⅲ　交渉・調整・回答」に分類される単位作業を情報の処理として捉えてみると、情報の翻訳・整理・伝達・記録・保管であるとみなすことができる。「Ⅳ　ミスの発見とフォロー」では、それに加えて情報の検索・修正が要求される。「Ⅴ　情報収集・分析・提案」「Ⅵ　情報提供・販売促進」「Ⅶ　計画立案・販売活動」では、それに加えて、情報の収集・加工・発信が求められる。

⑤　職務に要求される知識・技能は何か

以下の四つの知識・技能について、ⅠからⅦの役割別職務グループごとに検討し、その概要を表１-３に記した。

類と難易度の判定

IV　ミスの発見とフォロー	V　情報収集・分析・提案	VI　情報提供・販売促進	VII　計画立案・販売活動
手配・手続きにおいて発生したミスの発見と原因調査および再手配	販売活動準備のための情報収集とその分析・提案	顧客への情報提供やセミナーの企画・運営、製品デモンストレーションの実施などの販売促進	販売計画の立案とフォロー・顧客への提案内容の企画・販売活動の実施
検索、原因予測、調査、訂正	訪問、情報収集、調査、分析、資料作成、結果報告書の作成	訪問、情報収集、企画、調整、依頼、運営、結果の検討、デモンストレーション、情報提供、売り込み	販売計画の立案・予算実績差異分析と対策策定・提案書の企画・作成、販売活動全般の実施
	マニュアルがない、標準化が困難		
左記に加え、過去の類似事例、トラブル対応の方法	左記に加え、業界動向、競合他社動向、顧客の事業内容と業界知識、全社と自部門の方針、自部門およびグループの販売計画と過去の実績		
測、機器設置工事内容、新	機能、特徴、他社製品との差異、使用方法		自社製品を活用した情報システム全般、顧客にとっての利点、システム構築の全体構成、特別注文への対応策
的な処理ができる	左記に加え、見積システムや各種ソフトを活用して、企画書や自分で工夫をした図表が作成できる。インターネットを活用した情報検索ができる		
左記に加え、社内外との交渉・説得ができる			顧客への積極的なアプローチや情報収集、交渉、売り込みができる
左記に加え、検索・修正	左記に加え、収集・加工・発信		
36、76～78、81、84	1、2、3、4、5、7、11、132	99、101、103、104、107～109	12、13、19、21、23、85～88、96
4	5		6

表1－3　職務の分

	I　付帯的雑務	II　手配・手続き	III　交渉・調整・回答
	付帯的に発生するファイリング・製本・送付・回収・給茶などの雑務	在庫確保・出荷指示などの手配と各種書類の作成・発行、受注計上などの手続き	納期や値引きの交渉・催促、顧客からの問い合わせ回答、ユーザー会や講習会の窓口
動作・作業の内容	運搬、配布、回収、整理、補充、コピー機操作、給茶	データ入力、清書、記録、整理、確認、分類、保存、送付、受領、データ出力、連絡、報告	打ち合わせ、交渉、調整、回答、対応
マニュアル化・標準化	マニュアルがある、またはある程度の標準化が可能		
業務知識	一般常識	営業関連社内制度、事務処理方法、情報システム、関連部門と関連会社の機能、社内諸制度・規定、関連法規、顧客の概要・動向・特徴、取引慣習、値引き承認予測	
製品知識	なし	品番、品名、価格、製品機能の概要、在庫状況、納期予製品情報	
OA・PCの技能	コピー機やファックスが使える	PCで清書ができる、営業システムを使って定型	
対人折衝技能	社内でのコミュニケーションが主であり、情報を的確に伝えられる	社内外とのコミュニケーションを円滑に行い、臨機応変な対応ができる	
情報処理のレベル	情報の翻訳・整理・伝達・記録・保管		
該当する単位作業No.	15、25、35、51、91、120～125、128、129、133、135、136	6、14、17、18、20、22、24、26～31、33、34、37、41～44、48、50、52～64、66、67、69～74、80、82、83、89、90、92～94、105、106、110、111、112、126、127、130、131、134	8、9、10、16、32、38～40、45～47、49、65、68、75、79、95、97、98、100、102、116～119
難易度	1	2	3

a　業務知識：社内制度や規定、顧客に関する知識、業界や同業他社の動向など。

b　製品知識：製品名・品番、製品の機能と機種による相違点、効果的な使用方法、新製品の特徴、複数の製品を組み合わせた情報システム全体の知識、提供した情報システムに関する過去の事例、特別注文への対応方法など。

c　ＯＡ機器・パソコンの技能：コピー機などのＯＡ機器、パソコン、職場の情報システム、各種ソフトウェアを活用する技能とインターネットによる情報検索の技能。

d　対人折衝技能：対人折衝において、良好なコミュニケーションだけで十分か、交渉や売込みまで必要なのかといった技能のレベル。

ⅠからⅦまでの各職務グループに求められる四つの知識・技能について検討し、表１-３に記述した。なお、各職務グループの難易度を比較検討するために、表１-３では以下の二点を追加して検討を加えた。

e　動作・作業の内容：各職務が要求する動作と作業内容そのものについて検討した。

f　マニュアル化・標準化の可／不可：各職務のマニュアル化・標準化の可能性の程度を検討した。

以上の観点から各職務を分析し、表１-３ではマトリクスに表わした。職務グループごとにその特徴を検討したが、複数の職務グループが同程度の特徴を有する場合には、ひとつにまとめて記述した。さらに各職務グループの特徴を相互に比較・検討して難易度を判定し、判定された難易度（１が最も易しく、６が最も難しい）を表１-３の最下段に記した。

このようにして職務グループごとに七つの尺度（動作・作業の内容、マニュアル化・標準化の可／不可、業務知識、製品知識、ＯＡ機器・パソコンの技能、対人折衝技能、情報処理のレベル）で比較検討すると、職務グループごとに徐々にその難易度が上がっていることがわかる。「Ⅰ　付帯的雑務」が最も難易度が低く、「Ⅶ　計画立案・販売活動」が最も高い。各職務グループは一ランクずつ難易度を上げていくが、「Ⅴ　情報収集・分析・提案」と「Ⅵ　情報提供・販売促進」についてはどちらがより難しいかという判定がつかなかったため、同等の難易度とみなした。

なお、「No. 113 朝礼出席」「No. 114 グループ会議出席」「No. 115 部内会議出席」「No. 137 後輩・派遣社員・パートの指導・育成」は重要な職務ではあるが、ここでの分類と難易度の判定は困難であり、除外した。

職務のグループ分けと難易度判定に、対応する単位作業ナンバーを付記して、「①仕事の洗い出し調査」および「④ベテラン職務の変化調査」の対象者である事務職女性数名に、分析の妥当性を確認してもらった。意見をもらって適宜修正したのち、表１-３を完成させた。

3　女性事務職集団全体としての職務の特徴

Ａ社営業職場の女性事務職の集団全体としての職務について、つぎの点があきらかになった。

a　情報通信機器メーカーＡ社営業職場で働く女性事務職の、集団全体としての職務は、詳細に調べると個々の目的を持った三一の課業とその目的を果たすための一三七の単位作業によって構成されている。

b　その職務内容を五つの分析視点によって考察すると、以下の点があきらかになった。

①　仕事の流れ（工程）における担当部分

この職場の女性事務職の職務を集団全体としてとらえれば、営業活動のすべてのプロセスに関わり、また物件や顧客情報の管理、販売促進、総務・庶務などの、営業活動の流れと並行して行なう職務をも担っている。

②　販売活動に対する役割

女性事務職は営業職場において、以下の七種類の役割を果たしている。

Ⅰ　付帯的雑務：販売活動に付帯的に発生する、ファイリング・製本・送付・回収・給茶などの雑務の処理を行なう。

Ⅱ　手配・手続き：製品の在庫確保、出荷や物流の指示などの手配と、定型的な各種の書類の作成や発行、受注計上、請求登録などの手続きを行なう。

Ⅲ　交渉・調整・回答：納期や値引きの交渉や催促、顧客からの問い合わせへの回答、ユーザー会や講習会などの窓口事務を行なう。

Ⅳ　ミスの発見とフォロー：手配・手続きにおいて発生したミスの発見と原因調査および再手配を行なう。

Ⅴ　情報収集・分析・提案：新規物件獲得やニーズサーベイなどの販売活動準備のための情報収集や調査と、集めた情報の分析・提案を行なう。

Ⅵ　情報提供・販売促進：顧客への情報提供やセミナーの企画・運営、製品のデモンストレーションの実施などの販売促進を行なう。

Ⅶ　計画立案・販売活動：販売計画の立案とフォロー、顧客への提案内容の企画や、販売活動の実施。

したがってこの職場の女性事務職は、職場に発生する付帯的な雑務の処理から計画立案や販売活動までの幅広い役割を担っているといえる。ただし、女性事務職全員が七つの役割をすべて担っているのではない。

③　情報システムの使用

女性事務職集団は、職場で使われている八種類の情報システムとグループウェアをすべて活用して職務を遂行している。

④　情報処理の難易度

女性事務職集団の職務を情報処理の難易度の観点から観察すると、情報の翻訳・整理・伝達・記録・保管から、情報の検索・修正、および収集・加工・発信のレベルにまで達している。

⑤　要求される知識・技能

女性事務職集団の職務に必要な業務知識は、社内の諸制度と規定、関連部門と関連会社の機能などの社内ルールと慣習、顧客の概要と動向のレベルから、過去の物件事例の概要、手続き上のトラブルへの対応方法、さらに自社業界動向や顧客の業界知識、全社と自部門の方針、販売計画および実績のレベルまで幅広い。

また製品知識に関しては、品名・品番・価格と機能の概要を理解すれば遂行できる職務もあるが、他社製品との差異や複数の製品を組み合わせた情報システムの全体構成までの、高度な知識を必要とする職務も存在する。

ＯＡ機器やパソコンを使用する技能では、社内の情報システムを活用するだけでなく、各種のソフトを使って自分で工夫をした資料が作成できるレベルまで必要としている。

対人折衝の技能では、円滑なコミュニケーションを図るだけでなく、目的を持って相手に働きかけ了解を得る技能や、積極的な情報収集や売り込みの技能も求められる。

c 女性事務職の職務を以上の五つの視点から観察した結果、その職務には難易度における六段階の差異が認められた。したがって、女性事務職は多くの種類の職務を担っているだけでなく、簡単で易しい作業から高度な知識と技能を要する難しい職務まで、幅広い職務を遂行していることがあきらかになった。

4 担当作業数、推定日数、職務の難易度

ここまでにあきらかになった女性事務職の職務内容をもとにして、二階層の女性事務職が何をどれくらい行なっているかをアンケートによって調査した。表序-1の「②四年め職務担当状況調査」および「③ベテラン職務担当状況調査」である。

「②四年め職務担当状況調査」は入社四年めの四六人の女性事務職に対して行ない、平均的な事務職と位置づけて分析した。また、ベテラン事務職とは平均勤続年数が八・六年の女性事務職であり、三八人に対して調査を実施した。またこの中に、調査後営業職に転換した人が一人いたので、表1-4ではその一人を別途抽出して集計した(14)。

アンケート調査では、表1-2で示した事務職の職務一覧を用い、一三七の各単位作業をどれくらいの頻度で行なっているかを、事務職本人に五段階で答えてもらった（毎日やっている／週に数回／月に数回／やることもある／担当外である)。さらに、各事務職がペアを組んでいる営業職の担当状況についても、事務職に五段階で記入してもらった。したがって、営業職の職務の担当状況に関する結果は、あくまでも事務職から見て判断したものである。

各アンケート調査の方法と結果については各章で詳細に述べるが、二階層の女性事務職、および事務職とペアを組

表1-4　調査対象者の職務遂行概要

	担当している単位作業数（作業数／人）	各単位作業に投じている推定日数（年間日数／人）	単位作業の難易度によって加重した合計作業数（作業数／人）
平均的な事務職（46人）	81.6	96.5	185.3
ベテラン事務職（営業職に転換した1名を除く37人）	84.4	86.2	198.4
営業職に転換した事務職（1人）	104.0	80.3	290.0
平均的な事務職とペアを組む営業職（46人）	53.9	59.3	181.5
ベテランとペアを組む営業職（営業職転換者以外のペアの37人）	56.3	70.1	187.2

む営業職の職務遂行の概要を、担当作業数、推定日数、職務の難易度という三つの指標で表1-4に示した。

まず、各階層の事務職と営業職が平均していくつの単位作業を担当しているかを「担当している単位作業数」として表した。平均的な事務職は、一三七の単位作業のうち平均して八一・六項目の作業を行なっており、その事務職とペアを組む営業職は、平均で五三・九項目の作業を担当している。ベテラン事務職は平均的な事務職に比べて担当作業数が若干多く、営業職に転換した事務職ではさらに担当数が増える。

「各単位作業に投じている推定日数」では、各単位作業の担当頻度によって一年間の担当日数を推定し、各単位作業を年間に何日やっているかの平均値を表した。（毎日やる＝二六〇日／年、週に数回＝一三〇日／年、月に数回＝三六日／年、やることもある＝六日／年）平均的な事務職は、ひとつの単位作業に平均して年間九六・五日を投じている。ベテラン事務職では平均的な事務職に比べて各単位作業に投じる日数が減少し、営業職に転換した事務職ではさらに減少する。

担当する単位作業の数とそれに投じている日数だけでなく、作業の難易度を加えて各階層の職務の難易度を測定したのが「単位作業の難易度によって加重した合計作業数」である。各単位作業を表1-3で判定した六段階の難易度によって分類し、難易度にしたがって加重して、一人あたりの合計作業数として表わした。ベテラン事務職は平均的な事務職に比べて担当する作業数が増えるだけでなく、より難易度の高い作業を担当しており、担当職務の重要性が増していることがわかる。

前述のとおり、アンケート調査は事務職に対してのみ行なったので、事務職と営業職の担当作業数や推定日数を直接比較してその差異を論じることはできない。ここでは各階層の職務遂行状況の概要の観察にとどめ、平均的な事務職の職務担当状況と営業職との比較については第2章で述べる。ベテラン事務職と平均的な事務職の比較、および営業職との比較については第3章で分析する。また、営業職に職務転換した一名については、第4章で分析を行なう。

5　営業職の仕事

それでは、この職場の男性営業職はどのような職務を担当しているのであろうか。男性営業職だけが担う固有の職務があるのだろうか。営業職の仕事の洗い出し調査は実施できなかったので、ある支社が作成した営業職の職務一覧をもとに、事務職の職務との違いについて記しておきたい。

この職務一覧は、ある支社が業務改善を目的として、当該職場の事務職による営業職への聞き取りをもとにして作成した資料である。営業活動の流れに沿って、一九項目の課業と約一〇〇項目の単位作業が挙げられている。この営業職の職務一覧は内部資料であり、ここに引用することができないので、この支社の営業職の特徴的な職務について記述する。

職務一覧によると、この職場の営業職の一九項目の課業のうち、八項目が情報収集から受注までの、いわば顧客への売り込み段階の仕事である。また、販売予算と計画の作成、販売予算の進捗状況管理などの、計画とその実行状況の管理に関わる単位作業が、事務職よりも多くなる。ただし、製品の出荷手配や請求書の作成といった、受注以降の手配・手続きに関する職務もある。(15)

つぎに、営業活動の流れに沿って営業職の職務を概観する。顧客への売り込み段階で営業職はまず、顧客の業績、既設機器と更新予定などの情報を、社内資料や年鑑、インターネットなどから集める。その後ターゲットユーザーを絞り込んで、販売活動をどのように進めるかを実行計画書にまとめる。

ターゲットを絞り込んだ後は、訪問と提案活動が始まる。面談者のプロフィールを調査し、顧客業界の情報システム活用動向をまとめ、他社事例紹介の資料を作成する。飛び込み訪問から二回、三回と訪問回数を重ね、製品の説明とニーズの把握を繰り返す。A社主催のセミナーへの参加を勧めたり、時には製品を使って技術者にデモンストレーションを実施してもらう。訪問レポートによって上司や職場メンバーと情報の共有化を図るのも営業職の仕事である。

顧客訪問によって商談の手応えが得られれば、提案の準備を始める必要がある。既設システムの不具合と新システムへの要望を整理し、顧客が予算を確保する時期やキーパーソンを見極める。その上で新システムのポイント、機器の構成、価格などを提案書にまとめる。技術的な問題は技術者に、価格や納期に関しては製造部門に相談し、調整しながら進める。社内レビューの後、客先でのプレゼンテーションを行なう。

見積書や契約書の作成などの事務手続きを経て、出荷、現地組み立て、検収から請求へと続く仕事の流れは、事務職の職務で確認したとおりである。この工程で営業職に固有の単位作業は、製品の搬入経路の下見や搬入立会いなどの現地へ出向く作業と、不具合発生時の対応や欠品時の製品の追跡など、異常事態への対応である。受注から請求までの情報と製品の流れを情報システムでコントロールする通常の手配に加えて、営業職は現地の下見や搬入立会いを行なうことで、書類上では予知できないトラブルを未然に防ぐ役割を担っているといえるであろう。また、起きてしまったトラブルへの対応も、営業職の重要な仕事であろうと考えられる。

販売予算および計画の作成、進捗状況管理に関わる職務としては、会議用資料の作成や、つぎの売り込みに向けた行動計画の作成が挙げられている。これらの書類作成も、営業職にとって重要かつ時間のかかる職務であることが推察される。

事務職には「総務・庶務」という課業があり、職場の営業活動全体の支援を目的とする単位作業が数多く発見されたが、営業職ではほとんど見出せない。電話の取次ぎや社内外からの問い合わせへの対応が挙げられている程度である。

すでに述べたように、A社の営業職に求められるのは情報処理とネットワークを組み合わせた情報システム全体の提案である。営業経験者への聞き取りによれば、このタイプの営業活動を行なう営業職は、顧客の意見や要望をよく理解し、自分の持っている知識や過去の類似事例をうまく組み合わせて、顧客の抱えている問題への解決策を提示しなければならない。優れた提案を行なうためには、製品知識はもとより、顧客の業界に関する情報を持っていることが欠かせないということである。

また優れた提案を作成するプロセスには、社内の専門家をうまく巻き込むことが必要である。技術的なアドバイスを求めたり、物件の重要性を強調して値引きに応じてもらうといった、社内交渉や協力要請の技能が営業職には要求される。もちろん、顧客やその他の相手との良好な人間関係を築く力が必須だとのことである。これらの営業職に対する職務上の要請によって、営業職と事務職との担当職務に差異が生じている可能性を想定する事ができよう。

なお、A社国内営業部門の人事担当者によれば、営業職場では地域におけるきめ細かな営業活動をめざして、営業職に対する事務処理工数の削減を提唱している。オフィスでの事務処理を効率化し、事務職にできることはなるべく任せるように指導しているマネジャーが多くなっているとのことである。ただし、この点に関してマネジャーに直接確認することはできなかった。

以上、営業職の職務を概観し、その特徴と背景を述べた。これらの考察を参考にしながら、平均的な事務職、およびベテラン事務職の職務内容と職務分担を分析していくことにする。

（1）A社のホームページによる。

（2）A社の社史［2000］による。

（3）A社は本調査以降に組織変更を行なっており、現在の組織はこの記述とは異なる。

（4）表序-1の調査のうち、「④ベテラン職務の変化調査」でインタビューしたある支店のマネジャーは、「大型受注だけがビジネスではないので、女性社員や中高年社員を活用して、顧客へのサービスやニーズの掘り起こしをやっていきたい」と話している。

（5）「⑦情報システムの変遷調査」による。

（6）「⑦情報システムの変遷調査」による。

（7）「①仕事の洗い出し調査」による。

（8）調査時点でA社では、「総合職」「一般職」という職種区分を採っていない。しかし、大学卒以上の本社採用者は営業職、スタッフ職、技術職に就き、必要に応じて転居を伴う転勤が生じる。いわゆる「総合職」にあたり、女性も採用している。一方、高卒以上で本社および各支社が採用し、支社や事業所の事務職に就いて転居を伴う転勤のない職種がいわゆる「一般職」にあたる。調査時点でこの職種はすべて女性であった。当時のA社は職能資格制度と職務給制度を組み合わせた人事制度を採っており、二つの職種は職能資格上の昇格のスピードや、担当職務に違いがある。以上は、国内営業部門の人事担当者からの聞き取りによる。なお、人事制度や賃金体系に関しては、女性事務職の職務内容と職務分担について考察を進める上で非常に重要な情報であるが、詳細な資料は入手できなかった。活用した資料には限界があることを断っておく。

（9）図1-1、図1-2は「①仕事の洗い出し調査」をもとに作成した。

（10）課業とはそれ自体が目的をもつ職務の単位であり、目的に沿った具体的な成果が確認できる大きさの仕事である。また単位作業とは、課業を遂行する手段としての作業や動作を表わす。ただし、「総務・庶務」では、動作や作業そのものの表現が課業となっている。たとえば「ファイリング」は、本来ならば何をファイルするかによって各課業の単位作業に位置づけられる。しかしインタビューによれば、「ファイリング」は事務職にとってある程度の量のある仕事であり、その種類も少なくないため、「ファイリング」として独立した課業とみなした。一方、「No. 96 製品Zの販売活動」は、担当している事務職が少数であると想定されたことと、この職務に必要な単位作業を複数の人が分担する例があまり見られないことから、単一の課業を単位作業とした。また、各単位作業の難易度を分析する必要性から、単位作業は難易度が判定しやすいレベルまで分解した（たとえば、「提案書原稿の作成」と「提案書の清書」を分解）。なお「職務」「仕事」という表現は、いくつかの単位作業の集まりを表わす。

（11）実際の調査では単位作業名に社内用語や具体的な帳票名を記載したが、ここでは一般的な表現に変更している。

（12）なお、「販売予算策定・管理」に関わる単位作業（No. 85～88）は、顧客へのアプローチや提案を行なう以前の、営業活動の初期の職務であるが、一件の営業物件の進捗状況とは別途に定期的に行なわれるために、表1-2では後半に位置づけた。また「アフターフォロー」に関する単位作業（No. 69~75）は、代金回収の後で発生する職務であるが、代金回収の後に必ず発生するとは限らず、また受注から回収までの流れとは別に、これらの職務だけで発生する場合もあるため、営業活動の流れと平行して発生する職務とみなした。

(13)「販売活動の実施」はこれらを総合した職務であるが、前述の「製品Zの販売活動」のように特定の商品に関する販売活動を担っている場合があること、販売活動全般を担っている事務職が存在することを想定して、Ⅶの職務グループに加えた。

(14) 平均的な事務職とペアを組む営業職は、事務職と同数の四六人である。しかし、営業職に転換したベテラン事務職は、調査時点で営業職とペアを組んで仕事をしていないため、ベテラン事務職とペアを組む営業職は三七人である。

(15) この職務一覧は職務分析が目的ではないので、職務をひとつ残らず列挙するというよりは、主な仕事を分類して並べたものである。また、課業と単位作業の項目を挙げているが、各々の所要時間は調べていない。したがって、課業と単位作業の項目数は所要時間を意味しない。

第2章　平均的な女性事務職と柔軟な職場組織

第2章では、平均的な女性事務職がどのような職務をどの程度の頻度で行なっているかを調べ、その職務の特徴から平均的な女性事務職の働く姿を描いてみたい。アンケート調査の結果によって平均的な女性事務職の職務を分析し、さらにペアを組む営業職とどのように仕事を分け合っているのかを観察して、A社営業職場の職場組織と男女の分業の特徴を見出したい。

第1節　平均的な女性事務職の職務分析

1　平均的な女性事務職の職務の特徴

A社営業職場の女性事務職の平均像を描くためには、全員の職務を調査した上で平均値を求める方法が考えられる。しかし全員の調査は許されなかったので、入社四年めの事務職を平均的な女性事務職とみなし、本人の職務内容、およびペアを組んでいる営業職との職務分担を観察することにしたい。

入社四年めを女性事務職の平均像とみなした理由は二つある。第一の理由は、「①仕事の洗い出し調査」における男性社員へのインタビュー、および「④ベテラン職務の変化調査」でのベテラン事務職へのインタビューにおいて、「営業職場の事務職は入社三年から四年で、ほぼ一人前に何でもこなせるようになる」との発言が得られたことである。

一般に職場では、一人前に職務を遂行できるメンバーと、指導や監督が必要なメンバーとの判別がある程度なされ、指導や監督が必要なメンバーについては、トラブルを未然に防ぐために先輩や上司が目を配っているものと思われる。つまり、メンバーが一人前に職務をこなせるかどうかを周囲が見極めることは、職場全体の職務を滞りなく遂行するために重要なポイントとなる。そこで、ほぼ一人前と認められた入社四年めの事務職を、この職場における平均的な事務職と捉えることにしたい。

第二の理由はA社の人事制度上の処遇にある。A社は調査当時、職能資格制度と職務給制度を組み合わせた人事制度を採っていた。新卒採用の事務職女性は、学歴によらず全員が入社四年めまでは同一の職能資格に位置づけられ、五年めにはじめて昇格者が現れる。つまり入社四年めは事務職として遂行すべき職能の期待水準への到達点であり、それ以上のレベルへの分岐点でもある。

以上の二点の理由から入社四年めを平均的な事務職とみなし、「②四年め職務担当状況調査」を全国の四年め女性事務職四六人に対して、一九九八年の七月から八月にかけて実施した。「①仕事の洗い出し調査」で作成した職務一覧表（第1章　表1-2）を用い、アンケート形式で本人に記入してもらった。記入の方法は、以下のとおりである。

a　まず事務職本人が一三七項目の各単位作業をどれくらい行なっているのかを五段階（毎日／週に数回／月に数回／やることもある／担当外である）でチェックする。

b　事務職から見て、自分とペアを組んでいる営業職(1)が各単位作業をどれくらいの頻度で行なっているかを五段

表２－１　平均的な事務職と営業職の単位作業担当者割合（単位作業順）

職務	課業	職務グループ	No.	単位作業	主な使用機器・システム	各単位作業の担当者割合(%)					
						平均的な事務職					営業職
						毎日	週に数回	月に数回	やることもある	合計	合計
準備・提案・商談	情報収集・マーケット分析	V	1	顧客ニーズや購買予定に関する情報収集		2	2	7	7	17	89
		V	2	ニーズサーベイのための顧客・販売店訪問		0	0	2	2	4	91
		V	3	競合各社に関する情報収集		0	0	2	9	11	91
		V	4	マーケットのマップ作成	PC	2	0	4	11	17	83
		V	5	新規顧客の与信調査		0	0	2	11	13	67
		II	6	社内ネットから出荷・納期・新製品などの製造部門の情報を引き出し、営業職に連絡	PC	28	30	11	15	85	24
		V	7	顧客情報に関する資料作成（既存顧客の分類・ターゲット一覧など）	PC	2	4	2	22	30	89
	商談・製品説明	III	8	電話での注文の受け付けや売り込み	TEL	11	17	13	26	67	87
		III	9	在庫や需要を予測し、顧客に情報提供・売り込み	TEL	9	13	2	17	41	80
		III	10	電話での問い合わせから相手のニーズを把握し、セールスに繋がるように営業職に引き継ぐ	TEL	7	13	28	37	85	20
		V	11	納期打ち合せや商談のための顧客・販売店訪問		2	0	9	13	24	89
	提案	VII	12	提案内容の企画		0	0	0	0	0	93
		VII	13	提案書原稿の作成		0	0	4	9	13	96
		II	14	提案書の清書	PC	0	0	9	22	30	87
		I	15	提案書の製本		0	4	24	41	70	57
	在庫・価格確保	III	16	製造部門との打ち合せによる価格検討・値引交渉		7	24	7	20	57	96
		II	17	在庫確認・確保	システムａ	52	22	13	7	93	41
		II	18	受注機種および価格連絡伝票の作成（学校物件）	システムｂ	11	9	9	7	35	22
	契約関係文書作成	VII	19	契約内容明細書の原稿作成	PC	4	4	7	20	35	78
		II	20	契約内容明細書の清書・入力	PC・システムｄ	9	24	9	22	63	63
		VII	21	見積書原稿作成	PC	4	17	15	17	54	83
		II	22	見積書清書	PC	9	30	7	17	63	65
		VII	23	契約書原稿作成	PC	0	4	15	17	37	87
		II	24	契約書清書	PC	0	11	26	15	52	74
		I	25	契約書製本		0	26	48	17	91	26
		II	26	契約書の持参		0	0	7	17	24	96
	入札	II	27	札（ふだ）の準備		0	2	7	9	17	35
		II	28	入札手続		0	0	2	9	11	39
受注～回収	受注・手配	II	29	受注伝票の発行	システムａ・ｂ	80	13	2	2	98	9
		II	30	得意先コードの登録依頼	システムｃ	2	13	39	41	96	4
		II	31	値引き申請書作成	システムａ	33	37	22	2	93	15
		III	32	製造部門担当者へ値引き承認要請	TEL	33	39	20	4	96	39
		II	33	値引き承認確認	システムａ	39	35	22	0	96	11
		II	34	受注計上	システムａ	80	15	2	0	98	11
		I	35	値引き申請書・見積書の支社への送付(支店)	FAX	35	43	13	4	96	15
		IV	36	オーダーミスや未処理オーダーの検索・処理	システムａ	85	4	7	2	98	17
		II	37	販売枠・在庫引当確認	システムａ	89	7	2	0	98	28
		III	38	在庫管理部門との納期交渉	TEL・グループウェア・FAX	74	20	2	2	98	50
		III	39	販売店や顧客との納期調整・納期回答	TEL	65	26	2	2	96	59
		III	40	製品の現地組み立てをサービス子会社に申請・予約	TEL	11	22	24	17	74	70
		II	41	現地組み立て申請書類作成		9	22	17	24	72	67

表2－1　続き(1)

職務	課業	職務グループ	No.	単位作業	主な使用機器・システム	各単位作業の担当者割合(%) 平均的な事務職 毎日	週に数回	月に数回	やることもある	合計	営業職 合計
		II	42	出荷指示	TEL・FAX	50	46	2	0	98	15
		II	43	各地の物流基地への着荷確認	システムe	37	33	15	11	96	11
		II	44	物流手配	TEL・システムe	39	46	7	4	96	11
		III	45	納期問い合わせ・督促	TEL・グループウェア	61	33	0	2	96	30
		III	46	製造部門訪問による納期打ち合わせ・督促		0	4	4	15	24	76
		III	47	同一製品・システムを異なる場所へ大量に納品する場合の、作業スケジュール作成・社内調整	PC・TEL	2	7	11	13	33	83
	他社製品仕入	II	48	仕入業者の登録	グループウェア	2	2	9	46	59	9
		III	49	他社製品仕入の見積要求	TEL	2	11	13	30	57	63
		II	50	他社製品仕入購入要求書の作成	グループウェア	2	28	33	20	83	17
		I	51	他社製品仕入見積・伝票・要求書の支社への送付（支店）		2	28	28	20	78	7
		II	52	他社製品仕入の伝票処理	システムa	4	26	33	15	78	4
	納品	II	53	送品確認	システムa	48	30	17	0	96	11
		II	54	手書き納品書の作成・発行	PC・システムb	11	26	46	13	96	17
		II	55	リース会社からの注文書受領・請け書発行		2	13	50	22	87	7
	検収	II	56	納品・検収・請求書の作成	システムa	15	37	41	2	96	4
		II	57	検収印受領		2	20	35	15	72	43
		II	58	検収登録の入力（売上の計上）	システムa	9	33	50	4	96	4
		II	59	手書きおよび顧客指定請求書の作成	システムa	0	20	57	17	93	15
		II	60	請求書の郵送または持参		7	30	54	4	96	46
		II	61	請求登録の入力	システムa	7	24	61	4	96	2
		II	62	請求もれ確認	システムa	2	13	59	20	93	15
		II	63	引渡し完了通知書の作成と顧客・レンタル会社・出荷部門への連絡	システムa	2	7	48	33	89	17
		II	64	保守開始通知・伝票発行・内容確認	システムa	2	7	48	28	85	33
	回収・入金	III	65	代金回収		4	2	17	9	33	9
		II	66	振り込み金額と請求内容の照合		4	4	17	0	26	4
		II	67	照合結果のフォロー	TEL	2	4	37	24	67	7
		III	68	入金督促		2	2	15	24	43	33
アフターフォロー	代替品手配	II	69	初期不良品代替品手配	FAX	2	13	39	41	96	15
	返品・解約	II	70	撤去指示書発行	システムa	0	11	46	35	91	2
		II	71	物流手配	システムe	15	28	28	20	91	4
		II	72	レンタル会社の解約処理	システムa	0	0	11	52	63	0
		II	73	廃棄手配	システムe・FAX	0	7	30	48	85	7
		II	74	レンタル満了に伴う伝票処理	システムf	0	0	22	48	70	4
		III	75	保守契約の推進	TEL	0	0	17	30	48	52
オーダー管理	オーダー促進	IV	76	不良オーダーリストのチェックと原因調査	システムa	2	0	52	17	72	65
		IV	77	不良オーダーの処理・再手配	システムa	2	0	43	28	74	48
		IV	78	改善策の立案と上司への報告		0	0	33	39	72	57
		III	79	未処理物件の点検と処理の督促	システムa	0	0	35	43	78	52
	受注管理	II	80	受注台帳の記帳とメンテナンス		67	7	4	11	89	7
	進捗管理	IV	81	オーダー進捗状況管理表によるオーダー進捗確認・対処		2	2	41	37	83	65
	積送品管理	II	82	積送品の確認	システムa・e	2	2	33	26	63	30
		II	83	積送品・逆積送品の棚卸	システムf	2	0	15	24	41	24

表2-1 続き(2)

職務	課業	職務グループ	No.	単位作業	主な使用機器・システム	各単位作業の担当者割合(%)					
						平均的な事務職					営業職
						毎日	週に数回	月に数回	やることもある	合計	合計
		IV	84	積送品・逆積送品の過不足調査・報告	システムa・f	0	2	11	30	43	28
販売予算策定・管理	販売予算策定	VII	85	中期営業計画・販売予算・行動計画の立案	PC	0	0	2	9	11	78
	販売予算管理(担当顧客に関して)	VII	86	販売予算進捗状況の把握	PC	0	0	4	13	17	83
		VII	87	予算対実績の差異要因分析と対策の策定	PC	0	0	0	7	7	83
	販売予算管理(グループの取りまとめ)	VII	88	進捗状況の把握と差異要因分析・対策策定・具申	PC	0	0	4	9	13	85
顧客管理	顧客台帳管理	II	89	部署独自の顧客台帳の作成・改定	PC	7	4	7	28	46	41
		II	90	配布先リストの入力・改定	システムg	2	0	11	37	50	22
		I	91	配布物の郵送		9	13	15	33	70	9
		II	92	挨拶状(年賀・役員挨拶状)のデータのメンテナンス	システムg	0	0	15	61	76	17
		V	93	顧客管理システムのデータの改定	システムh	0	0	11	22	33	54
輸出関連	輸出申請	II	94	輸出申請書類のチェックと判定書の発行	PC	2	0	0	9	11	7
		III	95	製造部門への輸出申請と交渉		2	0	0	4	7	13
製品Z関連	製品Zの販売活動	VII	96	マーケット分析からアプローチ・デモ・商談・契約・手配・納品・フォローまで	システムa・グループウェア・PC	2	0	4	43	50	65
販売促進	ユーザー・販売店向けサービス	III	97	ユーザー会窓口	PC	0	0	2	4	7	17
		III	98	コンピュータ講習会窓口	PC	0	0	2	28	30	37
		VI	99	ユーザー向けセミナーの企画	PC	0	0	0	9	9	50
		III	100	ユーザー向けセミナーの事務局運営	PC	0	0	2	22	24	35
		VI	101	販売店会の企画	PC	0	0	2	4	7	30
		III	102	販売店会の事務局運営	PC	0	0	7	9	15	30
		VI	103	販売店・ユーザー訪問(販促資料配布・製品情報提供・コミュニケーション強化のため)		0	0	4	13	17	61
		VI	104	販売店に同行してユーザー訪問(製品情報提供・関係強化のため)		0	0	0	7	7	78
		II	105	新製品情報の販売店への送付	FAX・PC	7	0	17	20	43	37
		II	106	販促品の購入手配と予算管理		0	2	17	9	28	15
		VI	107	支社ホームページの企画・取材・製作	PC	0	0	2	9	11	4
		VI	108	ユーザーに対する製品のデモンストレーションの実施		0	0	2	4	7	80
		VI	109	製品の顧客企業内での広報用ツールの企画・製作	PC	0	0	0	0	0	13
支店統括	支店統括(支社)	II	110	販売店経由契約物件の取りまとめと審査準備		0	2	0	0	2	20
		II	111	学校物件の取りまとめ		2	7	11	4	24	15
		II	112	各支店向け製品情報の提供	FAX・グループウェア	2	2	4	2	11	11
会議	会議		113	朝礼出席		2	39	20	11	72	87
			114	グループ会議出席		0	13	9	26	48	89
			115	部内会議出席		0	2	9	28	39	87
総務・庶務	問い合せ対応	III	116	ユーザーからの問い合わせ対応	TEL	17	33	24	20	93	65
		III	117	販売店からの問い合わせ対応	TEL	35	33	22	11	100	67
		III	118	一般のお客様からの問い合わせ対応	TEL	13	22	26	33	93	65
		III	119	クレーム対応	TEL	13	13	30	39	96	70
	ファイリング	I	120	受注伝票のファイリング		76	9	9	2	96	2
		I	121	契約書のファイリングと管理		33	15	35	4	87	15

表2-1　続き(3)

職務	課業	職務グループ	No.	単位作業	主な使用機器・システム	各単位作業の担当者割合(%)					
						平均的な事務職					営業職
						毎日	週に数回	月に数回	やることもある	合計	合計
		I	122	製品通知書・営業通知書・マニュアルのファイリング		30	26	24	4	85	2
		I	123	その他各種資料・帳票のファイリング		26	33	35	7	100	9
		I	124	製品カタログの手配・整理		15	28	26	17	87	9
	連絡・回覧	I	125	営業職・上司・その他への連絡・伝言	TEL・FAX	87	13	0	0	100	35
		II	126	受注・売上・入金実績の定期的なデータ出力	システムa	15	11	43	17	87	41
		II	127	社内ネットからの通知の出力・回覧	PC・FAX・グループウェア	22	28	13	22	85	26
		I	128	一般文書の回覧・調査書類の回収		37	17	26	17	98	20
		I	129	回覧物のファイリング		13	33	24	28	98	7
		II	130	社内ネットからの価格表の出力・通知	PC・グループウェア	2	15	20	37	74	24
	文書作成	II	131	ワープロ・表計算・プレゼンテーションツール作成ソフトを活用した各種資料の作成・清書	PC	11	17	28	33	89	65
		V	132	会議用の提案書・資料の企画とデータの加工による作成	PC	4	2	17	28	52	72
	その他	I	133	課員への給茶		46	20	0	20	85	4
		II	134	入札参加資格審査申請		0	0	2	13	15	15
		I	135	メール配布		54	17	17	4	93	4
		I	136	出張費・接待費の出金処理		11	17	13	9	50	4
			137	後輩・派遣社員・パートの指導・育成	PC・各システム	11	13	4	15	43	13

階でチェックする。

単位作業ごとに担当する人の割合を集計し、単位作業順に担当者割合を示したものが、表2-1である[2]。

では平均的な事務職は、どのような職務をどの程度行なっているのであろうか。表2-1をもとに、平均的な事務職の職務内容を五つの分析視点によって考察し、その特徴をあきらかにしていきたい[3]。

① 仕事の流れ（工程）における担当部分

表2-2では、一三七項目の単位作業を営業活動の流れに沿って三分割し、各単位作業の担当者割合の平均値を頻度を考慮せずに求めて、営業職と比較した。これによれば、最も多くの平均的な女性事務職が行なっているのは、受注伝票発行から回収終了までの職務である。しかし、営業活動の流れと並行して行なう職務を半数以上が担い、情報収集から受注確定までの職務を四割の事務職が行なっていることがわかる。

では、単位作業ごとに詳しく検討してみよう。平均

表2－2　仕事の流れと単位作業担当者割合

仕事の流れと対応する単位作業	担当者割合平均値(%)（ただし頻度は考慮せず）	
	平均的な事務職	ペアを組む営業職
情報収集から受注確定まで（No.1～28）	41	70
受注伝票発行から回収終了まで（No.29～68）	82	25
並行して行なう作業（No.69～137）	54	36

表2－3　平均的な事務職が毎日行なう単位作業

職務グループ	No.	単位作業	主な使用機器・システム	毎日行なう人の割合(%)	担当者割合合計(%)
II	37	販売枠・在庫引当確認	システムａ	89	98
I	125	営業職・上司・その他への連絡・伝言	TEL・FAX	87	100
IV	36	オーダーミスや未処理オーダーの検索・処理	システムａ	85	98
II	29	受注伝票の発行	システムａ・ｂ	80	98
II	34	受注計上	システムａ	80	98
I	120	受注伝票のファイリング		76	96
III	38	在庫管理部門との納期交渉	TEL・グループウェア・FAX	74	98
II	80	受注台帳の記帳とメンテナンス		67	89
III	39	販売店や顧客との納期調整・納期回答	TEL	65	96
III	45	納期問い合わせ・督促	TEL・グループウェア	61	96
I	135	メール配布		54	93
II	17	在庫確認・確保	システムａ	52	93
II	42	出荷指示	TEL・FAX	50	98

的な事務職が毎日行なっている単位作業を選び、担当者割合の高い作業から順に並べたのが表2-3である。

平均的な事務職の半数以上が毎日行なっている単位作業一三項目のうち、八項目（No. 37, 36, 29, 34, 38, 39, 45, 42）は受注伝票発行から回収終了までの単位作業であり、この工程の作業を毎日定例的に行なっていることがわかる。さらに、「No. 125 営業職・上司・その他への連絡・伝言」「No. 120 受注伝票のファイリング」「No. 135 メール配布」などの営業活動の流れと並行して行なう作業を平均的な事務職の九〇%以上が担当し、かつ半数以上が毎日行なっている。したがって、受注確定から回収終了までの職務と、営業活動の流れと並行して行なう作業が、平均的な事務職の多くがもっとも頻繁に行なっている職務であることがわかる。

しかしながら、表2-1において頻度を考慮せずに担当者割合の合計を見ると、受注確定以前の作業であっても事務職が担当するものが少なくない。「No. 17 在庫確認・確保」は九三%の事務職が担当し、「No. 6 社内ネットから出荷・納期・新製品などの製造部門の情報を引き出し、営業職に連絡」と「No. 10 電話での問い合わせから相手のニーズを把握し、セールスに繋がるように営業職に引き継ぐ」という情報収集とその共有化の作業を、それぞれ八五%の事務職が担当している。

また、営業活動の流れと並行して行なう代替品の手配や返品処理（「No. 69 初期不良品代替品手配」「No. 70 撤去指示書発行」）、およびオーダー管理に関する作業（「No. 80 受注台帳の記帳とメンテナンス」「No. 81 オーダー進捗管理表によるオーダー進捗確認・対処」）を八〇%以上の事務職が行なっている。「No. 92 挨拶状のデータのメンテナンス」「No. 91 配布物の郵送」などの顧客管理に関する職務についても、七〇%以上の事務職が担当している。さらに、ユーザーや販売店からの問い合わせへの対応（No. 116〜119）は、平均的な事務職の九〇%以上が担っている職務である。

したがって、平均的な事務職が定例的かつ頻繁に行なっている職務は受注確定から回収終了までの職務であるが、

表２-４　職務グループ別推定日数

	Ⅰ 付帯的雑務	Ⅱ 手配・手続き	Ⅲ 交渉・調整・回答	Ⅳ ミスの発見とフォロー	Ⅴ 情報収集・分析・提案	Ⅵ 情報提供・販売促進	Ⅶ 計画立案・販売活動
平均的な事務職の推定日数（日）	1813.7	3898.6	1532.8	325.3	67.8	6.7	91.1
ペアを組む営業職の推定日数（日）	152.2	713.1	828.5	79.0	510.9	108.2	507.6

受注確定以前の職務や営業活動の流れと並行して行なう職務も、頻度は減少するものの多くの事務職が担当していることがわかる。

② 販売活動に対する役割

平均的な女性事務職は、販売活動に対してどのような役割を担っているのであろうか。一三七項目の単位作業を七つの職務グループに分け、各グループの作業の年間担当日数を推定した(4)。

表2-4によれば、平均的な事務職が最も多くの日数を投じているのは「II　手配・手続き」であり、ついで「I　付帯的雑務」「III　交渉・調整・回答」である。

つぎに、七つの職務グループごとに各単位作業の担当者割合を表2-5に示した。表2-5によれば「I　付帯的雑務」に属する一六項目の単位作業のほとんどを、七〇%以上の事務職が担当している。「II　手配・手続き」では六〇項目のうち三七項目を、「III　交渉・調整・回答」では二五項目中一一項目の作業を七〇%以上の事務職が行なっている。

これに加えて「IV　ミスの発見とフォロー」でも、六項目中五項目を七〇%以上の事務職が担当している。この職務グループは、作業の種類は少ないが多くの平均的な事務職が担当している役割であると考えられよう。表2-1で「IV　ミスの発見とフォロー」に属する単位作業の実施頻度を見てみると、「No. 36 オーダーミスや未処理オーダーの検索・処理」は八五%の事務職が毎日行なっているが、「No. 76 不良オーダーリストのチェックと原因調査」「No. 77 不良オーダーの処理・再手配」「No. 78 改善策の立案と上司への報

表2－5　平均的な事務職と営業職の職務グループ別担当者割合

職務グループ	No.	単位作業	使用機器・システム	担当者割合(%) 事務職	営業職
I	15	提案書の製本		70	57
I	25	契約書製本		91	26
I	35	値引き申請書・見積書の支社への送付（支店）	FAX	96	15
I	51	他社製品仕入見積・伝票・要求書の支社への送付(支店)		78	7
I	91	配布物の郵送		70	9
I	120	受注伝票のファイリング		96	2
I	121	契約書のファイリングと管理		87	15
I	122	製品通知書・営業通知書・マニュアルのファイリング		85	2
I	123	その他各種資料・帳票のファイリング		100	9
I	124	製品カタログの手配・整理		87	9
I	125	営業職・上司・その他への連絡・伝言	TEL・FAX	100	35
I	128	一般文書の回覧・調査書類の回収		98	20
I	129	回覧物のファイリング		98	7
I	133	課員への給茶		85	4
I	135	メール配布		93	4
I	136	出張費・接待費の出金処理		50	4
			平均値(%)	86.4	14.0
II	6	社内ネットから出荷・納期・新製品などの製造部門の情報を引き出し、営業職に連絡	PC	85	24
II	14	提案書の清書	PC	30	87
II	17	在庫確認・確保	システムa	93	41
II	18	受注機種および価格連絡伝票の作成（学校物件）	システムb	35	22
II	20	契約内容明細書の清書・入力	PC・システムd	63	63
II	22	見積書清書	PC	63	65
II	24	契約書清書	PC	52	74
II	26	契約書の持参		24	96
II	27	札（ふだ）の準備		17	35
II	28	入札手続		11	39
II	29	受注伝票の発行	システムa・b	98	9
II	30	得意先コードの登録依頼	システムc	96	4
II	31	値引き申請書作成	システムa	93	15
II	33	値引き承認確認	システムa	96	11
II	34	受注計上	システムa	98	11
II	37	販売枠・在庫引当確認	システムa	98	28
II	41	現地組み立て申請書類作成		72	67
II	42	出荷指示	TEL・FAX	98	15
II	43	各地の物流基地への着荷確認	システムe	96	11
II	44	物流手配	TEL・システムe	96	11
II	48	仕入業者の登録	グループウェア	59	9
II	50	他社製品仕入購入要求書の作成	グループウェア	83	17
II	52	他社製品仕入の伝票処理	システムa	78	4
II	53	送品確認	システムa	96	11
II	54	手書き納品書の作成・発行	PC・システムb	96	17
II	55	リース会社からの注文書受領・請け書発行		87	7
II	56	納品・検収・請求書の作成	システムa	96	4
II	57	検収印受領		72	43
II	58	検収登録の入力（売上の計上）	システムa	96	4

表2-5　続き(1)

職務グループ	No.	単位作業	使用機器・システム	担当者割合(%)	
				事務職	営業職
II	59	手書きおよび顧客指定請求書の作成	システムa	93	15
II	60	請求書の郵送または持参		96	46
II	61	請求登録の入力	システムa	96	2
II	62	請求もれ確認	システムa	93	15
II	63	引渡し完了通知書の作成と顧客・レンタル会社・出荷部門への連絡	システムa	89	17
II	64	保守開始通知・伝票発行・内容確認	システムa	85	33
II	66	振り込み金額と請求内容の照合		26	4
II	67	照合結果のフォロー	TEL	67	7
II	69	初期不良品代替品手配	FAX	96	15
II	70	撤去指示書発行	システムa	91	2
II	71	物流手配	システムe	91	4
II	72	レンタル会社の解約処理	システムa	63	0
II	73	廃棄手配	システムe・FAX	85	7
II	74	レンタル満了に伴う伝票処理	システムf	70	4
II	80	受注台帳の記帳とメンテナンス		89	7
II	82	積送品の確認	システムa・e	63	30
II	83	積送品・逆積送品の棚卸	システムf	41	24
II	89	部署独自の顧客台帳の作成・改定	PC	46	41
II	90	配布先リストの入力・改定	システムg	50	22
II	92	挨拶状（年賀・役員挨拶状）のデータのメンテナンス	システムg	76	17
II	94	輸出申請書類のチェックと判定書の発行	PC	11	7
II	105	新製品情報の販売店への送付	FAX・PC	43	37
II	106	販促品の購入手配と予算管理		28	15
II	110	販売店経由契約物件の取りまとめと審査準備		2	20
II	111	学校物件の取りまとめ		24	15
II	112	各支店向け製品情報の提供	FAX・グループウェア	11	11
II	126	受注・売上・入金実績の定期的なデータ出力	システムa	87	41
II	127	社内ネットからの通知の出力・回覧	PC・FAX・グループウェア	85	26
II	130	社内ネットからの価格表の出力・通知	PC・グループウェア	74	24
II	131	ワープロ・表計算・プレゼンテーションツール作成ソフトを活用した各種資料の作成・清書	PC	89	65
II	134	入札参加資格審査申請		15	15
			平均値(%)	69.2	23.9
III	8	電話での注文の受け付けや売り込み	TEL	67	87
III	9	在庫や需要を予測し、顧客に情報提供・売り込み	TEL	41	80
III	10	電話での問い合わせから相手のニーズを把握し、セールスに繋がるように営業職に引き継ぐ	TEL	85	20
III	16	製造部門との打ち合せによる価格検討・値引交渉		57	96
III	32	製造部門担当者へ値引き承認要請	TEL	96	39
III	38	在庫管理部門との納期交渉	TEL・グループウェア・FAX	98	50
III	39	販売店や顧客との納期調整・納期回答	TEL	96	59
III	40	製品の現地組み立てをサービス子会社に申請・予約	TEL	74	70
III	45	納期問い合わせ・督促	TEL・グループウェア	96	30
III	46	製造部門訪問による納期打ち合わせ・督促		24	76

表2-5　続き(2)

職務グループ	No.	単位作業	使用機器・システム	担当者割合(%) 事務職	営業職
III	47	同一製品・システムを異なる場所へ大量に納品する場合の、作業スケジュール作成・社内調整	PC・TEL	33	83
III	49	他社製品仕入の見積要求	TEL	57	63
III	65	代金回収		33	9
III	68	入金督促		43	33
III	75	保守契約の推進	TEL	48	52
III	79	未処理物件の点検と処理の督促	システムａ	78	52
III	95	製造部門への輸出申請と交渉		7	13
III	97	ユーザー会窓口	PC	7	17
III	98	コンピュータ講習会窓口	PC	30	37
III	100	ユーザー向けセミナーの事務局運営	PC	24	35
III	102	販売店会の事務局運営	PC	15	30
III	116	ユーザーからの問い合わせ対応	TEL	93	65
III	117	販売店からの問い合わせ対応	TEL	100	67
III	118	一般のお客様からの問い合わせ対応	TEL	93	65
III	119	クレーム対応	TEL	96	70
			平均値(%)	59.6	51.9
IV	36	オーダーミスや未処理オーダーの検索・処理	システムａ	98	17
IV	76	不良オーダーリストのチェックと原因調査	システムａ	72	65
IV	77	不良オーダーの処理・再手配	システムａ	74	48
IV	78	改善策の立案と上司への報告		72	57
IV	81	オーダー進捗状況管理表によるオーダー進捗確認・対処		83	65
IV	84	積送品・逆積送品の過不足調査・報告	システムａ・ｆ	43	28
			平均値(%)	73.6	46.7
V	1	顧客ニーズや購買予定に関する情報収集		17	89
V	2	ニーズサーベイのための顧客・販売店訪問		4	91
V	3	競合各社に関する情報収集		11	91
V	4	マーケットのマップ作成	PC	17	83
V	5	新規顧客の与信調査		13	67
V	7	顧客情報に関する資料作成（既存顧客の分類・ターゲット一覧など）	PC	30	89
V	11	納期打ち合せや商談のための顧客・販売店訪問		24	89
V	93	顧客管理システムのデータの改定	システムｈ	33	54
V	132	会議用の提案書・資料の企画とデータの加工による作成	PC	52	72
			平均値(%)	22.5	80.7
VI	99	ユーザー向けセミナーの企画	PC	9	50
VI	101	販売店会の企画	PC	7	30
VI	103	販売店・ユーザー訪問（販促資料配布・製品情報提供・コミュニケーション強化のため）		17	61
VI	104	販売店に同行してユーザー訪問（製品情報提供・関係強化のため）		7	78
VI	107	支社ホームページの企画・取材・製作	PC	11	4
VI	108	ユーザーに対する製品のデモンストレーションの実施		7	80
VI	109	製品の顧客企業内での広報用ツールの企画・製作	PC	0	13

表２-５　続き(3)

職務グループ	No.	単位作業	使用機器・システム	担当者割合(%) 事務職	担当者割合(%) 営業職
			平均値(%)	8.1	45.3
Ⅶ	12	提案内容の企画		0	93
Ⅶ	13	提案書原稿の作成		13	96
Ⅶ	19	契約内容明細書の原稿作成	PC	35	78
Ⅶ	21	見積書原稿作成	PC	54	83
Ⅶ	23	契約書原稿作成	PC	37	87
Ⅶ	85	中期営業計画・販売予算・行動計画の立案	PC	11	78
Ⅶ	86	販売予算進捗状況の把握	PC	17	83
Ⅶ	87	予算対実績の差異要因分析と対策の策定	PC	7	83
Ⅶ	88	進捗状況の把握と差異要因分析・対策策定・具申	PC	13	85
Ⅶ	96	製品Ｚマーケット分析からアプローチ・デモ・商談・契約・手配・納品・フォローまで	システムａ・グループウェア・PC	50	65
			平均値(%)	23.7	83.0
	113	朝礼出席		72	87
	114	グループ会議出席		48	89
	115	部内会議出席		39	87
	137	後輩・派遣社員・パートの指導・育成	PC・各システム	43	13

告」「No. 81オーダー進捗状況管理表による進捗確認・対処」では「月に数回」または「やることもある」と答えた人が多い。したがって、「Ⅳ　ミスの発見とフォロー」には、頻度は低いが平均的な事務職の多くが担当している職務が存在することが推察される。

以上の分析から、平均的な事務職の多くは販売活動に伴う「手配・手続き」「交渉・調整・回答」「ミスの発見とフォロー」および「付帯的雑務」を処理する役割を担っていることがわかる。

ただし、それ以外の役割を担っていないわけではない。表2-5によれば、「Ⅴ　情報収集・分析・提案」および「Ⅶ　販売計画立案・販売活動」に分類される職務であっても平均して二〇％以上の事務職が担当しており、ごく少数の事務職だけが行なっているとみなすことはできない。

③　情報システムの使用

情報システムを使用する単位作業は三九項目であり、グループウェアを加えると合計四六項目である。表2-6では、aからhまでの各システムを使用する作業ごとに、どれくら

表2-6　情報システム使用作業の担当者割合

	情報システム								
	a	b	c	d	e	f	g	h	全システム
平均的な事務職の担当者割合（%）	84.7	76.1	95.7	63.0	86.1	51.4	63.0	32.6	69.1

いの事務職が担当しているかを頻度を考慮せずに求めた。これによれば、aからgまでの七種類の情報システムを使用する作業を、半数以上の平均的な事務職が担当している。

④　情報処理の難易度

平均的な事務職の多くが頻繁に行なっている「II　手配・手続き」「III　交渉・調整・回答」「IV　ミスの発見とフォロー」および「I　付帯的雑務」に分類される職務の情報処理の難易度は、情報の翻訳・整理・伝達・記録・保管に加えて、検索・修正のレベルであり、平均的な事務職は主にこれらの難易度の職務を担っている。

⑤　要求される知識・技能

平均的な事務職に求められる知識・技能を、担当する単位作業の数によってあきらかにする。第1章の表1-3（職務の分類と難易度の判定）で知識・技能のレベル別に分類した単位作業を、平均的な事務職がどれくらい担当しているかを、表2-7に示した。(5)

これによれば、平均的な事務職に必要な知識・技能には中心領域があることがわかる。業務知識では、社内の制度や規定・顧客の概要などの知識が女性事務職に求められる中心領域である。また製品知識では、品番・品名・価格・機能の概要・在庫状況・納期予測などが最も重要である。

しかし、より高度な知識を求められる職務を担当している事務職の存在を見過ごすことはできない。表2-1で単位作業ごとに詳細に検討すれば、「No. 3競合各社に関する情報収集」を

表２－７　知識・技能別平均的な事務職と営業職の担当作業数

	業務知識別単位作業			
	一般常識（全数＝16）	社内制度・事務処理方法・規定・顧客の概要など（全数＝85）	トラブル対応方法など（全数＝６）	業界動向・顧客の事業内容・自社方針と実績など（全数＝26）
平均的な事務職の担当作業数	13.8	56.7	4.4	4.6
営業職の担当作業数	2.2	27.9	2.8	18.2
	製品知識別単位作業			
	不要（全数＝16）	品番・品名・価格・機能の概要・在庫状況・納期予測など（全数＝91）	機能・特徴・他社製品との差異・使用方法など（全数＝16）	システム全般・利点・システム構築など（全数＝10）
平均的な事務職の担当作業数	13.8	61.1	2.3	2.4
営業職の担当作業数	2.2	30.7	9.9	8.3
	OA・PC 技能別単位作業			
	コピー・ファックスの活用（全数＝16）	PC・情報システムによる定型的な処理（全数＝91）	見積りシステム・各種ソフトで企画書や図表を工夫（全数＝26）	
平均的な事務職の担当作業数	13.8	61.1	4.6	
営業職の担当作業数	2.2	30.7	18.2	
	対人折衝技能別単位作業			
	社内コミュニケーション（全数＝16）	社内外との臨機応変なコミュニケーション（全数＝60）	社内外との交渉・説得（全数＝47）	顧客へのアプローチ・情報収集・交渉・売り込み（全数＝10）
平均的な事務職の担当作業数	13.8	41.8	21.6	2.4
営業職の担当作業数	2.2	14.9	25.7	8.3

行なっている一一%の事務職は、業界についての知識が全くなくては情報収集ができない。「No. 11納期打ち合わせや商談のための顧客・販売店訪問」を行なう事務職は、顧客の事業内容などについてあらかじめ調べて行くであろう。また、製品Zについて「No. 96マーケット分析からアプローチ・デモ・商談・契約・手配・納品・フォローまで」を行なっている五〇%の事務職は、製品Zに関する詳しい知識を持っているはずである。したがって、担当職務の必要性に応じてより高度な業務知識と製品知識を持っている女性事務職がいるものと推察される。

OA機器やパソコンの技能では、情報システムを使用する技能を特に求められている。さらに対人折衝技能では、社内外との円滑なコミュニケーションだけでなく、交渉の技能を必要とする作業を担っていることがわかる。

A社営業職場の平均的な事務職が担当している職務の特徴を、五つの分析の視点に沿って整理してみよう。

① 平均的な事務職が定例的かつ頻繁に行なう職務は、受注確定から回収終了までの工程に発生する職務である。しかし、受注確定以前、あるいは営業活動の流れと並行して行なう職務についても、多くの事務職が受け持つ作業が存在する。

② 平均的な事務職の多くは、販売活動に伴う「手配・手続き」「交渉・調整・回答」「ミスの発見とフォロー」の役割を担っている。さらに、「付帯的雑務」の処理も事務職の役割である。ただし、販売活動のための「情報収集・分析・提案」「計画立案・販売活動」についても、まったく関与しないということではない。

③ 平均的な事務職の多くが、情報システムを使用する職務を担当している。

④ 平均的な事務職の多くが行なっている職務を情報処理の難易度によって考察すると、情報の翻訳・整理・伝達・記録・保管に加えて、検索・修正のレベルである。

⑤ 平均的な事務職が頻繁に行なっている職務に必要な業務知識は、社内の諸制度や事務処理の方法、情報システム

の機能と操作方法、関連部門や関係会社の機能、関連法規、顧客の概要・動向・特徴、取引慣習、値引き承認の予測などである。製品知識に関しては、製品名・品番・価格および製品機能の概要、在庫状況、当該機種の納期予測、機器設置工事の内容、新製品情報などの知識が求められる。また情報システムを使いこなす技能を必要とし、対人折衝技能では円滑なコミュニケーションを行なうだけでなく、社内外との交渉の技能をも要求されている。

2　個人による知識・技能の差異

前項の分析によって、平均的な事務職の仕事のアウトラインを描くことができた。しかし単位作業の担当者割合を丹念に調べると、難易度の高い作業を担当している事務職の存在に気づく。そこで、アンケート調査結果によって担当作業数の多寡を調べ、個人による知識と技能の差異を求めてみたい。

平均的な事務職が担当している単位作業数を頻度を考慮せずに算出すると、平均値で八一・六である（第1章表1-4）。ただし、担当作業数の最小値は三二であり、最大値は一二一である。担当する単位作業の数は、個人による差異が大きいことがわかる。

そこで、担当単位作業数が三二〜八〇の一五人を「担当作業が少ない人」、八一〜八五の一四人を「担当作業が普通の人」、八六〜一二一の一七人を「担当作業が多い人」として、それぞれの特徴を分析した。表2-8では、各単位作業に要求される知識・スキル・情報処理のレベルを、第1章の表1-3にしたがって分け、それぞれの単位作業担当数の平均値を、担当作業数の少ない人、普通の人、多い人の三グループで比較した。

a　業務知識

表2-8によれば、担当作業数の多い人は少ない人よりも、より高度な業務知識を必要とする作業をより多く行な

表2-8　担当作業数の多寡による単位作業数の比較

	職務グループ	知識・スキル・情報処理の内容	少ない人（15人）	普通の人（14人）	多い人（17人）
業務知識別（a）	Ⅰ	一般常識	12.5	14.2	14.8
	Ⅱ Ⅲ Ⅳ	社内制度・事務処理方法・規定・顧客の概要など	46.9	59.0	65.4
		トラブル対応方法など	2.5	5.2	5.6
	Ⅴ Ⅵ Ⅶ	業界動向・顧客の事業内容・自社方針と実績など	2.9	3.6	8.5
製品知識別（b）	Ⅰ	不要	12.5	14.2	14.7
	Ⅱ Ⅲ Ⅳ	品番・品名・価格・機能の概要・在庫状況・納期予測など	49.4	64.2	71.0
	Ⅴ Ⅵ	機能・特徴・他社製品との差異・使用方法など	1.4	1.7	4.2
	Ⅶ	システム全般・利点・システム構築など	1.5	1.8	4.3
対人折衝技能別（c）	Ⅰ	社内コミュニケーション	12.5	14.3	14.7
	Ⅱ	社内外との臨機応変なコミュニケーション	34.2	44.1	47.8
	Ⅲ Ⅳ Ⅴ Ⅵ	社内外との交渉・説得	16.6	21.8	27.3
	Ⅶ	顧客へのアプローチ・情報収集・交渉・売り込み	1.5	1.8	4.3
情報処理レベル別（d）	Ⅰ Ⅱ Ⅲ	翻訳・整理・伝達・記録・保管	59.4	73.2	80.2
	Ⅳ	検索・修正	2.5	5.2	5.6
	Ⅴ Ⅵ Ⅶ	収集・加工・発信	2.9	3.6	8.5

っている。特に、業界動向や顧客の事業内容・自社方針と実績などの最も高度な業務知識を必要とする作業では、単位作業数が少ない人の二・九項目に対して、多い人は、平均で八・五項目を担っている。

b　製品知識

担当作業数の多い人ほどより高度な製品知識を要求される単位作業を行なっている。とくに、システム全般や顧客にとっての利点・システム構築に関する知識を求められる作業に着目すると、担当作業数が少ない人および普通の人が二項目に満たないのに対して、多い人は四・三項目を担当している。

c　対人折衝技能

担当作業数の多い人が最も高度な対人

折衝技能を活用している。一方、担当作業数の少ない人は、他に比べて対人折衝技能の活用度が低い。

d　情報処理のレベル

担当作業数の多い人は情報の収集・加工・発信の作業に進出していることがわかる。

以上の担当作業数の多寡による分析から、より多くの単位作業を担当している人がより高度な知識と技能を有していることがわかる。広範な職務を任され、多くの種類の作業をこなしている事務職ほど、その技能を伸ばしていると考えられよう。一方、担当作業数の少ない事務職は、知識と技能を十分に伸ばしていない可能性がある。担当顧客による職務の幅の違い、業務量の違い、事務職への仕事の与え方などが影響を与えているものと考えられる。

前述したように、調査時点のA社の事務職は、入社四年めまでの全員が同一の職能資格を与えられていた。しかしながら、個人の職務内容と技能の程度には差異があることがあきらかになった。女性事務職を積極的に育成するためには、より難易度の高い職務に進出して高度な知識と技能を活用している事務職を見出し、担当職務と本人の技能を正しく評価して、職域の拡大とさらなる能力開発に取り組ませることが必要であろう。

3　女性事務職の職務内容に関する先行研究との異同

見出された平均的な事務職の職務内容を先行研究と比較したい。これまで、女性事務職の職務はルーティン的な事務作業が中心であり、「お茶くみ・コピーとり」のような職場の雑務がその特徴とされてきた。

A社営業職場の平均的な女性事務職も職場の雑務を担っている。しかし、大多数の女性事務職が担当する職務だけを採り上げてもその種類は多く、七種類の情報システムを使いこなして仕事を進めている。また、ある程度の業務知識・製品知識を要求され、社内外との交渉や調整機能も担っている。事務業務を情報の処理と捉えれば、単なる伝達や記録のレベルだけでなく、情報の検索と修正のレベルまでを求められている。したがって、この職場の平均的な女性事務職の職務を、単純労働であるとは認めることはできない。

女性事務職の職務には業種や部署による差異がないと指摘されたが、A社営業職場の女性事務職の職務は営業活動および情報システムと深く結びついている。異なる職場について調査すれば、まったく別の職務の一覧ができるはずである。したがって、女性事務労働は均質性が高いとは考えられない。さらに、同一勤続年数の女性事務職であっても、知識と技能の発揮度には個人差が生じていることがあきらかになった。

一方、岡崎［1987］による商社の事例研究、およびペイ・エクイティ研究会［1997］のアンケート調査結果と、A社営業職場の女性事務職の職務には共通性が見出される。すなわち、女性事務職が職場の雑務を担いながら、主に契約の実行段階の職務を担当している点である。営業職場における事務労働の特徴であると考えられよう。

では、女性事務労働が補助的であるというこれまでの主張についてはどうであろうか。すでに述べたように、「補助的」であることを実証した研究はこれまでにない。ではなぜ「補助的」と言われているのであろうか。「補助的である」という言葉は、「職務内容が単純である」あるいは「主たる業務遂行者を支援する、もしくはその役割と職務のうちの一部分だけを担う」という二つの意味によって使われているものと考えられる。「職務内容が単純である」ことをもって「補助的」であるとする議論は、前述の結論から否定されることになる。一方、職場メンバーとの関係において「補助的」であるとするならば、ともに働く営業職との職務分担を考察する必要がある。そこで、次節において営業職との職務分担を検討したい。

ただし、平均的な女性事務職の大多数が担当している職務だけを観察しても、役割別の七つの職務グループのうち、四つの職務グループを担っていることがすでにあきらかになった。したがって、女性事務職は職場の役割と職務のうちの一部分のみを担っているのではないことを、ここで指摘しておきたい。

第2節　営業職との職務の分担

1　営業職との職務分担

つぎに平均的な事務職と営業職との職務分担について検討する。職務分担を分析するためには特定の職場を採り上げてそのメンバーがどのように仕事を分け合っているかを実証する方法が考えられるが、本調査では許されなかった。そこで、「②四年め職務担当状況調査」であきらかになった事務職およびペアを組む営業職の各単位作業の担当状況をもとに、平均的な事務職と営業職との職務分担を五つの分析視点によって考察したい(6)。

①　仕事の流れ（工程）における担当部分

表2-2によれば、受注確定以前の職務を多くの営業職が担当し、受注確定から回収終了までの職務を多くの事務職が担当している。仕事の流れと並行して行なう職務は両者がともに担っている。さらに、各々の担当工程であっても、両者ともに行なう職務が数多く存在する。

では、多くの営業職が担当している単位作業に注目してみよう。表2-1では、営業職が各単位作業をどれくらい行なっているかの合計担当者割合を最右列に示した。これによれば、「No. 13 提案書原稿の作成」「No. 16 製造部門との打ち合わせによる価格検討・値引き交渉」「No. 26 契約書の持参」「No. 12 提案内容の企画」「No. 2 ニーズサーベイのための顧客・販売店訪問」「No. 3 競合各社に関する情報収集」を九割以上の営業職が行なっており、これら

図2-1　平均的な事務職と営業職の仕事の流れ（工程）による分担

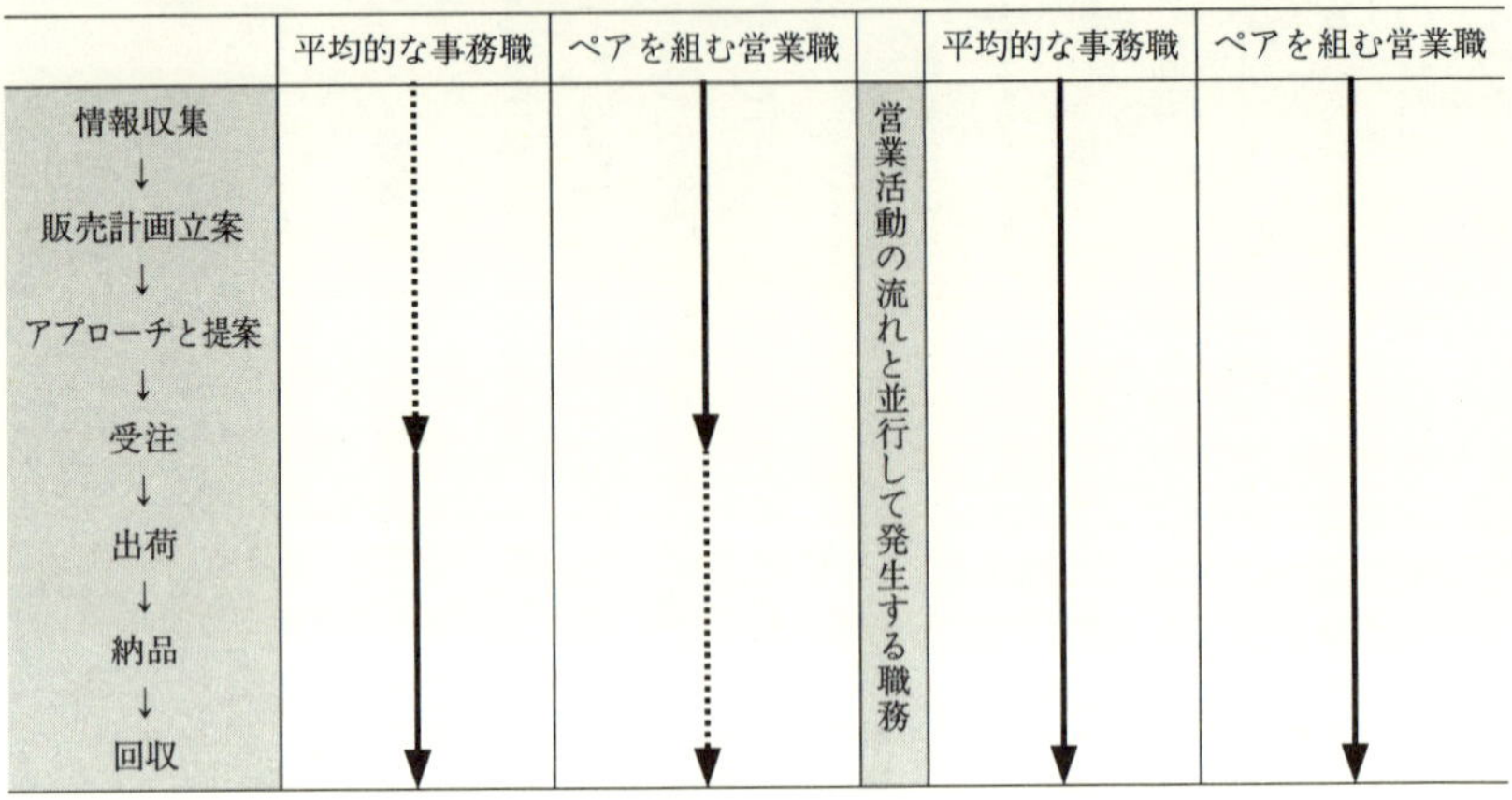

はすべて受注確定以前に発生する単位作業である。ほぼすべての営業職が受注確定以前の職務を担当しているといえよう。

ただし、表2-2によれば受注確定から回収終了までの職務も平均で二五％の営業職が行なっており、仕事の流れと並行して行なう職務の担当者はさらに多い。したがって、仕事の流れと両者の職務の振り分け方は、図2-1のように表わすことができよう。

② 販売活動に対する役割

表2-4で職務グループ別推定日数を観察すると、事務職が最も多くの日数を投じている「II　手配・手続き」に、営業職が投じている日数は事務職の五分の一以下である。「I　付帯的雑務」「III　交渉・調整・回答」「IV　ミスの発見とフォロー」においても、両者の推定日数には大きな差が見出される。一方、「V　情報収集・分析・提案」「VI　情報提供・販売促進」「VII　計画立案・販売活動」では営業職の推定日数が事務職を大きく上回り、営業職がこれらの職務を高い頻度で行なっていることがわかる。

したがって、各職務に投じている日数を比較する限り、営業職が情報収集や提案内容の企画・立案と販売活動を主な役割とし、事務職の多数は受注確定後の手配と交渉、ミスのフォローおよび職場の雑務を担っているといえよう。

しかし調査結果を単位作業レベルで詳細に検討すると、事務職と営業職の両者が担当している職務は少なくない。表2-5によれば、「I　付帯的雑務」のうち、「No. 15 提案書の製本」は半数以上の営業職が行なっている作業である。「No. 25 契約書製本」を担当する営業職も二六％存在し、難易度の低い付帯的な雑務であっても営業職が担当する場合がある。

「II　手配・手続き」では、「No. 26 契約書の持参」「No. 14 提案書の清書」「No. 24 契約書清書」「No. 41 現地組み立て申請書類作成」「No. 22 見積書清書」「No. 131 ワープロ・表計算・プレゼンテーション作成ソフトを活用した各種資料の作成・清書」「No. 20 契約内容明細書の清書・入力」を六〇％以上の営業職が行なっており、受注後の手配・手続きの一部を、営業職が引き受けていることがわかる。

「III　交渉・調整・回答」に関する職務では、表2-5によって担当者割合の平均値を比較すれば事務職と営業職に大きな差はない。単位作業を詳しく観察すると、事務職はユーザーや顧客からの問い合わせ対応と納期に関する交渉を担い、営業職は顧客への売り込みや製造部門との値引き交渉を受け持っていることがわかる。

「IV　ミスの発見とフォロー」では、六項目中三項目の単位作業を半数以上の営業職が担当している。したがって、手続き上のミスの発見とフォローは、事務職と営業職の両者が担う役割であると考えられる。なお、六項目の単位作業の振り分け方は判明しなかった。

営業職の多くが携わっている「V　情報収集・分析・提案」の職務であっても、平均値で二二％の事務職が担当している。表2-5によって単位作業を個別に見ると、「No. 132 会議用の提案書・資料の企画とデータ加工による作成」を五二％、「No. 7 顧客情報に関する資料作成」を三〇％、「No. 11 納期打ち合わせや商談のための顧客・販売店訪問」を二四％の事務職が行なっている。オフィスで顧客情報を集めたり資料を作成するだけでなく、四人に一人は顧客を訪問して打ち合わせや商談を行なっているのである。したがって、販売活動準備のための情報収集・分析・提案の職務の大部分を営業職が担当しているが、事務職もその一部を担っているといえよう。

「VI 情報提供・販売促進」は事務職の担当者割合がきわめて低い。しかし営業職の割合も高くないため、これらの職務は発生頻度が低いか、あるいは職場による偏りがあると考えられる。しかし、「No. 108 ユーザーに対する製品のデモンストレーションの実施」や「No. 104 販売店に同行してユーザー訪問」は営業職の多数が担当しており、しかも事務職の担当割合が低いことから、これらの職務は営業職の担当領域であることがわかる。

「VII 計画立案・販売活動」では、製品Zの販売活動を五〇％の事務職が担当している。製品Zは環境ソフト商品であり、A社の他の製品との関連性は低く、マーケットも限定的である。その販売戦略は支社・支店によって多様であり、事務職女性がこの商品を任されている職場もあるとのことである(7)。すなわち、最も難易度の高い販売活動全般に関する職務であっても、商品を限定して事務職が担当する場合がある。計画立案と販売活動については主に営業職がその役割を担っているが、事務職も部分的に取り込んでいるといえよう。

平均的な事務職と営業職の役割分担について、つぎのことがあきらかになった。営業職が主に担う役割は、販売活動のための「情報収集・分析・提案」および「計画立案・販売活動」である。顧客への「情報提供・販売促進」を担う場合もある。これに対して事務職が主に担う役割は、受注確定後の「手配・手続き」と「付帯的な雑務」である。「交渉・調整・回答」は、交渉相手や内容に応じて分け合いながら事務職と営業職の両者がともに担当している。さらに手続き上の「ミスの発見とフォロー」も、事務職と営業職の両者が担う役割である。

しかし、その分担は厳格に区分されるのではない。「情報収集・分析・提案」「計画立案・販売活動」は営業職の独占領域とはいえず、「手配・手続き」「付帯的雑務」であっても営業職が部分的に引き受けている。したがって、営業職と事務職は大まかな役割分担を行なっているが、職務を詳細に観察すると、相手の役割の一部分以上を担い、相互

表２－９　情報システム使用別事務職と営業職の担当者割合

	担当者割合(%)	
	平均的な事務職	営業職
情報システムを使用する職務	78.1	22.0
情報システムを使用しない職務	50.2	48.1

表２－10　情報処理レベル別事務職と営業職の担当作業数

	単位作業の情報処理のレベル		
	翻訳・整理・伝達・記録・保管	検索・修正	収集・加工・発信
平均的な事務職の担当作業数	70.5	4.4	4.6
営業職の担当作業数	30.1	2.8	18.2

に踏み込んで仕事を進めていることがわかる。

③　情報システムの使用

表２－９では、すべての単位作業を情報システム使用の有無によって分け、事務職と営業職の担当割合の平均値を比較した[8]。これによれば、情報システムを使用する職務を主に担うのは事務職であるが、情報システムを使用する職務のすべてを引き受けているのではない。したがって、事務職と営業職が情報システムの使用によって職務を二分しているとはいえない。

④　情報処理の難易度

単位作業を情報処理のレベルにしたがって三分類し、平均的な事務職と営業職の各々の担当作業数を比較したのが表２－10である。平均的な事務職の主な職務の情報処理レベルは翻訳・整理・伝達・記録・保管であり、営業職は情報の収集・加工・発信のレベルの職務をより多く担っていることがわかる。ただし、平均的な事務職においても、情報の収集・加工・発信のレベルの作業を平均値で四・六項目担当しており、それらの作業を受け持つ事務職は、より高いレベルでの情報処理を行なっている。

⑤　要求される知識・技能

表2-7によって知識・技能別に平均的な事務職と営業職の担当作業数を比較すると、業務知識、製品知識、OA機器やパソコンの技能のいずれにおいても、最も高度な知識・技能を活用する作業をより多く担うのは営業職である。対人折衝技能についても、最も高度な売り込みの技能では営業職が事務職を上回って担当している。また、前章で概観した営業職の職務の特徴によれば、営業職は新規物件獲得に向けて顧客訪問によるニーズサーベイと提案を繰り返し行なっている。したがって営業職は、より積極的な売り込みや確実な成果が求められる折衝の技能を強く要求されるものと思われる。

しかし、表2-5によれば「No.16製造部門との打ち合わせによる価格検討・値引き交渉」「No.8電話での注文の受付や売り込み」「No.9在庫や需要を予測し、顧客に情報提供・売り込み」などの交渉・売り込みのスキルを求められる職務を、四〇%以上の事務職が担当している。これらの事務職は営業職と同程度の交渉力をもち、営業職の主たる職務を取り込んでいるものと考えられよう。

2　グレーゾーンの職務

A社調査では、事務労働を分析するために五つの視点を用意した。平均的な事務職と営業職の職務を①から⑤までの視点に沿って分析した結果、両者には五つの視点のそれぞれによる差異が認められた。したがって事務職と営業職は、少なくともこれらの五つの要素によって職務を振り分けていることになる。つまり、事務労働を分析するための五つの視点は、平均的な事務職と営業職との「職務分担を規定する要素（何によって分担するか）」であると言い換えることができる。

しかし、事務職と営業職の両者がともに行なっている職務も数多く存在する。そこで本項では、この「グレーゾーンの職務」に影響を与えている要因を探り、分析の視点に付け加えたい。

グレーゾーンの職務をどのように分担しているのか、つまりグレーゾーンにおける「職務分担を規定する要素」が何であるのかをあきらかにするために、アンケート結果と「①仕事の洗い出し調査」および「④ベテラン職務の変化調査」での事務職の発言からその要素を推察し、予め用意した①から⑤までの要素に追加する。

⑥　顧客の特性

あるベテラン事務職によると、「官公庁へ提出する書類は、書式上の規定が多く間違いが許されないので、営業職が自分で整える場合がある」とのことであった。アンケート調査からは対象顧客の特定はできないが、表2-1によって入札に関連する単位作業を考察すると、「No. 27 札（ふだ）の準備」を三五％、「No. 28 入札手続」を三九％の営業職が担当している。したがって、事務職と営業職が対象顧客の特性によって職務を分担していることが予想できる。

⑦　商品や物件の特性

「No. 96（製品Z）マーケット分析からアプローチ・デモ・商談・契約・手配・フォローまで」の職務を五〇％の事務職が担当していることはすでに指摘した。マーケット分析からフォローまでをひととおり遂行するのは難しい職務であると予想されるが、前述のように製品Zは環境ソフトのパッケージ商品で低価格である。その機能はわかりやすく、セールストークも比較的易しいと考えられる。したがって、難易度の高い職務であっても、売りやすい商品に限定して事務職が担当する場合があることがわかる。

また、「No. 38 在庫管理部門との納期交渉」は九八％の事務職が担当する単位作業であるが、約半数の営業職も行なっている。事務職へのインタビューによれば、大型物件の場合は営業職が納期交渉を行なう場合もあるとのことである。つまり、ほぼ全員の事務職が担当する職務であっても、物件の特性によっては営業職が受け持つこともある。

さらに、「No. 40 製品の現地組み立てをサービス子会社に申請・予約」と「No. 41 現地組み立て申請書類作成」の二つの単位作業は、事務職と営業職の両者がほぼ同程度に担当している。ベテラン事務職へのインタビューによれば、この「現地組み立て申請」は物件の複雑さによって難易度が異なるという。単体機器の設置や単なる移動であれば、どのような工事か簡単に判断できる。しかし、通信ケーブルの移設が伴う複雑な物件になると、受注した機器の構成と内容を理解していなければ申請や予約はできないという。受注内容から機器全体の構成を見極め、「サーバーにディスクを外付けして端末を三台つなぐ」といった指示を出すことのできる事務職とできない事務職がいるというのである。つまり、同一の単位作業であっても扱う物件の複雑さは多様であり、物件ごとに誰が担当するかを判断している可能性が指摘できるのである。

本調査では、事務職の職務を六段階の難易度に分類して分析しているが、この「製品の現地組み立て」に関連する単位作業の例からもわかるように、個々の単位作業においても物件の特性によって難易度に差異があり、職場のメンバーはその難易度を考慮しながら職務を分担していると考えられよう。

さらに第1章で述べたように、営業職は不具合の発生や欠品などの、トラブルへの対応を行なっていることがA社の内部資料からわかっている。物件の進捗状況が順調であれば事務職が行なう職務であっても、トラブルが発生すると営業職が引き受けるといった分担も予測される。

以上の検討から、商品と物件の特性によって職務分担が決定されていることが窺われる。その分担方法は、比較的単純で低価格な商品に関する職務であれば事務職が営業職の領域にも踏み込み、反対に大型物件や難易度の高い物件の場合は、営業職が事務職の領域をも担っているのではないかと考えられる。

⑧　取り扱う書類の重要性

表2-5によれば、「Ⅰ　付帯的雑務」に分類される作業のうち、「No. 15 提案書の製本」を五七%、「No. 25 契約書製本」を二六%、「No. 121 契約書のファイリングと管理」を一五%の営業職が担当している。これらの職務は作業としての難易度は低いが、顧客との契約に関係する重要書類を扱っている。

また、「Ⅱ　手配・手続き」に分類される単位作業においても、「No. 26 契約書の持参」「No. 14 提案書の清書」「No. 24 契約書清書」「No. 22 見積書清書」「No. 20 契約内容明細書の清書・入力」「No. 60 請求書の郵送または持参」「No. 57 検収印受領」などの作業を多くの営業職が担当している。したがって、顧客に提出する重要書類を扱う職務に営業職が関与することが多いことがわかる。

つまり、これらの職務については作業の難易度よりも、取り扱う書類の重要性によって分担が規定されている可能性が指摘できる。

以上の考察から、グレーゾーンにおける「職務分担を規定する要素」が見出され分析視点に追加された。すなわち、

⑥　顧客の特性
⑦　商品や物件の特性
⑧　取り扱う書類の重要性

の三つの要素が、事務職と営業職との職務分担のあり方を規定する可能性がある。

また、これらの八つの要素は単独で分担状況を決定するのではない。たとえば、「⑦商品や物件の特性」によって

担当が決まった「製品Zの販売活動」を担うことで、事務職の「②販売活動に対する役割」が拡大することになる。つまり、複数の要素が組み合わされ、連動しながら職務分担が決定されていくものと思われる。

3　職務分担の特徴と分担を規定する要素

平均的な事務職と営業職との職務分担について、あきらかになったことをまとめる。まず、両者の職務分担の特徴を予め用意した五つの「職務分担を規定する要素（何によって分担するか）」にしたがって述べ、新たに発見された要素（⑥〜⑧）を追加する。

⑴　職務分担の特徴

a　A社営業職場の平均的な事務職と営業職は、仕事の流れに沿って受注確定以前の職務を主に営業職が、受注確定から回収終了までの職務を主に事務職が担っている。仕事の流れと並行して行なう職務は両者がともに引き受けている。さらに、事務職と営業職は各々が主たる担当プロセスを持ちながら、互いのプロセスに踏み込んで職務を遂行している。

b　平均的な事務職と営業職の役割分担を観察すると、営業職が販売活動のための「情報収集・分析・提案」「情報提供・販売促進」「計画立案・販売活動」の役割を受け持ち、事務職が受注確定後の「手配・手続き」と「付帯的雑務」を担当するという大まかな役割分担を行なっている。また、販売活動に伴う「交渉・調整・回答」、および手続き上の「ミスの発見とフォロー」については、事務職と営業職の両者が担っている。

しかしながら、職務の詳細を考察すると、営業職の役割である「情報収集・分析・提案」および「計画立案・販売活動」を担当している事務職が存在する。また、受注後の「手配・手続き」や「付帯的雑務」を担う営業職も認められる。したがって、事務職と営業職はそれぞれが主たる役割を持ちながらも、相手の役割を部分的に担っているとみなすことができる。

c　情報システムを使用する職務については、主に事務職が担当している。しかし、情報システム使用の有無によって事務職と営業職が職務を二分しているとはいえず、情報システムを使用しない職務は両者がともに受け持っている。

d　事務職と営業職の情報処理の難易度を考察すると、平均的な事務職の主たる職務は情報の翻訳・整理・伝達・記録・保管および検索・修正のレベルであると認められる。営業職はこれに加えて、情報の収集・加工・発信を行なっている。しかし、情報の収集や加工・発信に関する職務を担当する事務職も少なくない。これらの事務職では、情報処理のレベルは営業職に接近する。

e　平均的な事務職に必要な業務知識は、社内の諸制度や事務処理方法および情報システムの活用、顧客の概要などであり、製品知識に関しては、製品名、品番、価格、機能の概要、在庫状況や納期予測などが求められる。これに対して営業職には、社内の業務知識に加えて業界の動向、顧客企業の事業内容などの知識が必要になる。また製品知識に関しても、他社製品との差異や情報システム全体の理解が要求される。

平均的な事務職にとって情報システムを使いこなす技能は必須である。これに対して営業職には、見積りシステムや各種ソフトを使った企画書や図表作成の技能が求められる。

平均的な事務職に求められる対人折衝技能は、円滑なコミュニケーションを図るだけでなく、目的をもって社内外の相手を説得し、回答を引き出す交渉の技能である。営業職では、さらに積極的な売り込みや、より複雑な交渉・調整の技能が必要になる。

以上はいずれも大多数の平均的な事務職と営業職に求められる知識と技能であり、営業職の主な領域に進出して高度な職務を遂行している事務職には、営業職と同程度の知識と技能が要求される。

f　平均的な事務職と営業職は相手の領域に相互に踏み込み、互いの担当職務の一部分以上を担って営業活動を進めている。両者がともに行なう「グレーゾーンの職務」の振り分け方について詳細な実証はできなかったが、以下の三点によって分担状況を決めている可能性が指摘できる。すなわち、⑥顧客の特性、⑦商品や物件の特性、⑧取り扱う書類の重要性、の三点である。

(2)　職務分担を規定する要素

この職場の事務職と営業職の職務分担を規定する要素として、以下の八項目が見出された。なお、それぞれの要素による分担は、カッコ内の表現で表わすことができる。

①　仕事の流れ（工程）における担当部分（業務プロセスによる分担）
②　販売活動に対する役割（役割分担）
③　情報システムの使用（情報システムの使用による分担）
④　情報処理の難易度（情報処理の難易度による分担）

⑤　要求される知識・技能（職務に必要な知識・技能による分担）
⑥　顧客の特性（顧客による分担）
⑦　商品や物件の特性（商品・物件による分担）
⑧　取り扱う書類の重要性（取り扱う書類の重要性による分担）

しかしながら、単一の要素によって職務分担が決まるのではない。複数の要素が組み合わされ連動しながら、誰が何を担当するかが決められているものと思われる。

また、職務分担に個々人の知識や技能の程度が影響をおよぼすことはいうまでもない。本調査では勤続年数を同一にすることで技能の程度が一定であるとみなしたが、平均的な事務職といってもその職務の幅や技能に個人差があることは本章の第1節であきらかになった。また、ペアを組む営業職の技能にも個人差が予測されよう。したがって、現実の職場を個別的に見れば、事務職と営業職の個々人の知識や技能の程度が職務分担の決定に影響を与え、分担をさらに複雑にしているものと思われる。

第3節　男女の分業と柔軟な職場組織

1　男女の分業体制と職場組織の特徴

本書では職場の男女の分業体制を考察し、女性事務職が補助的であるかを検証することによって、性別職務分離の有無と程度をあきらかにすることを課題のひとつとした。そこでA社営業職場の平均的な事務職と営業職との職務分担について見出されたことから、女性事務職の職務が補助的であるか否かの検討を行ないたい。

「補助的」とは、職場の目的に対する主たる担当者の存在を前提とし、その主たる担当者の職務遂行を支援する、もしくはその役割の一部分だけを担うことを指すものと思われる。しかし、A社営業職場の平均的な女性事務職と営業職は、仕事の流れを大きく分けて、それぞれが異なる業務プロセスを受け持ち、また各々が主な役割を引き受けて役割分担を行なっている。

さらに重要なのは、この分担が厳格に定義され、各々の領域を厳しく制限するものではないということである。この職場には事務職もしくは営業職が独占している職務領域はない。それだけでなく、社内外との「交渉・調整・回答」や手続き上の「ミスの発見とフォロー」のように、両者がともに受け持つ役割が存在する。さらに、各々の主たる職務領域においても分担の曖昧な職務が数多く存在する。

このように考察すると、この職場の分業のあり方は、主たる担当者とその補助者による分担とはいいがたい。むしろ、事務職と営業職の各々が職務領域を持ちながら相手の役割とプロセスに踏み込み、その一部分以上を担って仕事を進める、柔軟な分業体制であると捉えることができよう。

平均的な事務職の職務分析によって、営業職との職務分担を規定する八つの要素が見出された。少なくとも八つの要素が組み合わされ連動しあって職務分担が決定されているのである。さらに職場の日々の業務遂行においては、事務職と営業職の個々人の知識や技能のレベルが職務分担の決定に影響をおよぼしていると考えられよう。

職場組織において、各個人が専門化された小さな部分を受け持ちながら、状況に応じて臨機応変に補完し合う分業体制は、人的資源管理研究において「柔軟な職場組織」として採り上げられるテーマである。これまで、生産職場における柔軟な職場組織に関する研究はなされてきたが、ホワイトカラーの職場について、しかも男女の分業において実証された研究はほとんどない。A社営業職場の女性事務職と男性営業職の分業体制は、ホワイトカラー職場の男女それぞれが主たる担当領域を持ちながらも、必要に応じて補完し合いながら仕事を進めている、柔軟な職場組織であるとみなすことができよう。さらにそこでは、性別による厳格な職務分離というよりも、比較的緩やかな男女の分業が生じているということができる。

2　同業他社の職場組織との比較

A社営業職場の職場組織と男女の分業の特徴をより明確にするために、IT企業Q社の営業職場についてインタビュー調査を行なった。「⑥同業他社職場組織調査」である。

Q社は、国内コンピュータの年間売上高で上位に名を連ねるA社のライバル企業である。Q社の営業職場における職場組織と男女の分業について、Q社営業部門で二〇年以上の経験を持つ元社員の渡辺泰宏さん（仮名）に対して、一九九九年七月に約二時間のインタビュー調査を実施した。情報量および情報源の多様性においてA社調査と比べられるものではなく比較研究とはなりえないが、A社の職場を考察するための参考資料として採り上げたい。

渡辺氏によれば調査当時のQ社の営業部門は、大型受注を担当する部門と各地域の小型物件を対象とする部門に分かれ、小型物件を扱う部門は全国に支社・支店を展開していた。A社営業部門と比較できるのはこの支店なので、Q社の支店の組織と分業体制について述べる。

渡辺氏が働いていたある支店の組織は、営業課、業務課、技術課、庶務担当に分かれていた。支店内には支店長とその秘書を除くと、営業職、システムエンジニア、業務職、技術職、庶務担当の五種類の職種が存在する。ただし、業務課は近隣の他支店と兼務している場合もある。また、支店内には数名の庶務担当がおり、文書作成や小口の会計処理などの支店全体の庶務業務を行なっている。

この支店では、営業職がシステムエンジニアの支援を受けながら顧客との商談を進めていく。提案する製品と情報システムの構成を決定するにあたっては、営業職、業務職、技術職が集まって検討する。営業職の役割は受注契約までであり、受注が確定すると業務職が在庫確保、納品手配、請求手続き、保守契約などを引き受ける。業務職が顧客と直接やり取りをして、納期や納品に関する確認を行なうこともある。また、海外工場との納期交渉も業務職が行なう。製品の設置工事の手配は技術職が担当し、職場全体の雑務は庶務担当が受け持っている。なお庶務担当者は、パートタイマーや派遣社員に代替されつつあるとのことであった。

では、支店内の各職種にはどのような人が就いているのであろうか。渡辺氏によれば、Q社では大卒男女を職種別に採用している。採用試験に合格すると、営業、業務、システムエンジニア、管理部門のスタッフなど、職種ごとの面接によって採用が決まる。処遇は職種ごとに異なり、営業職の給与レベルは業務職よりもやや高いという。異動や昇格は基本的には各職種内で行なわれるが、職種を超えた異動も時にはある。

なお、Q社全体における調査時点での女性社員比率は一七%程度である。ただし、支社・支店の女性社員比率はあきらかにならなかった。渡辺氏によれば、女性社員はシステムエンジニアに多く、業務職は男女同率くらいではないかとのことである。支店には女性営業職がいるが、大型物件担当部門には少ないという。

以上のQ社支店の職場組織と分業体制をA社営業職場と比較してみよう。まず職種と職務分担に注目すると、Q社では業務プロセスと営業活動の機能によって営業課、業務課などの課を設置し、各課の専任者としての職種を置いている。これに対してA社では顧客への窓口を営業職と事務職のペアに一元化し、受注以前からアフターフォローまでのすべての職務を営業職と事務職に委ねている。Q社の業務職が担う受注確定後の諸手配を、A社では事務職が主となって進めながら必要に応じて営業職も担当する。また、製品や物件に関する顧客からの問い合わせに対しては、A社では営業職が不在であっても事務職ができる限りの対応を試みる。したがって、Q社が職務と職種を明確に結び付けて仕事を振り分けているのに対して、A社の営業職と事務職は、主たる担当領域を持ちながらも職務と役割を限定せず、状況に応じて柔軟に補完しあっているといえよう。

一方、男女の分業についてはどうであろうか。渡辺氏からの聞き取りによるかぎりQ社では同一職種に男女が混在しているのに対して、A社の事務職は全員が女性である。したがって、A社では職種によって男女が分離されているが、仕事を詳細に観察すれば職場組織は柔軟であり、互いに補完しあいながら仕事を進めている。一方Q社では、職種は男女混合であるが職務は明確に分割され、職種ごとに独自の担当職務を担っているということができよう。

3　性別職務分離に関する先行研究との異同

先行研究には、職場慣行や労務管理が性別職務分離を生成しているという主張が見られた。本調査は職場慣行や労務管理について分析していないが、職場の男女が受け持っている職務の内容そのものを詳細に観察すれば、極めて多様な要因が複雑に絡み合って、どの仕事を誰が受け持つかが決まっているのである。

また、女性事務職と男性社員の職務分担については、これまでその分断が強調されてきた。しかし、A社営業職場の職務は企画・判断業務と定型業務に二分できるものではなく、また事務職と営業職の職務分担は、その境界が曖昧である上に互いの一部分以上を担う柔軟な分業体制である。

仙田［2000a］は一般職女性への聞きとりによって職場組織を考察し、「分離型」「役職者補助型」「分担型」「役職者補佐型」「自己完結型」の五タイプを見出している。A社調査では特定の職場を個別に調べることができなかったが、少なくとも八つの要因が組み合わされて職務分担が決定されていることから、多様な職場タイプの存在が予測されよう。単純に捉えられがちな男女の分業は、よく調べてみればこのように多様である。さらに対象職場を広げ、さまざまな職場の男女の分業について検討すれば、各タイプの特徴とメリット、特に人材開発にとって効果的な分業のあり方が見出せるのではないだろうか。さまざまな職場のタイプと分業のあり方については、第7章でもう一度採り上げることにしたい。

(1) 複数の営業職を担当している場合は、主となる一人を想定して答えてもらった。

(2) 単位作業を個別に分析すると、その作業を行なっている事務職が極めて少ない作業も発見される。その原因には、①限定的な職場にしか存在しない②まれにしか発生しない③営業職が担当している、の三種類が推察できる。③については職務分担に関する考察で検討するが、①と②についてはこの調査では実証できなかった。

(3) ただし、すべての職場にすべての課業と単位作業が存在するわけではない。担当する顧客や支社・支店による違いによって、当該事務職の職場には存在しない作業もあるものと思われる。したがってこれらの数値は、当該事務職がどの単位作業をどの程度の頻度で行なっているかだけを表わす。

(4) 第1章表1-4と同様に、まず各単位作業の五段階の担当頻度を年間の推定日数に置き換えた（毎日やる＝二六〇日／年、週に数回＝一三〇日／年、月に数回＝三六日／年、やることもある＝六日／年、担当外である＝〇日／年）。その上で、第1章の表1-3（職務の分類と難易度の判定）にしたがって各単位作業を役割別の七グループに分け、各グループに該当する単位作業の推定担当日数の合計を算出した。得られた数値は、IからⅦまでの七つの職務グループに分類した単位作業の各々を、年間に何日行なっているかを合計した日数である。ただし、各単位作業の所要時間は調べていないため、推定日数は合計所要時間を示すものではない。

(5) 表1-3で分類できなかった四項目の単位作業（「No. 113 朝礼出席」「No. 114 グループ会議出席」「No. 115 部内会議出席」「No. 137 後輩・派遣社員・パートの指導・育成」）を除く、一三三項目について検討した。

(6) くり返しになるが、営業職についても事務職が回答しており、あくまでも事務職から見た営業職の単位作業担当割合である。

(7) A社国内営業部門人事担当者への聞き取りによる。

(8) 表2-9ではすべての単位作業を情報システム使用の有無によって分け、各々の担当者割合の平均値を算出した。前述の表2-6では情報システム使用作業をシステムごとに分けて担当者割合を比較しており、複数のシステムを使用する作業があるため、表2-9の数値とは一致しない。

第3章　ベテラン事務職の能力伸張と職域拡大

第3章では、女性事務職の勤続年数の積み重ねによる能力伸張と職域拡大をあきらかにする。女性事務職の職務が単純で定型的であるならば、たとえベテラン事務職になってもその職務内容は変化しないものと思われる。しかし、この職場の事務職の職務は単純で定型的な作業だけではない。したがって、ベテランになることでより多くの職務を担当したり、より高度な知識・技能を要求される職務へ進出していることが予測できる。さらに営業職との職務分担にも変化が生じているはずである。そこでまず、ベテラン事務職へのアンケート調査結果を平均的な事務職と比較する。

ベテラン事務職の能力伸張と職務拡大は、小さな、しかし重要な具体的事例として現れることが予想される。そこで四人のベテラン事務職へのインタビュー調査で得られた事例を検討し、職域拡大の内実をより具体的にあきらかにしたい。

第1節　ベテラン事務職の職務と職務分担

1　アンケート調査の概要

勤続年数による職務の変化を検証するために、ベテラン事務職へのアンケート調査結果を分析する。A社調査のうち「③ベテラン職務担当状況調査」である。

調査対象者には、A社国内営業部門人事部が主催する教育プログラムに参加した三八人の事務職を選んだ。この教育プログラムはベテラン事務職の能力開発を目的として実施され、全国の支社ごとに受講者を選抜している。受講者選考の基準は、上司の推薦と本人の受講意欲である。したがってこの三八人は、ベテラン事務職の中でも優秀な事務職であり、本人の意欲も高いと考えられる。なお、対象者の調査時点での平均勤続年数は八・六年である。所属部署の規模や対象顧客の業種などの条件は、平均的な事務職と同一ではない。

調査時期は一九九八年一二月であり、「②四年め職務担当状況調査」と同じ調査を実施した(1)。記入と集計の方法も四年め調査と同じである。

2　職務内容と職務分担の変化

まず、事務職の勤続年数が職務にどのような変化をもたらすのかを検討する。ただし、職務内容に何らかの変化が生じるとすれば、ペアを組む営業職との関係にも影響がおよぶはずである。そこで、ベテラン事務職と平均的な事務職の調査結果を、営業職との職務分担の視点から比較したい。前章で見出された八項目の「職務分担を規定する要素

表3-1　仕事の流れと単位作業担当者割合（ベテラン／平均的事務職）

仕事の流れと対応する単位作業	担当者割合平均値(%)			
	ベテラン		平均的	
	事務職	営業職	事務職	営業職
情報収集から受注確定まで（No.1～28）	47	63	41	70
受注伝票発行から回収終了まで（No.29～68）	79	29	82	25
並行して行なう作業（No.69～137）	58	39	54	36

表3-2　職務グループ別担当者割合の平均値（ベテラン／平均的事務職）

	ベテラン(%)		平均的(%)	
	事務職	営業職	事務職	営業職
I　付帯的雑務	81	15	86	14
II　手配・手続き	68	25	69	24
III　交渉・調整・回答	66	57	60	52
IV　ミスの発見とフォロー	81	45	74	47
V　情報収集・分析・提案	36	85	22	81
VI　情報提供・販売促進	13	45	8	45
VII　計画立案・販売活動	29	84	24	83

（何によって分担するか）」（八六～八七ページ）に沿って整理する。

①　仕事の流れ（工程）における担当部分

表3-1では、単位作業を仕事の流れに沿って三つに分割し、それぞれの担当者割合平均値を算出した。これによれば、各プロセスの担当者割合に大きな変化は生じていない。したがって、受注確定以前のプロセスを主に営業職が担当し、受注確定から回収終了までのプロセスを主に事務職が受け持ち、仕事の流れに並行して発生する職務を両者が担当するという仕事の流れ（工程）による分担は、事務職の勤続年数による影響を受けない。

②　販売活動に対する役割

表3-2では、七つの役割別職務グループごとに担当者割合の平均値を比較した。また、ベテラン事務職と営業職の各単位作業の担当者割合を、七つの職務グループごとにまとめたものが表3-

表3-3　ベテラン事務職と営業職の職務グループ別単位作業担当者割合

職務グループ	No.	単位作業	使用機器・システム	ベテラン事務職(%) 毎日	週に数回	月に数回	やることもある	合計担当者割合	営業職(%) 合計担当者割合
I	15	提案書の製本		0	3	21	53	76	54
I	25	契約書製本		0	8	47	26	82	24
I	35	値引き申請書・見積書の支社への送付(支店)	FAX	42	37	8	8	95	19
I	51	他社製品仕入見積・伝票・要求書の支社への送付（支店）		0	11	42	18	71	8
I	91	配布物の郵送		11	11	11	37	68	11
I	120	受注伝票のファイリング		58	21	13	0	92	5
I	121	契約書のファイリングと管理		18	16	39	13	87	19
I	122	製品通知書・営業通知書・マニュアルのファイリング		11	21	16	18	66	3
I	123	その他各種資料・帳票のファイリング		16	32	24	18	89	8
I	124	製品カタログの手配・整理		5	34	13	18	71	5
I	125	営業職・上司・その他への連絡・伝言	TEL・FAX	89	11	0	0	100	49
I	128	一般文書の回覧・調査書類の回収		18	37	21	18	95	19
I	129	回覧物のファイリング		5	24	24	32	84	11
I	133	課員への給茶		18	32	16	16	82	0
I	135	メール配布		24	34	16	16	89	0
I	136	出張費・接待費の出金処理		0	18	24	5	47	5
				平均値(%)				80.9	15.0
II	6	グループウェアから出荷・納期・新製品などの製造部門の情報を引き出し、営業職に連絡	PC	39	32	8	11	89	27
II	14	提案書の清書	PC	3	3	11	37	53	65
II	17	在庫確認・確保	システムa	58	24	5	0	87	49
II	18	受注機種および価格連絡伝票の作成（学校物件）	システムb	3	3	0	0	5	8
II	20	契約内容明細書の清書・入力	PC・システムd	11	11	8	16	45	41
II	22	見積書清書	PC	8	18	21	26	74	57
II	24	契約書清書	PC	0	8	26	37	71	51
II	26	契約書の持参		0	0	3	32	34	76
II	27	札（ふだ）の準備		0	0	3	8	11	16
II	28	入札手続		0	0	5	5	11	19
II	29	受注伝票の発行	システムa・b	84	3	5	0	92	11
II	30	得意先コードの登録依頼	システムc	3	11	45	34	92	3
II	31	値引き申請書作成	システムa	29	45	11	5	89	16
II	33	値引き承認確認	システムa	42	42	8	3	95	22
II	34	受注計上	システムa	82	5	5	0	92	8
II	37	販売枠・在庫引当確認	システムa	87	3	3	3	95	43
II	41	現地組み立て申請書類作成		8	32	26	24	89	57
II	42	出荷指示	TEL・FAX	47	37	5	3	92	14
II	43	各地の物流基地への着荷確認	システムe	29	37	8	16	89	16
II	44	物流手配	TEL・システムe	26	45	18	3	92	19
II	48	仕入業者の登録	グループウェア	0	0	3	39	42	8
II	50	他社製品仕入購入要求書の作成	グループウェア	0	13	45	18	76	11
II	52	他社製品仕入の伝票処理	システムa	0	11	34	16	61	3
II	53	送品確認	システムa	55	21	13	3	92	30
II	54	手書き納品書の作成・発行	PC・システムb	5	21	39	26	92	16
II	55	リース会社からの注文書受領・請け書発行		3	8	55	13	79	11
II	56	納品・検収・請求書の作成	システムa	3	26	53	11	92	8
II	57	検収印受領		0	5	47	24	76	54

表3－3　続き(1)

職務グループ	No.	単位作業	使用機器・システム	ベテラン事務職(%) 毎日	週に数回	月に数回	やることもある	合計担当者割合	営業職(%) 合計担当者割合
II	58	検収登録の入力（売上の計上）	システムａ	3	18	58	11	89	3
II	59	手書きおよび顧客指定請求書の作成	システムａ	0	8	53	26	87	16
II	60	請求書の郵送または持参		0	32	47	11	89	51
II	61	請求登録の入力	システムａ	0	18	61	11	89	3
II	62	請求もれ確認	システムａ	0	8	66	13	87	27
II	63	引渡し完了通知書の作成と顧客・レンタル会社・出荷部門への連絡	システムａ	0	3	37	34	74	27
II	64	保守開始通知・伝票発行・内容確認	システムａ	0	5	53	18	76	32
II	66	振り込み金額と請求内容の照合		0	3	8	5	16	0
II	67	照合結果のフォロー	TEL	0	5	37	29	71	38
II	69	初期不良品代替品手配	FAX	3	8	61	24	95	24
II	70	撤去指示書発行	システムａ	3	3	50	34	89	3
II	71	物流手配	システムｅ	5	11	47	26	89	8
II	72	レンタル会社の解約処理	システムａ	0	0	8	39	47	14
II	73	廃棄手配	システムｅ・FAX	0	0	34	53	87	14
II	74	レンタル満了に伴う伝票処理	システムｆ	3	0	16	53	71	11
II	80	受注台帳の記帳とメンテナンス		58	13	5	5	82	5
II	82	積送品の確認	システムａ・ｅ	3	3	66	21	92	49
II	83	積送品・逆積送品の棚卸	システムｆ	0	0	26	45	71	35
II	89	部署独自の顧客台帳の作成・改定	PC	3	0	11	37	50	57
II	90	配布先リストの入力・改定	システムｇ	0	0	11	24	34	19
II	92	挨拶状（年賀・役員挨拶状）のデータのメンテナンス	システムｇ	0	0	8	50	58	27
II	94	輸出申請書類のチェックと判定書の発行	PC	0	0	3	8	11	0
II	105	新製品情報の販売店への送付	FAX・PC	3	13	16	29	61	46
II	106	販促品の購入手配と予算管理		0	3	11	5	18	3
II	110	販売店経由契約物件の取りまとめと審査準備		0	5	3	5	13	16
II	111	学校物件の取りまとめ		3	3	8	3	16	8
II	112	各支店向け製品情報の提供	FAX・グループウェア	3	8	5	5	21	14
II	126	受注･売上･入金実績の定期的なデータ出力	システムａ	3	16	53	18	89	46
II	127	グループウェアからの通知の出力・回覧	PC・FAX・グループウェア	24	37	13	21	95	32
II	130	グループウェアからの価格表の出力・通知	PC・グループウェア	3	18	21	42	84	19
II	131	ワープロ・表計算・プレゼンテーションツール作成ソフトを活用した各種資料の作成・清書	PC	13	29	47	8	97	70
II	134	入札参加資格審査申請		0	0	5	8	13	5
				平均値(%)				67.9	24.6
III	8	電話での注文の受け付けや売り込み	TEL	13	29	18	29	89	86
III	9	在庫や需要を予測し、顧客に情報提供・売り込み	TEL	8	21	11	21	61	81
III	10	電話での問い合わせから相手のニーズを把握し、セールスに繋がるように営業職に引き継ぐ	TEL	11	21	34	29	95	22
III	16	製造部門との打ち合せによる価格検討・値引交渉		5	18	24	29	76	95
III	32	製造部門担当者へ値引き承認要請	TEL	32	50	11	3	95	46

表3-3　続き(2)

職務グループ	No.	単位作業	使用機器・システム	ベテラン事務職(%) 毎日	週に数回	月に数回	やることもある	合計担当者割合	営業職(%) 合計担当者割合
III	38	在庫管理部門との納期交渉	TEL・グループウェア・FAX	66	21	3	3	92	51
III	39	販売店や顧客との納期調整・納期回答	TEL	68	11	8	5	92	59
III	40	製品の現地組み立てをサービス子会社に申請・予約	TEL	11	34	18	26	89	73
III	45	納期問い合わせ・督促	TEL・グループウェア	71	16	5	3	95	57
III	46	製造部門訪問による納期打ち合わせ・督促		0	0	5	34	39	84
III	47	同一製品・システムを異なる場所へ大量に納品する場合の、作業スケジュール作成・社内調整	PC・TEL	5	11	18	34	68	68
III	49	他社製品仕入の見積要求	TEL	0	3	29	26	58	65
III	65	代金回収		0	3	5	3	11	3
III	68	入金督促		0	3	16	45	63	54
III	75	保守契約の推進	TEL	0	3	18	47	68	68
III	79	未処理物件の点検と処理の督促	システムa	0	3	50	26	79	46
III	95	製造部門への輸出申請と交渉		0	0	0	11	11	3
III	97	ユーザー会窓口	PC	0	0	3	8	11	19
III	98	コンピュータ講習会窓口	PC	0	0	5	24	29	19
III	100	ユーザー向けセミナーの事務局運営	PC	0	0	5	29	34	41
III	102	販売店会の事務局運営	PC	0	0	11	11	21	27
III	116	ユーザーからの問い合わせ対応	TEL	21	37	24	13	95	95
III	117	販売店からの問い合わせ対応	TEL	61	21	8	5	95	84
III	118	一般のお客様からの問い合わせ対応	TEL	18	26	24	29	97	81
III	119	クレーム対応	TEL	8	18	24	45	95	92
				平均値(%)				66.3	56.6
IV	36	オーダーミスや未処理オーダーの検索・処理	システムa	87	3	3	3	95	19
IV	76	不良オーダーリストのチェックと原因調査	システムa	0	5	58	26	89	65
IV	77	不良オーダーの処理・再手配	システムa	0	3	55	24	82	51
IV	78	改善策の立案と上司への報告		0	0	37	39	76	46
IV	81	オーダー進捗状況管理表によるオーダー進捗確認・対処		3	3	55	18	79	57
IV	84	積送品・逆積送品の過不足調査・報告	システムa・f	0	0	24	39	63	32
				平均値(%)				80.7	45.0
V	1	顧客ニーズや購買予定に関する情報収集		0	5	11	24	39	97
V	2	ニーズサーベイのための顧客・販売店訪問		0	3	3	11	16	95
V	3	競合各社に関する情報収集		0	0	3	13	16	97
V	4	マーケットのマップ作成	PC	0	0	3	21	24	73
V	5	新規顧客の与信調査		0	3	0	16	18	70
V	7	顧客情報に関する資料作成（既存顧客の分類・ターゲット一覧など）	PC	0	5	3	53	61	81
V	11	納期打ち合せや商談のための顧客・販売店訪問		0	3	3	37	42	95
V	93	顧客管理システムのデータの改定	システムh	0	0	5	26	32	78
V	132	会議用の提案書・資料の企画とデータの加工による作成	PC	0	8	29	42	79	78
				平均値(%)				36.3	85.0
VI	99	ユーザー向けセミナーの企画	PC	3	0	0	13	16	59
VI	101	販売店会の企画	PC	3	0	8	5	16	27

表3-3　続き(3)

職務グループ	No.	単位作業	使用機器・システム	ベテラン事務職(%) 毎日	週に数回	月に数回	やることもある	合計担当者割合	営業職(%) 合計担当者割合
VI	103	販売店・ユーザー訪問（販促資料配布・製品情報提供・コミュニケーション強化のため）		0	3	8	24	34	73
VI	104	販売店に同行してユーザー訪問（製品情報提供・関係強化のため）		0	0	0	8	8	81
VI	107	支社ホームページの企画・取材・製作	PC	0	0	0	3	3	3
VI	108	ユーザーに対する製品のデモンストレーションの実施		0	0	0	11	11	62
VI	109	製品の顧客企業内での広報用ツールの企画・製作	PC	0	0	3	3	5	11
				平均値(%)				13.2	45.2
VII	12	提案内容の企画		0	0	0	3	3	92
VII	13	提案書原稿の作成		0	0	0	11	11	86
VII	19	契約内容明細書の原稿作成	PC	3	0	3	21	26	59
VII	21	見積書原稿作成	PC	3	11	11	26	50	81
VII	23	契約書原稿作成	PC	0	8	18	21	47	70
VII	85	中期営業計画・販売予算・行動計画の立案	PC	0	0	5	11	16	92
VII	86	販売予算進捗状況の把握	PC	0	5	21	24	50	97
VII	87	予算対実績の差異要因分析と対策の策定	PC	3	0	13	16	32	95
VII	88	進捗状況の把握と差異要因分析・対策策定・具申	PC	3	0	5	16	24	89
VII	96	製品Z　マーケット分析からアプローチ・デモ・商談・契約・手配・納品・フォローまで	システムａ・グループウェア・PC	0	0	0	32	32	76
				平均値(%)				28.9	83.8
	113	朝礼出席		3	29	32	8	71	95
	114	グループ会議出席		0	11	32	24	66	97
	115	部内会議出席		0	0	34	21	55	97
	137	後輩・派遣社員・パートの指導・育成	PC・各システム	34	11	13	24	82	19

3である。[2] 表3-2によれば、事務職の勤続年数の伸長は「手配・手続き」と「付帯的雑務」を事務職が担い、「交渉・調整・回答」と「ミスの発見とフォロー」を事務職と営業職の両者がともに受け持つという役割分担を変更させるものではない。

ただし、「情報収集・分析・提案」では、ベテラン事務職の進出が認められる。事務職はベテランになると、それまでの役割を担いながらさらに「情報収集・分析・提案」の役割を拡大するようになることがわかる。

③　情報システムの使用

表3-4では、単位作業を情報システム使用の有無によって分け、各々の担当者割合を比較した。事務職の勤続年数が伸びても、情報システム使用に

よる担当者の割合と職務分担には変更がないことがわかる。

④　情報処理の難易度

表3-5では単位作業を情報処理のレベルによって分け、年間の推定日数をベテランと平均的な事務職、およびそれぞれとペアを組む営業職で比較した。図3-1には推定日数の増減の傾向を表わした。

これによれば、事務職はベテランになると情報の翻訳・整理・伝達・記録・保管の職務に投じる日数を減らし、情報の検索・修正の職務により多くの日数を充てるようになる。これに対して営業職は情報の翻訳・整理・伝達・記録・保管に投じる日数を増やし、検索・修正に投じる日数を減らす。この二つのレベルの職務では、一方が日数を減らすと他方が代わりに増やしており、「ペア内部での職務の交換」が生じている。

情報の収集・加工・発信にあたる職務では、事務職と営業職の両者ともに推定日数が増加する。「ペア内部での職務の交換」ではなく、ペアとしてトータルでの情報の収集・加工・発信の日数を増やしており、いわば、「ペアとしての職務の高度化」が図られているといえよう。したがって、情報処理のレベルから見ると事務職の勤続年数の伸長は「ペア内部での職務の交換」を生じさせると同時に、「ペアとしての職務の高度化」を導いていると考えられる。

⑤　要求される知識・技能

つぎに業務知識、製品知識、OA機器・パソコンの技能レベル、対人折衝技能による職務分担の変化を、推定日数の増減によって検討する。表3-6では、推定日数を知識・技能のレベル別に求め、ベテランのペアと平均的なペアで比較した。増減傾向を図にしたものが図3-2である。これによれば、事務職は低いレベルの業務・製品知識や情報システムによる定型的な処理、社内外とのコミュニケーションの技術で遂行できる職務に投じる日数を減らし、ペ

表3－4　情報システム使用別単位作業担当者割合（ベテラン／平均的事務職）

	ベテラン(%)		平均的(%)	
	事務職	営業職	事務職	営業職
情報システムを使用する単位作業	76.1	26.1	78.1	22.0
情報システムを使用しない単位作業	54.8	48.7	50.2	48.1

表3－5　情報処理のレベル別推定日数（ベテラン／平均的事務職）

		情報処理のレベル別年間推定日数(日)		
		翻訳・整理・伝達・記録・保管	検索・修正	収集・加工・発信
平均的	事務職	7,245	325	165
	営業職	1,693	78	1,126
ベテラン	事務職	6,563	342	190
	営業職	2,171	69	1,449

図3－1　情報処理のレベル別勤続年数の伸長による推定日数の増減

	情報処理のレベル		
	翻訳・整理・伝達・記録・保管	検索・修正	収集・加工・発信
事務職	↘	↗	↗
営業職	↗	↘	↗

表3-6　知識・技能のレベル別推定日数（ベテラン／平均的事務職）

		業務知識別年間推定日数(日)			
		一般常識	社内制度・事務処理方法・規定・顧客の概要など	トラブル対応方法など	業界動向・顧客の事業内容・自社方針と実績など
平均的	事務職	1,813	5,431	325	165
	営業職	152	1,541	78	1,126
ベテラン	事務職	1,410	5,153	342	190
	営業職	206	1,965	69	1,449

		製品知識別推定日数(日)			
		不　要	品番・品名・価格・機能の概要・在庫状況・納期予測など	機能・特徴・他社製品との差異・使用方法など	システム全般・利点・システム構築など
平均的	事務職	1,813	5,756	74	91
	営業職	152	1,620	619	507
ベテラン	事務職	1,410	5,495	93	96
	営業職	206	2,035	872	576

		OA・PCの技能別推定日数(日)		
		コピー・FAX	PC・情報システムで定型的な処理	見積りシステム・各種ソフトで企画書や図表を作成
平均的	事務職	1,813	5,756	165
	営業職	152	1,620	1,126
ベテラン	事務職	1,410	5,495	190
	営業職	206	2,035	1,449

		対人折衝技能別推定日数(日)			
		社内コミュニケーション	社内外との臨機応変なコミュニケーション	社内外との交渉・説得	顧客へのアプローチ・情報収集・交渉・売り込み
平均的	事務職	1,813	3,898	1,932	91
	営業職	152	713	1,526	507
ベテラン	事務職	1,410	3,500	2,088	96
	営業職	206	716	2,191	576

図3－2　知識・技能のレベル別勤続年数の伸長による推定日数の増減

	業務知識のレベル			
	一般常識	社内制度・事務処理方法・規定・顧客の概要など	トラブル対応方法など	業界動向・顧客の事業内容・自社方針と実績など
事務職	↘	↘	↗	↗
営業職	↗	↗	↘	↗
	製品知識のレベル			
	不　要	品番・品名・価格・機能の概要・在庫状況・納期予測など	機能・特徴・他社製品との差異・使用方法など	システム全般・利点・システム構築など
事務職	↘	↘	↗	↗
営業職	↗	↗	↗	↗
	OA・PCの技能のレベル			
	コピー・FAX	ワープロ・営業システムで定型的な処理	見積りシステム・各種ソフトで企画書や図表を作成	
事務職	↘	↘	↗	
営業職	↗	↗	↗	
	対人折衝技能のレベル			
	社内コミュニケーション	社内外との臨機応変なコミュニケーション	社内外との交渉・説得	顧客へのアプローチ・情報収集・交渉・売り込み
事務職	↘	↘	↗	↗
営業職	↗	→	↗	↗

アを組む営業職が代わりに日数を増やす傾向が読み取れる。「ペア内部での職務の交換」が生じている。

一方、もっとも高度な業務・製品知識、積極的な交渉や売込みの技能、見積りシステムや各種ソフトの活用技術が求められる職務については、事務職と営業職がともに日数を増やしており、「ペアとしての職務の高度化」が生じている。事務職の勤続年数の伸長は、営業職とのペアというもっとも小さな職場組織の仕事の質を向上させていると考えられよう。

⑥ 顧客の特性

事務職が勤続年数を伸ばすことによって、顧客の特性による職務分担がどう変化するかについてはあきらかにならなかった。

⑦ 商品や物件の特性

商品や物件による分担の変化を検討するために、ベテラン事務職が営業職から取り込んだ職務を抽出する。平均的な事務職のペアでは主に営業職が担当していたが、ベテランのペアでは主に事務職が行なっている職務が見出せれば、その職務は事務職が「営業職から取り込んだ職務」ということになる。

事務職の勤続年数の伸長によって、事務職の担当者割合が一〇%以上増え、営業職では一〇%以上減った単位作業のうち、事務職と営業職の担当者割合の差異が縮小された単位作業を順に並べたのが表3-7である。このうち「No. 47同一製品・システムを異なる場所へ大量に納品する場合の、作業スケジュール作成・社内調整」(3)は、大量の製品の出荷と設置スケジュールの調整を行なう作業であり、大規模物件では困難さが増すと思われる。

さらに「No. 41現地組み立て申請書類作成」は製品とその構成が作業の難易度に影響を与え、物件によっては営

表3-7　事務職が営業職から取り込んだ職務

職務グループ	No.	単位作業	ベテラン 担当者割合(%) 事務職(a)	ベテラン 担当者割合(%) 営業職(b)	ベテラン 営業と事務の担当者割合の差(b-a)	平均的 担当者割合(%) 事務職(c)	平均的 担当者割合(%) 営業職(d)	平均的 営業と事務の担当者割合の差(d-c)	担当者割合の差異の変化(d-c)-(b-a)
III	47	同一製品・システムを異なる場所へ大量に納品する場合の、作業スケジュール作成・社内調整	68	68	−1	33	83	50	51
II	14	提案書の清書	53	65	12	30	87	57	44
II	24	契約書清書	71	51	−20	52	74	22	41
II	26	契約書の持参	34	76	41	24	96	72	30
II	41	現地組み立て申請書類作成	89	57	−33	72	67	−4	28
VII	23	契約書原稿作成	47	70	23	37	87	50	27

業職が担当することを前章で述べた。表3-7によれば、ベテラン事務職はこれらの作業を営業職から取り込んでいる。事務職はベテランになるにしたがって、より複雑な物件に関わる作業を担当するようになることがわかる。

⑧　取り扱う書類の重要性

表3-7のベテランが営業職から取り込んだ作業のうち、「No. 14提案書の清書」「No. 24契約書清書」「No. 26契約書の持参」は、前章で考察したように重要書類を扱うために営業職が行なうことの多い職務である。ベテラン事務職であれば、重要書類を扱う職務であっても任せられるということであろう。したがって、勤続年数の伸長によって事務職は重要書類を扱う職務を営業職から取り込んでおり、職務分担に変更が生じている。

事務職の勤続年数の伸長によって生じる職務内容と職務分担の変化について、アンケート調査結果の分析から、つぎの一〇点があきらかになった。

a　事務職の勤続年数の伸長は、営業職と事務職の仕事の流れ（工程）による分担を変化させない。

b　事務職の勤続年数の伸長は、販売活動に対する役割分担に大幅な変更をもたらさない。しかし、販売活動のための「情報収集・分析・提案」へのベテラン事務職の進出が見られる。事務職は勤続年数を伸ばすにしたがって、それまでの役割を担いながら、さらに「情報収集・分析・提案」の役割を拡大するようになる。

c　事務職の勤続年数の伸長は、情報システム使用による分担に影響をおよぼさない。

d　勤続年数の伸長によって、事務職は情報の翻訳・整理・伝達・記録・保管の職務に投じる日数を減らし、検索・修正に投じる日数を増やす。これに対して、ベテラン事務職とペアを組む営業職は情報の翻訳・整理・伝達・記録・保管の職務に投じる日数を増やし、検索・修正の日数を減らす。さらに、情報の収集・加工・発信を行なう単位作業では、ベテラン事務職と営業職の両者がともにその日数を増やす。

e　事務職は勤続年数の伸長によって、低いレベルの業務・製品知識による職務や情報システムでの定型的な処理、社内外とのコミュニケーションによる職務に投じる日数を減らし、高度な業務・製品知識、見積りシステムや各種ソフトの活用技術、積極的な交渉や売込みの技能が求められる職務に投じる日数を増加させる。

f　事務職は勤続年数の伸長によって、より複雑な物件を扱う職務を任されるようになる。

g　事務職は勤続年数の伸長によって、重要書類を取り扱う職務を任されるようになる。

h　以上の考察から、事務職は勤続年数とともにその能力を伸張させているということができる。さらに事務職はベテランになるにしたがって、高度な職務への進出や役割の拡大を図っている。

i　事務職がベテランになると、事務職と営業職の間に「ペア内部での職務の交換」が生じる。すなわち、ベテラン事務職が難易度の高い職務を取り込み、ペアを組む営業職が代わりに難易度の低い職務を引き受けるようになる。

j　さらに、もっとも高度な知識・技能を必要とする職務では、事務職と営業職の両者がともに投じる日数を増やし

「ペアとしての職務の高度化」を図っている。したがって、事務職の勤続年数の伸長は事務職本人の技能向上をもたらすだけでなく、営業職とのペアというもっとも小さな職場組織の仕事の質向上にも寄与していると考えられる。

3　インタビューで見出されたベテランに特徴的な職務

前項までは、アンケート調査によって見出されたベテラン事務職の職務の特徴について示した。しかし、ベテラン事務職の職務が平均的な事務職とどう違うのかを詳細に検証するためには、具体的な事例を集めて観察する必要があろう。そこで、「④ベテラン職務の変化調査」および「①仕事の洗い出し調査」でインタビューを行なったベテラン事務職と営業経験のある男性社員の発言を用いて、ベテラン事務職に特徴的な三つの具体的な職務を付け加えたい。

(1)　後輩事務職と若手営業職の指導・育成

「No. 137 後輩・派遣社員・パートの指導・育成」をベテラン事務職の八二％が担当しているのに対して、平均的な事務職では四三％である。後輩等の指導・育成はベテランの重要な役割であることがわかる。そこで、ベテラン事務職の江口みどりさんの事例によって後輩の指導・育成について述べ、ベテランに特徴的な仕事と役割を検討したい。

江口さんは、一般企業を顧客とする営業職場の事務職であり、調査時点で入社一一年めである。(4) 江口さんの支店には、支店長とマネジャーのほかに七名の営業職がおり、江口さんは製造業・装置産業の顧客を担当する三名の営業職の顧客を担当している。

江口さんとともに事務業務を受け持っているもう一人の事務職は入社一年めであり、江口さんがこの事務職の日常業務の指導を行なっている。しかし、江口さんは事務職の後輩を指導するだけでなく、若手営業職に事務処理を教え、不十分な点を補うという役割を果たしている。

営業職は江口さんに、月々の営業物件の予定をメモにして知らせてくる。江口さんはそのメモによって仕事の予定を立て、心づもりをしている。また、営業職が新規開拓をしてくると、「商談管理システムh」に入力して情報の共有化を図っている。

江口さんは、一日に一度は営業職と話すように心がけているという。営業職に「何か特別なことがあれば、朝、言ってね」と頼み、一八時すぎに営業職が帰ってくれば、その日にあったことを話すようにしている。自分の担当している営業職が、今週どこへ行ってどのような話をしてきたのかを把握しているという。

外出中の営業職に対して、顧客が至急連絡を取りたいと言ってくる場合は、携帯電話で営業職と連絡を取って物件状況について聞き出すようにしている。また、進行中の商談については、江口さんのほうから「あれ、どうなっているの？」と尋ねて、受注後の製品在庫の確保やその他の手配を予定しておくという。時には、「保守契約は時間がかかるから、今から準備したほうがいい」といったアドバイスをして、江口さんが率先して手配を進めたり、業務処理に関するノウハウを営業職に教えることもあるという。

江口さんはこの支店ですでに八年の経験を積んでおり、事務手続きや社内の業務処理については、若手営業職よりもはるかに詳しい。だからこそ、若手営業職にアドバイスをしたり、オフィスで物件の進捗管理を行なって営業活動を支えることができるのである。江口さんの話から、後輩事務職の指導・育成のみならず、若手営業職の指導・育成がベテラン事務職の重要な役割であることがわかる。

(2) 顧客からの問い合わせへの対応

事務職の仕事ぶりについて、江口さんは「飛び込みで入る問い合わせへの対応に、事務職の力が現れる」と話した。たとえば、「Xサーバーは、どういう業務に使えるのか」といった問い合わせが電話で入った時、江口さんは、現在どんな機種を使っているのか、業務処理系か独自のシステム導入を予定しているのか、ソフトは何を使っているのか、PCは何台つなぐのか、予算はどれくらいか、といった情報を聞き出し、自分の名前を名のるようにしている。「営業担当が戻りましたらご連絡します」とだけ答えるのではなく、わかる範囲で情報を集めた上で営業職に引き継ぐことによって、商談がうまく運んで受注につながる場合が多いという。

このような対応をするためには、製品についてある程度のことがわからなければならない。品番と品名だけの知識ではできない対応である。江口さんは、「製品知識のない事務職は、ただの『物出し』に終わってしまう」と言っている。

こういった対応のできる人がベテランに多いのか、勤続年数に関係なく個人差が大きいのかについては実証できなかった。しかし、アンケート調査の結果から、ベテランはより高度な製品知識を要求される単位作業により多くの日数を投じていることが見出されている。したがって、江口さんのようなきめこまかい対応を行なって営業活動に貢献しているベテラン事務職が少なからずいるのではないかと推察される。

(3)　職場の問題解決・改善

「①仕事の洗い出し調査」での営業経験のある男性社員の話によれば、ベテラン事務職は職場の問題点を解決したり、仕事の改善に取り組むことがあるという。このような職務はアンケート調査ではあきらかにならないが、ベテランならではの仕事といえよう。

インタビューによれば、この男性社員は支社の営業職として、たとえば「部門の債権回転日数を五日間短縮したい。方法を考えてほしい」とか、「新製品情報の共有化ができていないので、どうしたらよいか考えてほしい」という課題をベテラン事務職に与え、アドバイスをしながら解決に取り組ませたという。事務職が日常の業務で活用している情報システムには、これらの問題を解決するためのヒントがある。どの画面でどのような情報をチェックし、その情報をどう活かすかを考えることができるのは、経験を重ねたベテラン事務職だというのである。こういった課題を達成するのは、ベテラン事務職の一部にすぎないのかもしれない。しかし、ベテランの能力が発揮される職務であるといえよう。

以上のように、ベテラン事務職は後輩事務職や若手営業職を指導したり、顧客からの問い合わせにきめこまかく対応して商談成立を支えたり、職場の問題解決に取り組んで、ベテラン特有の役割を果たしているのである。

4　職務分担の変化が職場組織に与えた影響

前章において、平均的な事務職と営業職は各々が主たる職務領域を受け持ちながら、相手の役割と担当プロセスに踏み込み、互いの職務の一部分以上を担いながら仕事を進める柔軟な職場組織を形成していると指摘した。ベテラン事務職の調査結果によれば、事務職の勤続年数の伸長によって職務配分の柔軟性は高まるといえよう。ベテラン事務職が営業職の職務を取り込んだり、若手営業職の指導役を果たすことによって、男女分業の境界は、より緩やかになっている。

担当職務の境界が曖昧なだけではない。ベテラン事務職がより難易度の高い職務に進出する一方で、代わりに営業職が難易度の低い職務を引き受ける「ペア内部での職務の交換」が生じている。さらに、事務職と営業職の両者がより高度な知識・技能を必要とする職務の日数を増やし、「ペアとしての職務の高度化」を図っていることがあきらかになった。

「ペア内部での職務の交換」が生じても、ペアとしてのトータルな仕事の質と成果には影響を与えない。しかし「ペアとしての職務の高度化」は、ペアとしてのトータルな仕事の質と成果を高めるものと考えられる。つまり、ベ

表3-8　事務職と営業職がともに担当者割合を増やした職務

職務グループ	No.	単位作業	担当者割合(%) ベテラン 事務職	ベテラン 営業職	平均的 事務職	平均的 営業職
VII	86	販売予算進捗状況の把握	50	97	17	83
II	83	積送品・逆積送品の棚卸	71	35	41	24
II	82	積送品の確認	92	49	63	30
VII	87	予算対実績の差異要因分析と対策の策定	32	95	7	83
III	75	保守契約の推進	68	68	48	52
III	68	入金督促	63	54	43	33
VI	103	販売店・ユーザー訪問（販促資料配布・製品情報提供・コミュニケーション強化のため）	34	73	17	61
	115	部内会議出席	55	97	39	87

テラン事務職のペアは平均的な事務職のペアに比べて、その仕事の質と成果を高めていることが予測できよう。

では、「ペアとしての職務の高度化」は具体的にどのように生じているのであろうか。アンケート調査の結果から、事務職と営業職がともに担当者割合を増やしている単位作業を抽出した。表3-8では、事務職の勤続年数の伸長によって事務職と営業職がともに担当者割合を一〇%以上増やした単位作業を、事務職の増加率の高い順に挙げた。

このうち、「No. 75保守契約の推進」「No. 68入金督促」は「III　交渉・調整・回答」の中でも高い交渉力を必要とする職務であり、交渉の結果が販売実績に直接はね返ってくる職務である。「No. 103販売店・ユーザー訪問」は「VI　情報提供・販売促進」であり、顧客に直接働きかけて実績向上をめざす職務である。「No. 86販売予算進捗状況の把握」「No. 87予算対実績の差異要因分析と対策の策定」は「VII　計画立案・販売活動」の職務であり、販売活動の進捗状況の把握と対策の策定に事務職と営業職の両者が力を注げば、販売目標の達成に貢献できよう。「No. 83積送品・逆積送品の棚卸」と「No. 82積送品の確認」は、「II　手配・手続き」の中でも複雑な、ミスの生じやすい職務である。

このように見てくると、事務職と営業職がともに担当者を増やした職務には、職場の販売活動に大きな影響をおよぼし、目標達成に直接的に貢献する職務が多いと考えることができる。厳しい経営環境の中で職場の販売目標を達成するために、ベテラン事務職と営業職は「ペアとしての職務の高度化」を図り、業績向上に直接的に寄与する職務に力を注いでいるものと思われる。

これまでにも、女性労働者が男性労働者の仕事の一部を徐々に取り込んでいくことは指摘されてきた。しかし、女性事務職の職域拡大が職場組織にどのような影響をおよぼすかという点については、あきらかにされていない。A社ベテラン女性事務職の調査結果によれば、女性事務職は勤続年数を重ねてベテランになると、男性営業職との「ペア内部での職務の交換」だけでなく、「ペアとしての職務の高度化」を図り、業績向上への貢献度を高めていると考えられよう。

第2節　ベテラン事務職の職域拡大

1　職域を拡大したケース

つぎに、ベテラン事務職へのインタビューによってその職域拡大を検証するとともに、職域拡大をもたらした要因について分析する。まず「④ベテラン職務の変化調査」において、四人のベテラン事務職に「最近の新たな職務」や「特別に任された仕事」について尋ねたので、その結果を紹介する。

(1)　相川和代さん

相川和代さんは短大卒業後A社に入社し、調査時点で八年めである。調査時点では二人の営業職とペアを組み、地元の製造業に対する営業活動の事務業務を行なっている。

二年ほど前、相川さんは顧客である計器メーカーからの問い合わせを受けた。メーカーと販売会社をつなぐ情報システムに関する問い合わせだったが、担当の営業職に連絡がつかなかったので、とにかく自分で動き出すことにした。その結果、この案件を相川さんが担当することになり、コンピュータの機種入れ替えと、新しい情報システムを受注した。新機種についてはマニュアルで勉強し、技術者に教えてもらった。システムは技術者に構成してもらい、製品の構成を記述した提案書の原稿は自分で書いた。その後も追加注文が入り、これまでに一〇数件の受注につながったという。

この案件を担当してみて相川さんは、営業職としてやっていくにはさまざまなノウハウが不足していると感じたという。自社製品に関する知識はもとより、顧客の業界や業務について、あるいは顧客の抱えている問題を解決する方策について、知らないことばかりだと相川さんは話した。

最近始めた仕事として、相川さんは「ターゲット台帳の作成」をあげた。会社年鑑やA社の「顧客管理システムg」から今後ターゲットとすべき企業を抽出し、情報をリストにまとめて営業職に提供しているという。以前は営業職が自分でリストを作成していたが、相川さんが形式を統一して職場全体で共有化し、定期的に更新している。この支社は新規物件獲得に力を入れており、営業職が訪問活動で手一杯であること、また事務職であってもターゲット企業を知っておく必要があるとの上司の意向もあって、この台帳の作成は相川さんの担当職務となった。

「今、営業職がめざしているのは注文をもらってくること。販売目標が厳しくて、皆とても苦労している。営業職のデスクワークは結構多いけれど、それは私たちが引き受けるので、とにかく外へ出て新規開拓してほしい。私なりに危機感をもっているのです。」

(2)　石田良子さん

石田良子さんは短大を卒業後A社に入社し、調査時点で七年めである。二年ほど前から現在の部署で、自動交換装置やファックスなど通信機器の販売店向け営業の事務を担当している。ただし、この部署は直接的な受注活動よりも、販売店への支援を中心に行なっている。

石田さんの新たな職務の一つは、販売店の営業担当者に対する教育である。石田さんの支社では、顧客である販売店の新人営業職の研修や、製品に関する教育を提供している。石田さんは調査の前年、三つの教育を企画・実施した。内容を企画し、講師を決めて要請し、当日は事務局を務めた。

石田さんは以前からこの販売店教育の事務局を担当していたが、昨年は教育内容にまで踏み込んで任されるようになった。販売店向け営業を担当しているのは営業職一人と石田さんだけであり、人員数にゆとりがないことが影響しているという。さらに、以前から上司に販売店教育の必要性を具申していたこともきっかけになったのだろうと石田さんは考えている。

新しい仕事の二つめは、販売店への訪問活動である。石田さんは、前節で述べた人事部門主催の事務職向け教育プログラムに、支社長推薦を受けて参加した。この教育プログラムは全国のベテラン事務職を対象にし、約半年間にわたって計一〇日間を費やすＯｆｆ-ＪＴ（off-the-job training）である。そのプログラムで他支社の事務職と意見交換を行なううちに、石田さんは自分の部署が販売店のニーズを正確に把握していないのではないかという問題意識をもった。そこで、販売店への訪問活動を開始したのである。

「納期の問い合わせなどはすべて事務職の女性が受けているのだから、販売店さんと事務職女性はもっと交流できるのではないかと思ったのです。」

販売店のA社への要望や教育ニーズを探るために、石田さんは販売店に出向いて話を聞いた。しかし、販売店も忙しいので価値のある情報を持っていかないと積極的には会ってくれず、石田さんは何を話したらよいのかわからなくて困ったという。販売店に歓迎され、十分な情報収集を行なうためには、製品知識や新しい情報、マーケティングに関する知識が石田さん自身に必要であると強く感じたという。

石田さんは、自分の仕事の範囲をもっと広げて、営業職には新しい分野に積極的に挑戦してほしいと考えている。今後はマルチメディア関連の分野へ進出するとか、販売店と一緒にユーザーを訪問するなどの活動が必要だと思っている。

(3)　植村千佳子さん

植村千佳子さんは支社の通信機器営業職場の事務職であり、調査時点で勤続一〇年めである。植村さんが新たに進出した仕事は、担当する販売店一五社への電子メールによる情報発信である。この電子メールを「かもめ便」と名づけ、月に二回から三回発行している。「かもめ便」の内容は、欠品、価格改定、納期、市場に関する情報や、セミナーや勉強会のお知らせ、その時々のトピックス、本社の販売店支援部門からのお知らせ、そして植村さん自身のメッセージを盛り込んでいる。

従来から、A社本社の販売店支援部門から多くの情報が発信されており、事務職がその情報を文書で販売店へ発送したり、営業職に口頭で伝えてもらっていた。一方「かもめ便」では、販売店にとって重要な情報を植村さんが選び、電子メールで送ることで事務職および営業職と販売店を双方向で繋いでいる。A社のホームページによる情報発信に比べて、顔の見える範囲のネットワークであり身近な情報源であることが「かもめ便」の特徴である。植村さんは事務を担当しながら「かもめ便」に載せる情報を収集し、関連部署や上司に相談して各号を作成している。

「かもめ便」が始まってから、販売店からの問い合わせの質が向上したと植村さんは感じている。販売店はまず

「かもめ便」で基本的な情報を確認した上で、さらに知りたいことについて電話をかけてくるようになった。また「かもめ便」で集客したセミナーが約一〇〇社の出席を集めて成功を収めた。販売店とのコミュニケーションの量も増え、営業職は事務処理の手間が省けると歓迎している。「かもめ便」への期待は大きく、発行が遅れるとマネジャーに催促されるほどである。

植村さんが「かもめ便」に取り組むようになった背景には、上司の支援およびA社の方針が影響をおよぼしている。「かもめ便」は前述の石田さんと同様に、植村さんが受講した教育プログラムがきっかけでスタートした。人事部門からの募集に応じて部長から植村さんに受講の打診があり、植村さんはこの教育に参加すれば新しい経験ができると思って参加を希望した。

植村さんは、このＯｆｆ-ＪＴの場で他支社の通信機器担当の事務職と話し合う中で、商品の多様化、事務職の人数削減、重点販売店への支援拡大の必要性という三点の職場の現状を再認識した。そこで、職場の営業職約一〇名とマネジャーにインタビューを行ない、「営業職は問い合わせ対応などの事務処理の工数を削減したいと考えている」「販売店はよりタイムリーな納期情報を必要としている」「通信機器を扱う営業職は、電子機器を扱う営業職に比べて、ＩＴの理解と活用が遅れている」という問題点を発見した。

そこで、よりタイムリーで有効な販売店への情報提供と、販売店との情報の共有化、A社営業職の電子メール活用技能の向上をめざして、「かもめ便」を立ち上げることにした。立案と試行はＯｆｆ-ＪＴのなかで行ない、他のメンバーからもアドバイスをもらった。その後、植村さんはこの「かもめ便」の取り組みによって社長賞を受賞した。

この販売店支援の活動は、入社以来販売店を顧客としてきた植村さんだからこそ発案できたといえよう。また、販売店とは長い付き合いであり、顔見知りの担当者も多い。事務職として築いてきた信頼関係があるからこそ、この取り組みが成功しているのである。

植村さんは「かもめ便」に取り組むことで、仕事への意識が変わったという。

「入社五年めに転職を考え、インテリア関連の会社から内定をもらっていたのです。当時の上司に引き止められて残ったのだけれど、八年も同じことをやっていたのでOff-JTのメンバーに推薦してもらった時は嬉しかった。他のメンバーに会うと元気になったし、社長賞を受賞したことが一番の励みになった。今はこの会社に入ってよかったと思えるし、まわりの人たちに感謝するようになりました。」

今後は、全国の事務職との情報の共有化を図りながら、「かもめ便」をより充実させていきたいと植村さんは考えている。植村さん自身が新しい情報を積極的に集め、たとえば保守サービスに関する情報を増やすなど、発信する情報の質を向上させたいという。しかし、販売店への訪問活動や営業活動そのものに取り組むことは考えていない。植村さんによれば、販売店に対する営業活動には個人的な付き合いが要求されることが多いという。そのため、若い女性で務まるかどうか疑問であると植村さんは考えている。

(4)　江口みどりさん

入社一一年めの江口みどりさんは、短大卒業後A社のある支社に配属になり、現在の支店に異動してから九年めである。この支店は地域の中小・中堅企業への営業活動を行なっており、江口さんは三名の営業職とともに製造業・装置産業を担当している。この支店の営業職は管理職を除くと七名であるが、それに対して事務職は二名である。事務職の受け持つ業務量と、問い合わせ対応はかなり多い。

江口さんが最近始めた新しい仕事は、いずれも新規物件獲得に向けた情報収集や資料作成の分野である。まず、新規顧客企業に関する情報収集を手がけるようになった。飛び込みで入ってくる顧客からの問い合わせに対して、江口さんは既存顧客かどうかを社内資料で調べる。その後、インターネットやデータベースで情報を検索したり、リース会社に問い合わせて情報を集める。集めた情報は本社の経理部門に伝えて、与信管理に活用される。この与信に関する仕事を担当するようになって、江口さんは企業の経理を理解する必要があると考えて簿記二級の資格を取得した。

「与信に関わる情報収集をしていながら、資金繰りや経理に関する知識が足りないと感じていました。支店長との面談の時、『バランスシートが読めるか』という話になり、マネジャー試験ではバランスシートの読み取りが必須だと聞いて、勉強してみようかと。簿記の勉強をして経理の言葉がわかるようになったし、顧客企業の状況も以前より把握できるようになりました。」

さらに、江口さんは拡販用資料の作成を行なっている。支店の売上状況を分析し把握するために、年に二回、業態別の売上比率を調査し資料を作成する。また、販売実績と予算比率を新規と既存、A社系列と非系列、直接販売と販売店経由というように分類しデータ化している。支社のデータを活用して新規開拓リストを作成したり、そのリストを販売店に提供して販売促進に活用してもらっている。また、手の空いている時間を見つけて、競合他社の動きをインターネットで調べて営業職に提供している。

江口さんは、日常の事務処理量が非常に多く、事務処理をこなすだけで手一杯になりがちだと感じている。新しい分野に挑戦する余裕がなくなるし、事務処理の技能も低下するという。とはいうものの、江口さんはオフィスを守りながら情報の収集を熱心に行なっており、小規模な職場における事務職の職域拡大の一例を見ることができる。また、一般企業を顧客とする営業職場であるため、拡販に向けた取り組みに力を注いでいると考えられよう。

2　拡大した職域の特徴

四人のベテラン事務職の事例はいずれも、従来は営業職が受け持っていた職務を取り込んだり、新たな職務を生み出して、自己の担当領域を拡大している。したがって、これらの事例はベテラン事務職による職域拡大であると認められよう。

四人の事務職と、ペアを組んでいる営業職との職務分担を調べることはできなかった。しかし、四人は職域拡大によって営業職との職務の分担関係を変化させたと考えられよう。そこで、八項目の「職務分担を規定する要素（何によって分担するか）」（八六〜八七ページ）に沿って四人の職域拡大を考察し、どのような変化が生じたのかについて述べる。さらに、職域拡大を引き起こした背景を検討して、「職務分担の変化を促す要因（何によって変化するのか）」を見出したい。

①　仕事の流れ（工程）における担当部分

四人の新たな職務は、いずれも受注確定から回収終了までの作業（No. 29〜68）ではない。受注確定以前の段階や、受注から回収の流れと並行して発生する職務である。さらに相川さんの計器メーカーの事例では、販売活動のすべての流れを一通り遂行している。

②　販売活動に対する役割

四人の事務職が拡大した仕事の分野を、七つの職務グループに分類して考察する。表3-9は四人が拡大した職務の分野を事務職の職務一覧（第1章　表1-2）にあてはめ、ⅠからⅦまでの職務グループで表わしたものである。(5)これによれば、ベテラン事務職が拡大している職務は「Ⅴ　情報収集・分析・提案」「Ⅵ　情報提供・販売促進」「Ⅶ　計画立案・販売活動」に分類され、営業職の主たる領域の職務である。したがって四人の事務職は営業職の主たる役割に進出しているといえよう。

表3－9　ベテラン事務職の職域拡大

対象者	担当業種	職務グループ別具体的内容（カッコ内は単位作業ナンバー）		
		V　情報収集・分析・提案	VI　情報提供・販売促進	VII　計画立案・販売活動
石田	販売店（通信機器）		販売店の営業担当者向け教育の企画・運営（101） 販売店への訪問によるニーズ調査（103）	
植村	販売店（通信機器）		電子メールによる情報発信「かもめ便」（101、102、105）	
江口	製造業・装置産業	新規顧客の与信管理のための情報収集（5） 拡販用資料の作成（132） インターネットで競合他社の動きを情報収集し営業職に提供（3）		
相川	製造業・流通業	ターゲット台帳の作成（7）		計器メーカーと販売会社をつなぐ情報システムの受注を担当

③　情報システムの使用

四人の新たな職務のうち、相川さんの販売活動は情報システムを活用している。しかしその他はすべて職場の情報システムを使用しない職務である。したがって、ベテラン事務職の職域拡大は、これらのケースを見る限り、情報システムを使用しない職務で生じている。

④　情報処理の難易度

四人は新たな職務によって、積極的な情報の収集・加工・発信を行なっている。相川さんは新規物件獲得のターゲットとなる企業情報を収集したうえで、職場全体で共有化できるようにデータベース化している。また、江口さんは与信管理のための情報や競合他社の動きをインターネットで収集している。石田さんは販売店を訪問して情報交換を行ない、植村さんは電子メールによる定期的な販売店への情報発信を行なっている。ベテラン事務職の職域拡大を情報処理の難易度の観点から捉えると、情報の収集・加工・発信のレベルにおいて生じていることがわかる。

⑤　要求される知識・技能

ベテラン事務職が拡大した職域には、どのような知識・技能が要求されるのであろうか。まず業務知識に関して考察すると、相川さんがターゲット台帳を作成するためには、顧客およびターゲット企業の事業内容や地域における位置付けなどの知識が要求される。江口さんは簿記の資格を取得して与信管理に活かし、また競合他社の動向に関する情報収集によって自社業界について勉強している。これらの事例から、ベテラン事務職が職域拡大において要求される業務知識は、社内の諸制度や顧客の概要だけでなく、マーケットや自社業界に関する、より広範な領域の知識であることがわかる。

製品知識では、相川さんの計器メーカーへの販売活動が、もっとも高いレベルの知識を要求されたものと思われる。相川さんはコンピュータの機種の入れ替えと新たな情報システム導入の提案を行なったのであり、専門技術者がシステム設計を担当したとはいえ、製品の機能や特徴を理解していなければ受注には繋がらなかったと思われる。相川さんはマニュアルを読んだり技術者に教えてもらって製品知識を勉強したと話した。

しかし、相川さんは自社製品に関する知識よりはむしろ、顧客に関する知識の不足を感じている。たとえば、この計器メーカーではどのような業務をどういったプロセスで進めていくのか、情報システムに求められる機能は何か、といった知識が相川さんには不足しているというのである。また石田さんのケースでは、自分自身の製品知識や新製品情報、市場の動向などの知識が不足していると、販売店を訪問しても歓迎されないと感じている。

以上のように、ベテラン事務職が進出した職務には、より広範囲な顧客や市場に関する知識、より高度な製品知識が要求される。また、本人の持つ知識が新たな職務における知識の必要性を満たせるかどうかが、職域拡大の成否に影響をおよぼすと思われる。

ＯＡ機器やパソコンの技能については、新たに進出した職務がインターネットによる情報収集や、各種のソフトを利用した資料作成の技能を要求していることが指摘できる。対人折衝の技能については、石田さんの販売店訪問や相川さんの販売活動において、より高度な技能が求められると推察される。

⑥ 顧客の特性

表3-9から、それぞれの事務職が進出している分野には、担当する顧客のタイプが影響をおよぼしていることが推測できる。販売店を対象顧客とする職場では、販売店への情報提供と情報収集が行なわれている。長期にわたる取引関係を持つ販売店に対して、支援と受注促進を行なうのがこの部署の営業活動のスタイルであり、事務職がその一端を担っていることがわかる。

一般企業を顧客とする営業職場はもっとも激しい競争にさらされ、また新規物件獲得に力を注いでいる職場である。したがって顧客訪問に多くの時間を費やしたい営業職に代わって、事務職は新規獲得に向けた情報収集や資料の準備に進出している。さらに相川さんは、単発ではあるが販売活動そのものを経験している。以上のことから、事務職がどのような分野に職域を拡大するかには、職場がターゲットとしている顧客のタイプが大きな影響をおよぼしていることがわかる。

なお、ここで取り上げなかった要素（⑦商品や物件の特性、⑧取り扱う書類の重要性）については、ベテラン事務職が拡大した職域との関係性は発見されなかった。

3 職域拡大の背景

つぎに、四人の職域拡大の背景を探る。職域拡大をもたらした要因は、すなわち「職務分担の変化を促す要因」でもある。

a　**事務職の能力伸張**

四人はいずれも入社七年以上のベテラン事務職である。経験の積み重ねによる技能向上が職域拡大につながり、営業職の仕事の一部を取り込んだり、新たな職務に取り組むことができたと思われる。したがって、事務職本人の能力伸張が職域拡大を促すといえよう。

b　**事務職の職域拡大への意欲**

ベテラン事務職本人の職域拡大への意欲が、事務職の新たな職務への進出の契機となる。植村さんは、「かもめ便」を始める前はマンネリ状態だったが、教育プログラムへの参加をきっかけにして前向きな気持ちになり、「かもめ便」に取り組む意欲が生まれたという。

c　**企業の事務職活用の方針**

石田さんと植村さんは、人事部門による教育プログラムへの参加をきっかけにして職域拡大に取り組んだ。この教育プログラムがベテラン事務職の職域拡大を促したといえよう。また植村さんが「かもめ便」によって社長賞を受賞したのも、A社の積極的な事務職活用の姿勢を表わすものである。したがって、企業の事務職積極活用の方針が、ベテラン事務職の職域拡大を促進しているといえよう。

d　上司の積極的な姿勢と支援

企業の方針だけでなく、職場の上司の積極的な姿勢と支援も職域拡大に影響をおよぼしている。上司が植村さんの提案を受け入れ、相談に応じたり催促するといった支援を行なったからこそ「かもめ便」は成功したのである。また、相川さんが計器メーカーの受注を担当したきっかけは営業職の不在であるが、相川さんに任せるという決定を下したのは上司であろう。上司が事務職に新たな職務を任せるか否かが、職域拡大の実現を左右する。

e　営業職の労働力不足

相川さんと石田さんは、新たな職務に取り組むことになった背景として営業職の人員不足を指摘した。A社では新規物件獲得のために顧客への訪問活動を強化している。また、全社的に人員を抑制しており、営業職の労働力は不足する傾向にあるという。したがって、職場における営業職の労働力不足が、職務分担の変化や職域拡大を引き起こすと考えることができる。

f　IT化の進展

相川さんの「ターゲット台帳」の作成と営業職への提供、植村さんの「かもめ便」による情報発信、江口さんの新規顧客情報の収集と拡販用資料の作成は、いずれもITの積極的な活用による。したがって、IT化の進展が女性事務職の職域拡大を促進するといえよう。電子メールやインターネットの発達によって、事務職は広範囲で多様な情報の収集と発信を、オフィスにいながら行なえるようになった。また各種の業務ソフトを資料作成に役立てて、営業職のデスクワークを事務職が取り込んでいる。

以上の考察から、ベテラン事務職の職域拡大、および営業職との職務分担の変化を促す要因は、つぎのように分類されよう。

ア　事務職本人の要因――a　事務職の能力伸張
　　　　　　　　　　　b　事務職の職域拡大への意欲
イ　企業・上司・職場の要因――c　企業の事務職活用の方針
　　　　　　　　　　　d　上司の積極的な姿勢と支援
　　　　　　　　　　　e　営業職の労働力不足
ウ　技術的要因――f　IT化の進展

これらの要因は互いに影響し合いながら、職務分担に変化をもたらしている。「職務分担の変化を促す要因」が「職務分担を規定する要素」に働きかけて、分担のあり方が変容するのである。たとえば「かもめ便」の植村さんの例をあげれば、「c　企業の事務職活用の方針」と「d　上司の積極的な姿勢と支援」が「b　事務職の職域拡大への意欲」を促した。新たな職務は、「⑥顧客の特性」に影響を受けて販売店へのサービスである「かもめ便」が考案され、この職務によって植村さんの「②販売活動に対する役割」が拡大した。さらに、「f　IT化の進展」が電子メールによる情報発信を可能にし、植村さんの職務の「④情報処理の難易度」の高度化につながったのである。

つまり、事務職本人の要因、企業・上司・職場といった事務職を取り巻く環境の要因、仕事を支える技術的要因が作用することによって、植村さんと営業職の職務分担がいくつかの側面において変化したのである。「職務分担を規定する要素」と「職務分担の変化を促す要因」とは複雑に影響しあっているということができる。

第3節　事務職の勤続年数の伸長による変化

本章では、ベテラン事務職へのアンケート調査とインタビュー結果を用いて、事務職の勤続年数の伸長が職務内容と職務分担にどのような変化をおよぼすのかを検討した。本章の結論を、平均的な事務職について見出されたことと比較しながらまとめてみよう。

1　職務内容、職務分担、職場組織の変化

a　A社営業職場の平均的な事務職と営業職は、受注確定以前の職務を主に営業職が、受注確定以降の職務を主に事務職が担当するという、大まかな職務分担を行なっている。事務職の勤続年数の伸長は、この業務プロセスによる分担を大きく変えるものではない。しかし、職域拡大の事例によれば、受注確定以前の職務や営業活動の流れと並行して発生する職務にベテラン事務職が進出するケースが見出されている。

b　営業職は「情報収集・分析・提案」「情報提供・販売促進」「計画立案・販売活動」の役割を受け持ち、平均的な事務職が「手配・手続き」および「付帯的雑務」の処理の役割を担っている。販売活動に伴う「交渉・調整・回答」「ミスの発見とフォロー」の役割については、事務職と営業職の両者がともに引き受けている。しかし、この役割分担は厳格な分断ではなく、両者は相手の役割に踏み込み、互いの職務の一部分以上を担って仕事を進めている。

事務職の勤続年数の伸長がこの役割分担を大きく変化させることはないが、「情報収集・分析・提案」の役割を担う事務職が増加する。さらにベテランの職域拡大の事例によれば、「情報収集・分析・提案」の役割のみならず、「情報提供・販売促進」「計画立案・販売活動」への進出も見出された。すなわち、事務職の中には、ベテランになると営業職の主たる役割の一部を取り込んでいく人が現われる。

c　職場の情報システムを使用する職務は主に事務職が担っており、事務職の勤続年数による違いはない。しかし、一部のベテラン事務職の職域拡大は、情報システムを使用しない職務領域において生じている。

d　平均的な事務職の職務を情報処理として捉えると、情報の翻訳・整理・伝達・記録・保管および検索・修正のレベルが中心である。営業職はこれに加えて、情報の収集・加工・発信のレベルを求められる。

事務職は勤続年数の伸長によって、情報の検索・修正や収集・加工・発信を必要とする職務に投じる日数を増加させる。またベテランの職域拡大事例においては、インターネットや電子メールを活用した積極的な情報収集・加工・発信が行なわれている。

e　平均的な事務職と営業職に必要な知識と技能について検討する。平均的な事務職に必要な業務知識は社内の諸制度や事務処理方法、顧客の概要などであり、製品については製品名、品番、価格、製品機能の概要、在庫状況や納期予測などの知識が求められる。営業職はこれに加えて、業界動向、顧客企業の事業内容などの業務知識、および他社製品との差異や情報システム全体の理解などの製品知識が要求される。事務職にとって情報システムを活用する技能は必須であるが、営業職ではその必要性は事務職よりも低い。また、事務職に求められる対人折衝技能は目的を持って相手を説得する交渉の技能であり、営業職ではさらに積極的な売り込みや、より困難な交渉・複雑な調整の技能が必要になる。

事務職は勤続年数の伸長にしたがって、低いレベルの業務・製品知識による職務や情報システムでの定型的な処理、社内外とのコミュニケーションによる職務に投じる日数を減らし、高度な業務・製品知識、見積りシステムや各種ソフトの活用技術、積極的な交渉や売込みの技能が求められる職務に投じる日数を増加させる。

これらの結果から、事務職は勤続年数の伸長によって知識と技能を向上させているということができる。さらにベテランの職域拡大事例では、顧客の要請に応じて単発ではあるがひととおりの販売活動を担当したケースが見出されており、営業職と同レベルの知識と技能を発揮する場面も生じている。

f　平均的な事務職と営業職は、顧客の特性によって職務を分担する場合がある。ベテラン事務職の職域拡大事例においても、顧客の特性によってどのような職域に進出するかが決まることがあきらかになった。

g　平均的な事務職と営業職は、商品や物件の特性によって職務を分担している。事務職は勤続年数の伸長とともに、より複雑な物件に関わる職務を任されるようになる。

h　平均的な事務職と営業職は、取り扱う書類が重要書類であるかどうかによって職務を分担する場合がある。ベテラン事務職は、重要書類を取り扱う職務を任されるようになる。

i　後輩事務職や若手営業職の指導・育成は、ベテラン事務職だからこそできる職務である。また、顧客からの問い合わせに対して積極的に情報収集を行なって受注獲得に貢献したり、職場の問題解決や改善に取り組んでいるベテラン事務職も存在する。

j　以上の結果から、事務職は勤続年数を重ねるにしたがって、その職務と役割を拡大し、より高度な職務へ進出すると認めることができる。このことは、ベテラン事務職の能力伸張を意味する。

k　事務職の勤続年数の伸長に伴って、事務職と営業職は「ペア内部での職務の交換」を行なう。すなわち、事務職はベテランになると難易度の高い職務を取り込み、ペアを組む営業職が代わりに難易度の低い職務を引き受けるようになる。

l　もっとも高度な知識・技能を必要とする職務では、ベテラン事務職と営業職の両者がともに投じる日数を増やし、「ペアとしての職務の高度化」を図っている。さらに、両者がともに投じる日数を増やす職務には、業績向上に直接関わる職務が多い。したがって、事務職の勤続年数の伸長が、営業職とのペアという最小単位の職場組織の仕事の質や業績の向上に貢献している可能性が指摘できる。

2　変化をもたらす要因

前章で見出されたように、A社営業職場の事務職と営業職は以下の八つの要素によって職務を分担している。

職務分担を規定する八つの要素

①　仕事の流れ（工程）における担当部分
②　販売活動に対する役割
③　情報システムの使用
④　情報処理の難易度
⑤　要求される知識・技能
⑥　顧客の特性
⑦　商品や物件の特性
⑧　取り扱う書類の重要性

さらにベテラン事務職の職域拡大の事例によって、つぎの六つの要因が職域拡大を促すと同時に、職務分担に変化をもたらすことが見出された。またこれらの要因は、互いに複雑に影響しあっている。

ベテラン事務職の職域拡大と職務分担の変化を促す要因

ア　事務職本人の要因
　a　事務職の能力伸張
　b　事務職の職域拡大への意欲
イ　企業・上司・職場の要因
　c　企業の事務職活用の方針
　d　上司の積極的な姿勢と支援

e　営業職の労働力不足

ウ　技術的要因

f　IT化の進展

ベテラン事務職へのインタビュー調査では、本章で紹介した職域拡大よりさらに一歩進んだ、他職務への転換事例が見出された。そこで次章では、職務転換によるキャリア拡大について検討したい。

(1)　ただし、ベテラン事務職の中に営業職とペアを組んでいない人が一人いたため、営業職の総数は三七人である。集計はすべて総数三七人で行なっている。

(2)　第2章表2-5と同様に、職務グループに分類できなかった四項目の単位作業「No. 113 朝礼出席」「No. 114 グループ会議出席」「No. 115 部内会議出席」「No. 137 後輩・派遣社員・パートの指導・育成」を除く、一三三項目について検討した。

(3)　この単位作業の例としては、チェーンストアのポスレジの機種入れ替えがある。納品する製品の構成と内容は決定しているが、大量の出荷と設置を次々と手配する必要があり、また複数の部署との複雑なスケジュール調整が求められる。第4章で取り上げるベテラン事務職は、この職務を手始めとして営業活動へ進出している。

(4)　江口さんのキャリアと現在の職務の詳細については、次項を参照されたい。なお、以下の個人名はすべて仮名である。

(5)　表3-9は、四人の担当業種によって、販売店と一般企業に分けて並べた。また、拡大した職務が複数の単位作業によって構成されている場合は、より難易度の高い単位作業の分類にあてはめた。ただし、相川さんの「計器メーカーの情報システムの受注」は、複数の単位作業からなる販売活動そのものと見なして、Ⅶに分類した。したがって、単位作業ナンバーは記載されていない。

第4章　他職務への転換によるキャリア拡大

第4章では他職務への転換による女性事務職のキャリア拡大について検討する。前章では、営業職の職務の取り込みや高度な職務への進出による女性事務職の能力伸張と職域拡大をあきらかにしたが、A社の営業職場では事務職から他職務への転換事例が生じている。このような事例を採り上げて、転換後の職務の特徴と、転換前の職務および営業職の職務との関係をあきらかにする。また、どのような条件下で女性事務職の職務転換が生じるのかを検討する。さらに、女性事務職の職域拡大およびキャリア拡大のパターンを見出して、今後のキャリアルートの予測を行ないたい。

第1節　他職務への職務転換

1　他職務へ転換したケース

「④ベテラン職務の変化調査」から四事例、五人について検討する。調査時期は一九九八年七月から一九九九年四月であり、一人につき一・五時間から三時間のインタビューを行なった。また、一事例では職務転換者の上司にも約

表4-1　他職務への職務転換

対象者	担当業種	職務グループ別具体的内容（カッコ内は単位作業ナンバー）		
		Ⅴ　情報収集・分析・提案	Ⅵ　情報提供・販売促進	Ⅶ　計画立案・販売活動
大村	販売店（学校物件）		販売店向け勉強会の企画・運営（101）	販売店への学校物件の営業活動
金森	流通業			チェーンストアへの営業活動（ポスレジの入れ替え（47）を含む）
木下 栗原	市町村教育委員会・公共施設・看護学校・病院	テストマーケティング活動（2）		
剣持	一般企業・公共事業体		展示会・セミナーの企画運営、インストラクションやデモンストレーション、ユーザーへの情報提供とコミュニケーション（99、107、108）	営業物件の進捗状況の管理と報告（86）

一時間のインタビューを実施した。表4-1は、四事例における転換後の職務の概略である。

職務転換は大きく分類すると、営業職への転換と、マーケティングや販売促進の専門スタッフへの転換の二つの方向へ生じている。いずれのケースでも、それまでは営業職が担当していた職務か、職場内で誰も担当していなかった職務に就いている。また、特定の役割とある程度のまとまりのある職務を一定期間以上担っている。したがって、前章で採り上げた職域拡大よりも一歩進んだ、職務転換の事例であると認めることができる。

まず四事例の概要を述べ、転換後の新たな職務の特徴とその背景を探ってみたい。

(1)　学校物件担当の営業職への転換

大村淳子さんは、短大を卒業してある支店に配属され、調査時点で一〇年めである。販売店への営業事務からスタートし、その後パソコン・通信機器の営業職場で事務処理を行ないながら、宣伝費管理・販促施策の取りまとめ・販売店向けのセミナーや親睦会の事務局などの販売促進業務を担当するようになった。六年めからは支店長の指示によって、それまで課長が担当していた支店内販売予算データのとりまとめと作表を担当している。

入社七年めにパソコン販売がA社の子会社へ移管されたが、学校物件の取り扱いはA社に残り、大村さんが学校物件を担当するようになった。九年めからは販売担当者コードを持って本格的に営業活動を行ない、調査時点では支店長直属として学校物件の営業活動と販売促進を担当している。調査後、大村さんはA社の人事制度上の公式的な職種転換を果たした。大村さんが転換した仕事の分野は学校物件の営業活動であり、販売店経由で小・中・高校や看護学校などへの営業活動を行なっている。

では具体的に営業活動の内容を検討しよう。大村さんは五社の販売店を定期的に訪問し、売上が予定される物件の進捗状況を聞き出し、物件リストを作成して上司および支社に報告する。販売店に対してA社製品を売り込み、値引き交渉に応じる。学校物件では販売店からの値引き要求が非常に厳しいので、値引きの必要性や受注のメリットを申請書に明記して、価格決定権を持つA社の製造部門に提出する。時には電話で交渉することもある。販売店やA社製造部門への対応はひとりで行なっているが、どうしても困った時には支店長に支援を依頼する。また、販売条件によってはは物件からの撤退を検討する必要もある。通常はA社の製造部門がこの決定を行なうが、時間がなければ大村さんが、前例を参考にしながら判断する場合もある。

価格などの販売条件が決まると入札関係書類を作成し、上司とともに入札に参加ずる。受注が決定すれば、在庫の引当、納期確認、納品の手配などの事務処理をひとりで行なう。クレーム対応や次回の機器入れ替え時期を検討し、定期的な販売店との打ち合わせによって信頼関係を構築している。

また、大村さんは支社主催の学校物件担当者会議に出席している。自支店の物件状況を整理し、施策を企画して会議で発表する。この会議では各県の取り組みの特徴、製造部門の情報や全社的な方針などがわかるので、大村さんにとって勉強になるという。当初は営業職に連れられて出席していたが、販売担当者コードを持ってからはひとりで出席している。

大村さんは学校物件のほかに販売促進業務を受け持っており、広告宣伝費の年間計画の作成、イベントやセミナーの事務局運営、デモンストレーションやセミナーの講師、販売店会の企画・運営などを行なっている。販売店向けの勉強会は大村さんがテーマを決め、内容や講師を検討して実施している。

大村さんが営業活動に職務転換した背景には、次のような要因が挙げられる。

a　上司の姿勢と支援

大村さんは今までに三人の支店長の下で働いているが、いずれの支店長も大村さんに次々と新たな職務を与えて育成している。また、学校物件を担当し始めた頃の支店長は「学校物件の担当者は大村さんだよ」と明言して権限と責任を与え、本人と周囲への意識づけを行なった。現在の支店長は大村さんに公式的な職種転換を勧め、支社へのアピールを行なって営業職転換を支援している。

b　物件と顧客の特性

学校物件はA社がシェアを獲得したい市場ではあるが、受注総額や利益の面ではあまり多くを期待できないため、営業職がこの物件に力を注ぐのは非効率的だという判断が成り立つ。しかし、この物件は直接の売買を販売店が担当するので、ユーザーと打ち合わせて情報システムを構築したり、細かなニーズに応えるといった仕事は販売店が行なう。顧客を訪問し、ニーズを聞き出して製品とシステムを提案する一般企業への直接販売に比べて、求められる知識と技能のレベルは低いものと考えられる。

また、販売店は大村さんが入社当時から関係を培ってきた相手である。さまざまな機会を捉えてコミュニケーションをとっており、個人的な相談にのってもらう相手もいる。転勤の多い営業職と比べて、地元出身でしかも長い付き合いのある大村さんは、販売店との関係構築に有利である。

c　事務職の労働力の余剰

パソコン販売が子会社へ移管されたために、大村さんは担当職務の一部を失った。この時点で女性事務職の人員には余剰が生じたことになる。しかし上司は、大村さんの持っている技能を活かして学校物件に取り組ませた。女性事務職の労働力の余剰が大村さんの職域拡大を促し、職域拡大が職務転換へと進展したといえよう。

d　事務職時代の技能の特徴と新たな職務の関係

大村さんは入社以来パソコンの在庫販売を担当してきた。そのためパソコンの自動在庫販売システムである「営業システムb」に精通しており、パソコンに関してはペアを組む営業職以外の人からも手配を頼まれることがあった。入社七年めにパソコン販売が子会社へ移管されたが、学校物件だけはA社に残った。学校物件はパソコンの販売が中心となるので、パソコンと「営業システムb」に詳しい大村さんが学校物件を担当することになった。つまり、大村さんはパソコンとその業務処理に必要な情報システムに精通していたために、営業職と事務職というペアの関係を解消して、商品と市場を特化して担当するようになったのである。

e　営業活動への準備・教育

入社以来大村さんが担当した仕事は、そのまま営業活動への準備と教育の役割を果たしたとみなすことができる。特に販売予算のとりまとめや支社の会議への出席など、他の事務職が経験しない職務が大村さんの視野を広げ、意識と知識の両面における営業活動への準備につながったと考えられる。また、販売担当者コードを持ってからは、支店長が大村さんを営業職見習いと位置づけ、営業職の会議に出席させたり、見習いだということを販売店にアピールして勉強の機会を増やしてくれたという。このようにして営業活動に必要な情報や経験を少しずつ与えたことが、営業職への着実な職務転換を促したといえよう。

f　本人の意識・意欲

大村さんは、入社当初は「結婚したら仕事は辞めるかもしれない」と思っていたという。ただし、実際に働き始めてからは「わからないことはまず自分で調べる」「与えられた仕事に自分なりのプラスアルファを付け加える」をモットーにしてきた。

大村さんが五年めの頃、当時の支店長が事務職全員に対して営業職への転換を勧めた。ただし、事務職としての業務をすべてこなした上で、さらに営業活動を行なうという条件だったので、大村さんは無理だと思って断った。しかし、実際に学校物件を担当しているうちに、「こんなに一生懸命やっているのに、なぜ他の事務職と同じ扱いなのだろう」と思うようになった。今では、「現実に営業職の仕事をこなしているのだから、このままでは終わりたくない。将来のことや結婚との兼ね合いなど課題もあるが、営業職になってみて、前進してからまた考えよう」と思っているという。

今後はもっとエンドユーザーに近づいた仕事がしたいと、大村さんは考えている。販売店に同行してユーザーを訪問したり、いつかは男性営業職と同じ仕事がひとりでできるようになりたい。しかし、事務業務や販売促進業務との両立ができるかが不安であるという。

g　障害・問題

営業活動をさらに積極的に展開していくためには、製品知識が不十分だと大村さんは話している。特にネットワークに関する勉強が必要であり、自分で支店内のシステムを作成してみることで、実践的に習得したいと思っている。

大村さんは、営業職転換後もこれまでと同様に学校物件の営業活動を続けていくが、将来どのような仕事をしていくのかがわからず、上司からも示されていないという。営業職として何をめざすのかが見えていないことを不安に感じるとのことであった。

(2)　事務業務を担当しながら営業職へ進出

金森瑞穂さんは入社八年めであり、一般企業を顧客とする営業職場で働いている。インタビュー調査の三カ月前から、金森さんは営業職主任とペアを組み、事務処理を担当しながら担当顧客を一社持って営業活動を行なっている。

金森さんの担当する顧客はA社のホストコンピュータを導入し、県内に約八〇店舗を展開している地元の大手チェーンストアであり、この支店の大口顧客である。金森さんは、ポスレジの機種入れ替えの仕事からこの顧客への営業活動を開始した。約八〇店舗のポスレジは三年間をかけてすべて入れ替えられる予定であり、月に四店舗ほどの受注が予定されている。新しいポスレジとシステムはすでに決定しているので、出荷と物流の手配、組み立て作業の手配とスケジュール管理、請求・回収の管理などの仕事が三年間続くことになる。

金森さんはこの顧客に対して、新たなニーズの掘り起こしと提案活動を始めている。顧客がイントラネットを活用した店舗間の情報共有化システムに興味を示しており、金森さんは上司と相談してイントラネットの提案を進めている。

金森さんの営業活動への転換の背景を以下にまとめてみよう。

a　上司の姿勢

支店長はこの新しい仕事を金森さんに任せるにあたって「ベテランの事務職女性にどのような仕事を任せるかは、各支店の方針で決定できる」と金森さんに話したという。つまり、従来は営業職が担当してきた仕事を事務職女性に任せることに積極的であった。この支店を統括する支社には、すでに事務職から営業職に転換した女性が一人いたので、支店長はその事例を参考にしたのかもしれないと金森さんは思っている。

また、金森さんがこれまで指導を受けた上司は、事務職女性の職域について柔軟な判断をする人が多かったという。官公庁を担当していた頃には、ホストコンピュータの搬入立会いのために宿泊をともなう出張をしたこともあり、当時の事務職女性にはほとんど前例のない職務であったという。

b　物件と顧客の特性

金森さんの担当するチェーンストアはこの支店の重要顧客である。しかし、ポスレジの入れ替えは期間・内容・販売予算がすでに確定した物件であり、仕事のポイントは進捗管理とトラブルの予防である。新たな顧客を求めて訪問活動を繰り返し、ニーズを探って提案をする営業活動に比べると製品知識や対人折衝技能の必要性は低い。ただし、金森さんはイントラネットと情報システムの提案を始めており、これが本格化すれば難易度の高い仕事への挑戦となろう。

金森さんは、出荷や物流手配の経験を活かしてポスレジの入れ替えという仕事に進出した。またこの顧客と金森さんは長年の付き合いがあり、顧客との人間関係がすでにできていたことも職務転換に役立っている。

c　障害・問題

金森さんが営業活動を拡大していくにあたって不安に感じていることは、製品知識の不足と、ニーズ把握や交渉に必要な対人折衝技能の不足である。これまでは主にオフィスでの事務業務を受け持ってきたので、自分が前面に出て折衝することに不安があると話した。

(3)　テストマーケティングの専門スタッフに転換

木下裕子さんと栗原節子さんは同じ支店で働いている。木下さんは入社六年めで、テストマーケティング専任になって八カ月である。栗原さんは電子デバイスの営業事務を四年間担当したが、電子デバイス担当が支社に統合されたため、二カ月前にテストマーケティング専任になった。

二人が担当しているテストマーケティングとは、市場調査とA社製品の紹介、および顧客との関係作りの職務である。二人はそれぞれ担当地域を持ち、コンピュータや情報システムの導入状況、および今後の導入予定を調査している。

まず、この支店を統括する支社の総合職女性が中心となって、テストマーケティングのターゲットが決定される。ターゲットが決まると、木下さんと栗原さんは製品について勉強したり、パソコンインストラクターにデモンストレーションの方法を教わったりして、訪問活動の準備を行なう。製品カタログとヒアリングシートを持参し、車を運転してそれぞれの担当地域へ一人で出かける。そのほとんどが飛び込み訪問である。

調査時点までに、市町村教育委員会、公共施設の管理担当部門、看護学校や病院を訪問してニーズ調査を行なってきた。すでにA社のコンピュータを導入している顧客であれば、使用状況や今後の要望を聞き出す。コンピュータの導入が進んでいなければ、活用できそうなソフトを紹介したり、インターネットやホームページへの関心を聞き出す。ターゲットはコンピュータや情報システムの導入が遅れている業界であり、また小規模な市場であるため競合他社も積極的な売り込みは行なっていない。しかし、訪問してみると手応えはかなりあるという。ある教育委員会では、訪問してすぐにアプローチをかける必要があると判断し、上司に相談したうえで営業職に訪問活動を始めてもらった。公共施設では、座席予約システムやホームページ作成のニーズが発見できた。また看護学校では、パソコン教育の必要性が高まっていることがわかったので、看護師向けのパソコンセミナー開催を販売店に提案した。

二人の仕事はあくまで情報収集なので、得られた情報は報告書にまとめて上司に提出し、その後の訪問活動や折衝の進め方については上司が判断する。二人の訪問をきっかけにして、ある市の教育委員会ではソフトの受注が決定し、また別の市では情報システムの入札が予定されていた。

木下さんと栗原さんが営業職場の事務職からテストマーケティングの専門スタッフとなった背景には、以下の要因があげられる。

a　企業の事務職女性活用の方針

テストマーケティング活動は支社長の発案でスタートした。当初は支社の総合職女性が一般企業への飛び込み訪問を行なったが、面談を断わられることが多く、また訪問先の業種や事業内容に関する情報も不足して、予想したほどの成果が上がらなかった。そこで、同じセールストークが繰り返し使えて、面談に応じてくれそうな学校にターゲットを絞り込むことになった。小・中学校へのパソコンの売り込みをターゲットとし、訪問活動によって予算要求の状況を把握して、収集した情報をもとにマップを作成した。支社でスタートしたこのテストマーケティングを、現在では支店の事務職女性が行なっており、支社の事務職女性活用の方針が、二人の職務転換の契機となった。

b　物件と顧客の特性

テストマーケティング活動はあくまで調査活動と位置づけられているので、木下さんと栗原さんは販売予算を与えられていない。また二人が担当しているのは競合状況がさほど厳しくない市場であり、売り込む商品も限定しているので商品説明は比較的易しい。顧客は学校や公共団体なので、女性の訪問に対する抵抗が少ないとも考えられよう。さらに木下さんによれば、地域に関する情報には地元出身の女性事務職のほうが詳しいので、地元の強みが活かせるという。つまり、テストマーケティング活動は従来の事務職の仕事を超えた新たな仕事の領域ではあるが、本格的な営業活動よりも難易度が低く、いわば営業職と事務職の中間的な位置づけの職務である。さらに、事務職の強みが活かせる職務でもある。

木下さんと栗原さんの上司はこのテストマーケティング活動について、「営業職の見落としている物件や、手の回らない領域をやってもらっている」と述べた。「大型受注だけがビジネスではないので、女性や中高年社員を活用して、顧客サービスやニーズの掘り起こしをやっていきたい」とのことであった。

c　事務職の労働力の余剰

支社方針でテストマーケティングが始まる際、この支店の女性事務職の人員にはゆとりがあったのでテストマーケティング専任者を配置することができた。また、栗原さんは部署の統合によって担当職務を失ったいわば余剰人員である。その栗原さんを新しい仕事に挑戦させた支店の人材活用の姿勢は前項で検討した大村さんと同様であり、余剰人材を新たな職務によって活用する施策がA社に根付いていることを窺わせる。

d　テストマーケティング活動への準備、教育、支援

二人は支社の指導のもとでテストマーケティングを行なっているので、マーケットマップやヒアリングシートが用

意され、売り込むソフトについて勉強する機会が与えられる。また実際の訪問活動をスタートする前に、総合職女性に同行して事前に訪問活動の練習を行なっている。支社とその傘下の支店がテストマーケティングに組織的に取り組んでいることが、二人の進出を容易にしたといえよう。

支店内の専門技術者による支援体制も整えられている。上司の認識では、二人はA社の営業職として商談を進めるには技術的な知識が不足している。そこで上司は専門技術者を二人のすぐ隣に座らせ、必要に応じて支援できる体制をとることで、この活動に「保険をかけている」とのことである。

さらに、テストマーケティングに役立てるために、二人は事務職全員の勉強会を実施している。週に一回、パソコンの構造やカタログの見方、A社の製品全般についてなどの内容を、木下さんと栗原さんが講師役となって事務職に教えている。これは上司の発案であり、まず二人が技術者から教わり、教わったことを支店内の他の事務職に教える。二人は仲間に教えるために熱心に勉強するし、事務職全体の知識の底上げにもなる。また上司の話によれば、勉強会の開催がテストマーケティングへの周囲の理解を促し、女性事務職の中で二人が孤立することを防ぐ効果もあるという。

e　本人の意識・意欲

テストマーケティングが始まるにあたって、支店の事務職全員が年齢順に支店長から打診を受けた。断った先輩もいたようだが、木下さんは以前から新しい仕事に挑戦したいと考えていたので、引き受けることにした。実際に活動を始めてみて、木下さんは「これまではつまらない仕事をしていたなあ」と思っているという。以前は言われたことを受身でこなすだけだったが、今は主体的に動いて実績と手応えが得られる。受注に繋がった時はなおさらである。木下さんは地元の男性と結婚し、相手の両親と同居して出産後も仕事を続けるという将来像を描いている。

栗原さんは、木下さんほど強い意欲はまだ持っていない。この仕事が自分にできるかどうかを探っている状況であり、レポート作成などで帰宅時間が遅くなるのを負担に感じるという。

上司は次のステップとして、営業職への転換の可能性も考慮している。しかし、二人とも営業職にはなりたくないと話している。木下さんはその理由として、販売予算を持つことのプレッシャー、業務知識の勉強や資料作成の時間的な負担、顧客と社内事情の板ばさみになるストレスを挙げた。上司もこの気持ちを理解しており、本人に意欲が出てきたら検討したいと考えている。そのためには、営業の仕事のやりがいやおもしろさに触れさせることが必要だというのが上司の認識である。

f　障害・問題

現在の仕事で困っていることや不十分な点について、二人はともに知識の不足をあげた。木下さんは他社製品や顧客の業務に関する知識の不足を感じており、栗原さんはパソコンそのものやソフトに関してわからないことが多いという。

(4)　販売促進・営業支援スタッフへの転換

剣持敏子さんは調査時点で入社一一年めであり、入社から七年間は販売店に対する営業事務を担当し、主にパソコンを扱っていた。パソコン販売が子会社へ移管されて担当職務を失った際、販売促進を担当したいと支店長に申し出て現在の仕事に替わった。現在は支店長直属として、二つの支店の販売促進と営業支援を専任で担当している。

剣持さんの現在の仕事は、販売促進・営業支援・顧客サービスの三分野である。販売促進とは、ユーザー向けの展示会やセミナーの企画・運営、セミナーでのインストラクション、客先や展示会での製品のデモンストレーションなどである。この支店では、年に一回の展示会と月に二回の小規模なセミナーを開催している。展示会では剣持さんは事務局を受け持つが、小さなセミナーではターゲットの選定から内容の企画、当日の運営までを担当する。ホームページの作成やイントラネットなどの簡単なインストラクションであれば、剣持さんが一人で行なうこともある。

営業支援とは、営業物件の進捗状況のデータベース化と管理、販売予算の取りまとめと上司への報告、客先でのインストール作業の支援などである。営業物件の進捗状況管理は支店長の要請で担当することになった。専門技術者に相談しながら、データベースソフトを使って自分でシステムを作成した。営業職の事務作業を減らすことができ、また支店長にとっても役に立つシステムとなっている。

顧客サービスとは、ユーザー向け情報提供活動、支店のホームページ作成、広報誌の発送と返信の受領、「サポート体制表」の作成とメンテナンスである。まずユーザー向け情報提供活動としては、本社広報が発表した情報をインデックスにまとめ、重要な項目には記事をつけて主要ユーザー約一〇〇社に向けて郵送している。パソコンの新製品の紹介、開発中の技術情報、半導体関連情報などを添付し、ユーザーの名前を印刷したファックス用紙を同封して送る。ユーザーの欲しい情報のインデックス番号や、技術的な問い合わせなどを書いて返送してもらうのである。広報誌は約二〇〇社に送付し、これにもファックス用紙を同封してユーザーとのコミュニケーションに役立てている。

「サポート体制表」とは、汎用コンピュータのユーザーごとに、営業、保守、システムサポートのそれぞれの窓口と担当者名、電話番号を明記したものであり、ユーザーのコンピュータ室に張ってもらっている。剣持さんが支店独自のデータベースシステムでユーザーを管理し、「サポート体制表」のメンテナンスを行なっている。

では、剣持さんの販売促進・営業支援スタッフへの転換の背景をあきらかにしよう。

a　上司の姿勢

剣持さんの販売促進活動への進出には、支店長が決定的な役割を果たしている。担当職務が子会社へ移管されて仕事を失った剣持さんに対して、支店長は本人の希望を考慮しながら支店全体の仕事の割り当てを変更し、剣持さんに新しい役割と職務を与えた。現在の剣持さんの職務は、以前は各々の営業職が自分で行なっていた仕事である。A社では、支店に販売促進の専任者が配置される例は多くないので、この支店は余剰事務職の人材活用によって販売促進や顧客サービスの充実を図っているといえよう。

またこの支店長は、「こういうデータが欲しい」という要望を出して剣持さんのソフト活用のスキルを向上させた。剣持さんによれば、「無理ならいいよ」とは言わずに、常に高い目標を与えられたという。剣持さんは、自分で調べたり子会社の技術者に教わりながらソフトの活用法を習得し、獲得したスキルでより難しい仕事に挑戦できるようになったと感じている。

b　新たに進出した職務の特性

剣持さんの行なっている販売促進や営業支援は、第3章で採り上げた植村さんや石田さんによる販売店への情報提供や訪問活動と同様に、顧客への情報発信と情報収集と捉えることができる。剣持さんはその発信と収集を郵送とファックスによって行なっている。これらの事例からわかることは、A社がよりきめ細かな顧客へのサービスを求められていることと、営業職にはその余裕がないということであろう。剣持さんが同封するファックス用紙には、「担当営業職が来てくれない」といった苦情も書かれているという。事務職がさまざまな手段によって顧客とのコミュニケーションの充実を工夫し、新規物件獲得に忙しい営業職を補っているといえよう。

c　事務職の労働力の余剰

前述の大村さんや栗原さんと同様に、剣持さんも担当商品の子会社への移管によって担当職務を失っている。支店長は新たな担当職務を与えて剣持さんの活用を図った。

d　障害・問題

剣持さんは、前の支店長から「営業に出てみないか」と言われたことがある。当時の支店長はテストマーケティングを担当させることを想定していたらしい。しかし剣持さんは、自分には難しいと考えて断ったという。本人の考えている今後の目標は、展示会の企画ができるようになること、ユーザーへの積極的な情報提供を行なうこと、技術的な分野での営業支援ができるようになることである。そのためには商品知識のみならず、顧客の業界や業務に関する知識が不十分であると思っている。ソフトやネットワークについても勉強して、技術的な営業支援活動に挑戦してみたいと考えている。

2　転換後の職務の特徴

四事例五人の事務職の、転換後の職務には、どのような特徴があるのだろうか。前章までにあきらかになった八項目の「職務分担を規定する要素」(八六～八七ページ、一二九～一三〇ページ)によって新たな職務を考察する。

①　仕事の流れ（工程）における担当部分

五人の転換後の職務のうち、木下さんと栗原さんのテストマーケティング活動は受注獲得以前の情報収集のプロセスを担当している。剣持さんの販売促進や顧客サービスは、仕事の流れと並行して行なう職務である。大村さんと金森さんの営業活動は仕事の流れのすべてに関わり、主に事務職が担当するプロセスについても引き続き担当している。したがって、事務職の職務転換は特定の工程において生じているのではない。

② 販売活動に対する役割

五人の事務職が転換した職務は、役割別の職務グループでは三つのグループに該当する。木下さんと栗原さんが「V　情報収集・分析・提案」、剣持さんが「VI　情報提供・販売促進」、大村さんと金森さんが「VII　計画立案・販売活動」である。したがって、職務転換によって女性事務職は、情報収集や販売促進、販売活動へと役割を拡大している。また五人の事例を見る限り、事務職の新たな役割は同一ではない。五人はそれぞれの職場において異なる役割を担い始めている。

③ 情報システムの使用

木下さんと栗原さんは情報システムを使用しない職務に転換し、剣持さんも情報システムを使用しない職務のウエイトが高い。大村さんと金森さんの営業活動では、顧客訪問などの情報システムを使用しない職務が増えることが予想される。したがって、事務職は情報システムを使用しない職務へ転換を図っているといえよう。

④ 情報処理の難易度

前章の職域拡大の事例では、IT化の進展によって事務職が情報の収集・加工・発信へと進出していることを指摘した。本章の職務転換の事例においても、全員が顧客との接点をもって情報の収集と発信を行なっている。したがって、事務職の転換後の職務では、情報の収集・加工・発信が強く求められる。ただし、転換後はITによる情報収集ではなく、顧客への訪問などの、より直接的なコミュニケーションによって情報の収集と発信を行なっている。

⑤ 要求される知識・技能

五人の転換後の職務に要求される知識と技能は、事務職の主たる職務に求められる知識や技能よりも幅広く、またその種類と分野も多様である。

営業活動に転換した大村さんと金森さんは、顧客企業や市場に関するより高度な知識を求められ、同業他社の動きにも目を配る必要がある。製品知識についても、これまで以上の勉強が必要であろう。

木下さんと栗原さんには、どのような市場に何を売り込むかによって、さまざまな知識が要求される。マーケットの状況、訪問先の業務に関する知識、同業他社の動向などの業務知識と、相手に説明できるレベルの製品知識が必要である。

大村さんと金森さん、木下さんと栗原さんの職務は、目的は異なるがいずれも面談による対人折衝を必要とする職務である。大村さんと金森さんの相手は以前から面識のある担当者であるが、木下さんと栗原さんは飛び込み訪問で面談に応じてもらわなければならない。事務職の転換後の職務には、より高度な交渉や売り込みの技能が必要であるといえよう。

剣持さんは、顧客の関心を引き付けるセミナーや展示会を企画するためには、幅広い情報収集を行なう必要があると考えている。ＩＴ分野で今何が話題になっているのか、顧客のニーズはどこにあるのか、などを知ることが重要だというのである。

以上のように、事務職の転換後の職務は、より高度で幅広い知識と技能を求められる職務である。そのため、五人の事例では事務職時代の知識・技能の不足を補う工夫がなされている。営業活動に転換した二人は、いずれも物件や顧客を一つに絞って取り組んでいる。複数の顧客を担当して多様な業種の物件を同時に進行させる営業職に比べると、要求される知識や技能のレベルは低いものと思われる。テストマーケティングでは、特定の市場への訪問を繰り返し、しかも支社スタッフが必要な情報を準備してくれる。いずれも事務職からの転換による知識や技能の不足を考慮し、比較的易しい職務から取り組ませていると考えることができる。したがって、転換後の職務にはより高度な知識と技能が要求されるが、知識と技能の不足を補う工夫をしたり、物件や顧客を限定して取り組みやすくしているといえよう。

なお、ＯＡ機器やパソコンの技能については、転換後の職務においてその技能が重要な位置を占めるとはいえない。

⑥　顧客の特性

大村さん、木下さんと栗原さんの担当する学校や教育委員会は、シェア獲得は重要であるが多額の受注や利益は期待できない市場である。また、金森さんの担当顧客は大口顧客であるが、販売予算の確定した物件からスタートしている。したがって、営業活動や市場調査に転換した事務職は、競合環境の緩やかな市場や、営業職のマンパワーを投入し難い隙間的な市場を対象としているといえよう。

また、大村さんは長い付き合いのある販売店との取引を受け持ち、木下さんと栗原さんは地元出身であることのメリットを指摘している。出身地域で経験を積んでいる事務職にとって、利点の多い市場であるといえよう。

⑦　商品や物件の特性

営業活動に転換した二人は、商品や物件を限定して担当している。また、木下さんと栗原さんも、どの市場に何を売り込むかが決定されたうえで活動を開始している。したがって、事務職の転換後の職務では、市場や顧客のみなら

表4－2　職務グループ別推定日数（事務職／営業職／営業職転換者）

	職務グループ別推定日数（日）						
	I　付帯的雑務	II　手配・手続き	III　交渉・調整・回答	IV　ミスの発見とフォロー	V　情報収集・分析・提案	VI　情報提供・販売促進	VII　計画立案・販売活動
平均的な事務職（46人）	1,814	3,899	1,533	325	68	7	91
ベテラン事務職（大村さんを除く37人）	1,415	3,509	1,625	343	58	24	94
営業職に転換した事務職（大村さん）	1,260	3,184	2,672	320	386	184	198
平均的な事務職とペアを組む営業職（46人）	152	713	829	79	511	108	508
ベテランとペアを組む営業職（37人）	207	716	1,249	70	694	179	576

ず、商品を限定して扱っている場合が多い。

なお、「⑧取り扱う書類の重要性」について、事務職の職務転換との関係は見出されなかった。

3　営業職への転換者の位置づけ

前述の職務転換者のうち、学校物件の営業活動を担当している大村さんは「③ベテラン職務担当状況調査」でアンケート調査に答えている。そこで、大村さんの調査結果を取り出して他のベテラン事務職および営業職と比較し、職務転換者の特徴を検討したい。(1)

(1)　職務グループによる比較

まず七つの職務グループごとに、大村さんの年間推定日数を他の事務職および営業職と比較する。(2)表4-2によれば「I　付帯的雑務」と「II　手配・手続き」に大村さんが投じる日数は他の事務職よりも少なく、「IV　ミスの発見とフォロー」ではほぼ同程度である。しかし、「III　交渉・調整・回答」では他の事務職を上回り、「V　情報収集・分析・提案」「VI　情報提供・販売促進」「VII　計画立案・販売活動」では他の事務職を大きく上回る。

大村さんは支店の販売促進も担当しているので、「VI　情報提供・販売促進」

表4－3　業務知識別推定日数（事務職／営業職／営業職転換者）

	業務知識別推定日数(日)			
	一般常識	社内制度・事務処理方法・規定・顧客の概要など	トラブル対応方法など	業界動向・顧客の事業内容・自社方針と実績など
平均的な事務職（46人）	1,814	5,431	325	166
ベテラン事務職（大村さんを除く37人）	1,415	5,134	343	175
営業職に転換した事務職（大村さん）	1,260	5,856	320	768
平均的な事務職とペアを組む営業職（46人）	152	1,542	79	1,127
ベテランとペアを組む営業職（37人）	207	1,966	70	1,449

表4－4　製品知識別推定日数（事務職／営業職／営業職転換者）

	製品知識別推定日数(日)			
	不　要	品番・品名・価格・機能の概要・在庫状況・納期予測など	機能・特徴・他社製品との差異・使用方法など	システム全般・利点・システム構築など
平均的な事務職（46人）	1,814	5,757	74	91
ベテラン事務職（大村さんを除く37人）	1,415	5,477	81	94
営業職に転換した事務職（大村さん）	1,260	6,176	570	198
平均的な事務職とペアを組む営業職（46人）	152	1,621	619	508
ベテランとペアを組む営業職（37人）	207	2,035	873	576

の日数は営業職よりも多くなっている。「V　情報収集・分析・提案」と「VII　計画立案・販売活動」に投じている日数は、他の事務職より多いものの営業職と比べるとあきらかに少ない。したがって、大村さんは事務職の役割をやや軽減したうえで、営業職の役割を担っているとみなすことができる。ただし、年間推定日数を見る限り「V　情報収集・分析・提案」「VII　計画立案・販売活動」の役割を男性営業職と同程度に担っているとはいいがたい。

表4-5　対人折衝技能別推定日数（事務職／営業職／営業職転換者）

	対人折衝技能別推定日数(日)			
	社内コミュニケーション	社内外との臨機応変なコミュニケーション	社内外との交渉・説得	顧客へのアプローチ・情報収集・交渉・売り込み
平均的な事務職（46人）	1,814	3,899	1,933	91
ベテラン事務職（大村さんを除く37人）	1,415	3,509	2,049	94
営業職に転換した事務職（大村さん）	1,260	3,184	3,562	198
平均的な事務職とペアを組む営業職（46人）	152	713	1,527	508
ベテランとペアを組む営業職（37人）	207	716	2,192	576

(2)　要求される知識・技能の比較

つぎに大村さんに求められる知識と技能を、他の事務職および営業職と比較する。業務知識（表4-3）、製品知識（表4-4）、対人折衝技能（表4-5）のそれぞれのレベルによって単位作業を分類し、各々の単位作業に投じている推定日数を比較した(3)。

表4-3によれば、業界動向・顧客の事業内容・自社方針と実績などの、最も高度な業務知識が求められる作業の日数で大村さんが他の事務職を大きく上回り、営業職が大村さんを上回る。

表4-4によって製品知識のレベル別に担当日数を比較すると、品番・品名・価格・機能の概要のレベルから、それ以上の製品知識を要求されるすべてにおいて大村さんが他の事務職を上回る。特に、製品の機能や特徴に関する知識を必要とする作業の日数では、大村さんと他の事務職の差異がきわめて大きい。しかし、もっとも高いレベルの製品知識であるシステム全般・利点・システム構築などの知識を求められる作業では、営業職の投じる日数が大村さんを上回っている。

表4-5によれば、社内外との交渉・説得を求められる作業では大村さんの日数が他の事務職を上回り、さらに顧客へのアプローチや売り込みが必要な作業では大きく上回る。しかし、営業職に比べると大村さんの担当日数は半数以下である。

以上の考察から、大村さんの職務に必要な業務知識・製品知識・対人折衝技能は、他の事務職よりも高く、営業職に比べれば低いということができる。つまり、知識や技能において大村さんは、事務職と営業職の中間に位置づけられることがあきらかである。

4　職務転換の促進要因

五人の職務転換は、どのような要因によって生じたのであろうか。第3章で発見された六項目の「職務分担の変化を促す要因」(一三〇〜一三一ページ)に沿って検討し、新たに発見された要因を追加して、「職務転換の促進要因」を見出してみたい。

a　事務職の能力伸張

五人はいずれも約五年以上の事務職としての経験を経て職務を転換している。営業に転換した大村さんが、他の事務職よりも高い能力を発揮していることは前項で述べた。さらに、大村さんと金森さんは、どの程度の値引きが可能か、どの製品で納期トラブルが起きそうかといった営業活動に欠かせないコツを事務職としての経験によって摑んでいるからこそ、学校物件や大手チェーンストアの営業活動を担うことができるのである。したがって、事務職としての経験の積み重ねによる能力伸張が、職務転換には不可欠である。さらに事務職としての経験が、転換後の職務への教育訓練の役割を果たしていると考えられよう。

b　事務職の意欲

では、事務職本人の意欲はどうであろうか。大村さんは、入社当初はキャリア拡大を想定していなかった。しかし仕事の経験を積み、次々と新たな職務に挑戦するうちに営業職への転換に意欲を持つようになる。木下さんはテストマーケティング活動に転換するにあたって、「新しい仕事に挑戦してみたい」と思って支店長の打診に応じた。また、五人全員が上司から意向を尋ねられた上で転換を決めており、自分の意志で新たな仕事に取り組んでいる。したがって、事務職本人の意欲は職務転換にとって重要な要因である。

c　企業の事務職活用の方針

木下さんと栗原さんのテストマーケティングは支社長の発案で開始された。また支社と支店がこの活動に組織的に取り組んでおり、支社方針によって事務職女性が新たな職務に登用されたといえよう。

d　上司の積極的な姿勢と支援

職務転換事例では、企業の方針よりもむしろ職場の上司の姿勢が大きく寄与することが見出された。五人全員が職場の上司から担当職務に関する希望を聞かれたり、職務転換を勧められている。剣持さんの上司は、それまで支店には専任者のいなかった販売促進を剣持さんに受け持たせた。また金森さんの上司は、営業職の職務に事務職を進出させることに積極的であった。さらに、大村さんの上司は学校物件を大村さんに任せ、営業職とともに支社の会議に出席させたり、大村さんを営業職見習いとして顧客にアピールしている。木下さんと栗原さんの上司は、二人を技術者の隣に座らせてきめ細かな支援ができる体制を整え、事務職向けの勉強会を二人に実施させて、他の事務職の理解と協力を得る工夫を行なっている。したがって、新しい仕事に挑戦させる上司の姿勢が職務転換の契機となり、具体的な支援策が転換後の職務遂行を支えることがあきらかである。

e　営業職の労働力不足

大村さんは、学校物件を担当するようになったきっかけに営業職の人員不足をあげた。しかし、それ以外の事例では、営業職の労働力の不足を指摘する人はいなかった。したがって、営業職の労働力の不足は事務職の職務転換に影響をおよぼすが、必ず必要な要因であるとはいいがたい。

f　IT化の進展

剣持さんはホームページ作成や営業物件の進捗状況のデータベース化など、ITを活かした職務を行なっている。しかし、その他の三事例ではIT化の影響を指摘できない。

事務職から他職務への転換事例では、新たに五つの「職務転換の促進要因」が見出された。以下にその要因を付け加える。

g　事務職の労働力の余剰

職域拡大の事例では営業職の人員不足を指摘したが、五人の職務転換事例で発見されたのは事務職の余剰である。業務の子会社への移管や部署統合によって担当職務を失ったことをきっかけにして、三人が職務転換を行なっている。

一方で、A社にはよりきめ細かな営業活動が求められているという背景がある。小規模企業にまでターゲットを広げ、個別のニーズに応えていかなければ他社との差別化ができない。木下さんと栗原さんの上司はテストマーケティング活動について、「営業職の見落としている物件や、手の回らない領域をやってもらっている」と話している。つまり、営業職は新規物件獲得に多くの時間を充てるように求められており、営業職が力を注ぐことのできない領域が存在する。その領域に余剰となった事務職を投入し、人材活用を図っているのである。ベテラン事務職は業務や製品に関する知識をすでに持っている。さらに顧客との良好な人間関係を構築している場合もあり、転勤による損失の心配もない。事務職が新たな職務において期待どおりの成果をあげることができれば、A社にとっても有効な判断であるといえよう。

h　柔軟な分業体制

つぎに、A社営業職場の柔軟な分業体制が事務職の職務転換を促すことを指摘したい。すでに述べたように、この職場の分業のあり方は職種を厳格に定義してその職務を制限するものではない。営業職と事務職のそれぞれが異なる職務領域を持ちながら、相手の領域に相互に踏み込み、互いの一部分以上を担って仕事を進める「柔軟な分業体制」である。職務分担の境界が曖昧であるがゆえに前章で採り上げたような職域拡大が進むのであり、さらに上司による職務分担の再設計が可能であるからこそ、本章の五人のような職務転換事例が実現するのである。

たとえば大村さんは、パソコン販売に使用する情報システムの活用技能を高め、ペア以外の営業職からも事務処理や手配を頼まれるようになった。その後パソコン販売は子会社へ移管されたが学校物件がA社に残ったので、上司が大村さんを学校物件の営業担当者に位置づけた。つまり、特定商品とその情報システムに関する優れた技能を持っていたために、営業職と事務職というペアを超えて仕事を受け持ち、さらにその商品と情報システムを活用する物件すべてを取り込んでペアを解消し、営業職に転換したのである。上司は大村さんの技能が活かせるように職場内の職務の割り当てを変更し、大村さんの営業職への転換を決定づけたといえよう。

つまり、曖昧さを残す柔軟な分業体制が、営業職と事務職の各々の領域への相互乗り入れを促進し、事務職の職域拡大を促す。さらに、職場の管理者によって誰が何を担当するかを柔軟に組み替えられるからこそ、事務職の職務転換が可能になるのである。

i　競合環境の緩やかな市場や顧客

五人のうち三人の顧客は、学校や公共部門、あるいは地元の販売店であり、厳しい競争にさらされることが比較的少ないとみなされよう。このような顧客を対象とすることで、職務の難易度を下げる工夫をしていると考えられる。したがって、営業職場の事務職の職務転換には、どのような特性の市場や顧客を職務の対象とするのかが重要な要件になる。

j　限定的な物件や商品

一般企業を顧客とする金森さんは、販売予算の確定した物件からスタートしている。木下さん栗原さんのテストマーケティングも、顧客と商品を限定してから始めており、限定的な物件や商品を扱うことが職務転換をスムーズにすると考えられよう。

k　追加的な教育

最後に、転換後の定着を促す施策として、追加的な教育の有効性を指摘したい。木下さんと栗原さんは、テストマーケティング開始にあたってターゲットについて調べたり、支社スタッフから製品やソフトに関する教育を受けている。また総合職女性との同行訪問によるトレーニングも行なわれている。大村さんが支社の会議に出席したことも、新たな職務遂行のための教育となっている。剣持さんは支店長からの資料作成の要望に応えるために、子会社の技術者にデータベースソフトの活用方法を教わって技能を習得した。つまり、新たな職務に必要な知識・技能が事務職の日常の職務によって習得できない場合には、追加的な教育の機会を与えることが重要な役割を果たすといえよう。また、これらの教育はOff-JT（off-the-job training）で行なわれるのではない。職務転換者はいずれも、会議に出席したり専門職や先輩から教わるなどのOJT（on-the-job training）によって必要な知識と情報を得ている。

以上のように、事務職の労働力の余剰と柔軟な分業体制が契機となり、顧客や物件を限定することが転換を容易にし、追加的な教育が転換後の職務遂行に有効であることが五人の職務転換事例によって新たに見出された。事務職の職務転換の促進要因を整理すると以下のようになる。(4)

職務転換の促進要因

ア　事務職本人の要因

a　事務職の能力伸張

b　事務職の意欲

イ　企業・上司・職場の要因

c　企業の事務職活用の方針

d　上司の積極的な姿勢と支援

e　事務職の労働力の余剰

f　柔軟な分業体制

ウ　市場・顧客と商品の要因

g　競合環境の緩やかな市場や顧客

h　限定的な物件や商品

図4-1　職域拡大とキャリア拡大のパターン

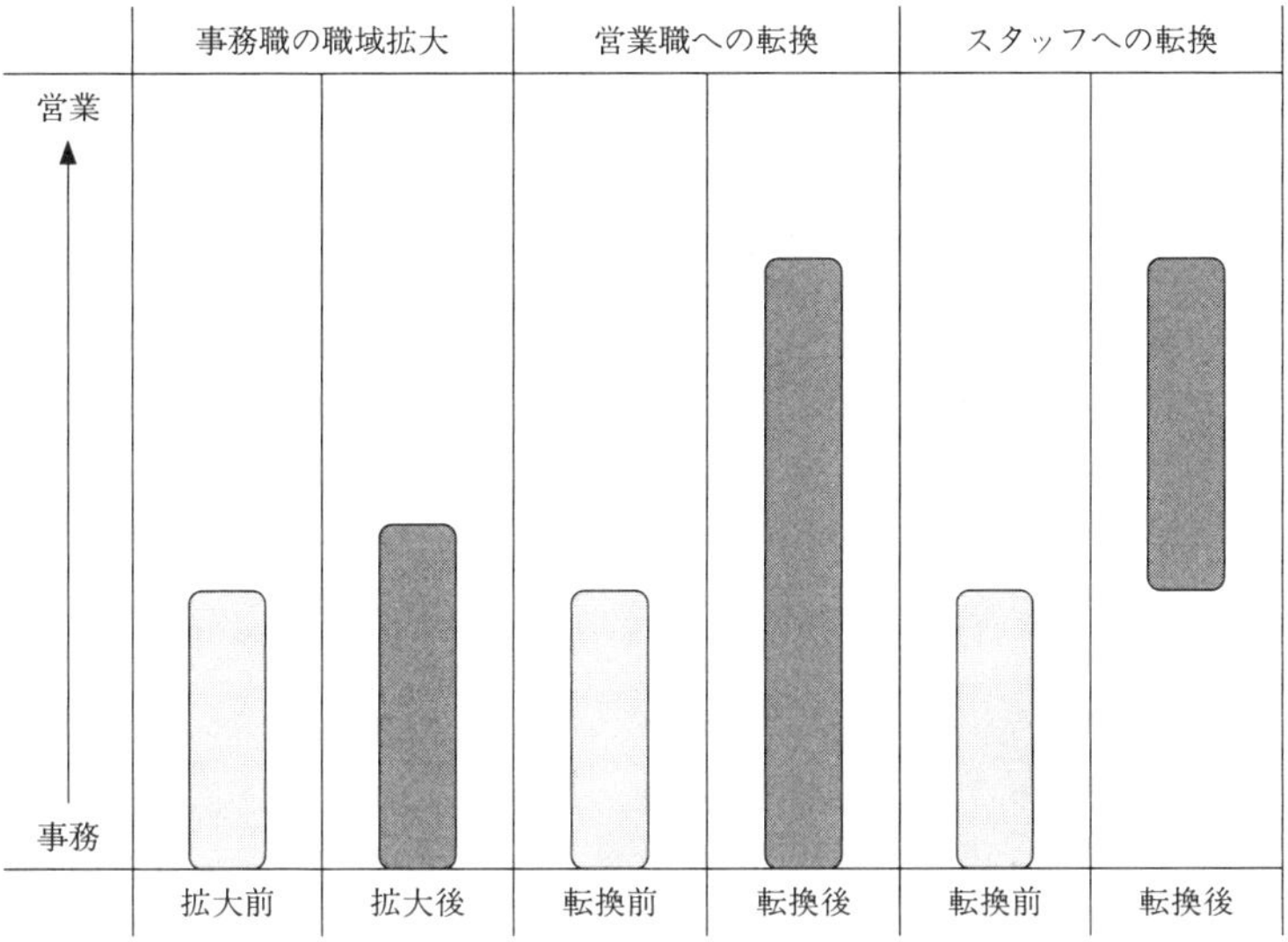

エ　転換後の定着を促す施策要因

i　追加的な教育

第2節　キャリア拡大のパターンと今後の予測

1　キャリア拡大のパターン

インタビュー調査によって、ベテラン事務職の一部では営業職の職務の取り込みや高度な職務への職域拡大と、他職務への職務転換が生じていることがあきらかになった。さらに職務転換の事例では、営業職への転換とマーケティングや販売促進の専門スタッフへの転換の、二方向へのキャリア拡大が見出された。職域拡大とキャリア拡大を、事務職から営業職までの技能向上の連続性と役割の拡大によって図に示すと、つぎのような三つのパターンに整理できよう。

図4-1では事務から営業までの技能の高度化と役割の拡大を縦軸に取り、職域拡大、営業職への転換、スタッフへの転換のそれぞれの変化を表わした。

まず職域拡大を図った女性事務職は、事務職としての職務を担いながら営業職の職務の一部を取り込み、技能と役割の拡大を図っている。たとえば「かもめ便」の植村さんが、それまでの職務を担当しながら新たな職務によって技能を高度化させ、役割を拡大している事例がこのパターンをよく表わしていよう。

営業職への転換では、受注後の手配・手続きなどの事務職の主たる職務を引き続き担当しながら、顧客への訪問や提案などの営業職の役割を果たしている。ただし、大村さん、金森さんともに商品や顧客を限定して比較的易しい営業活動を担っており、営業職としてもっとも高いレベルの技能と役割には到達していない。

一方、マーケティングや販売促進のスタッフに転換した事例では、受注後の手配・手続きを担当せず、スタッフとしての職務に専念している。ただし、マーケティングや販売促進は顧客への販売活動そのものは行なっておらず、営業職としてもっとも高いレベルの技能と役割には達していない。

このように、A社営業職場の女性事務職のキャリア拡大には、その技能向上の連続性と役割の拡大によって三つのパターンが見出される。ただし、あらかじめ用意された三パターンではなく、事務職のキャリア拡大の結果として、このような類型が生じているのである。

2　キャリアルートの予測

A社では、女性事務職の職務転換の事例が少しずつではあるが現れてきている。それでは、職域を拡大し職務転換を進めているA社のベテラン事務職は、今後どのようなキャリアルートを切り開いていくのであろうか。また、新たなキャリアルートを進むうえでどのような障害が予想され、その克服には何が必要であろうか。先行研究と比較しながら、A社営業職場の女性事務職の今後のキャリアルートを予測したい。

(1)　営業職への転換

A社国内営業部門の営業職場で働く女性事務職の今後のキャリアルートの一つには、大村さんや金森さんのような事務職から営業職への転換が考えられる。A社の国内営業部門人事担当者によれば、全国ですでに数名の営業職への転換者がいるとのことである。また木下さんの上司は、営業職への転換を視野に入れて育成をしていきたいと話した。剣持さんもかつて上司から、「営業に出てみないか」と打診を受けている。

これらの事実から、A社営業職場の管理者は、事務職から営業職へのキャリアルートを模索しているように見受けられる。意欲と能力のある女性事務職に、まずは学校物件などの比較的易しい営業に限定して担当させる。地域の小規模な市場への売り込みや、訪問活動による取引関係のメンテナンスなど、職務は多様に想定できよう。人事担当者によれば、これまでに営業職へ転換した人たちも、学校物件や受注後のフォローなどから少しずつ営業活動の範囲を広げていったとのことである。

すでにあきらかになったように、平均的な事務職といえども、担当職務の数と知識・技能のレベルには個人差があった。また、ベテラン事務職では職域拡大や職務転換が生じている。したがって、高い技能と意欲を持つ事務職を育成して職域拡大をさらに進め、担当職務を営業職と事務職の中間的な位置にまで伸ばしていくことができれば、営業職への転換が進展するのではないだろうか。

しかしながら、事務職女性が営業職として一人前に仕事をこなしていくための障害も見出された。その第一は、製品や技術および顧客の業務に関する知識の不足である。職域拡大や職務転換を果たした事務職は、現在の自分に不足しているのは知識であると異口同音に話した。たとえば、「ハードはある程度わかるが、ソフトやネットワークがわからない」「パッケージ化されたソフト商品であっても、そのソフトが使える環境かどうかがわからない」「顧客の業務や、抱えている問題の解決策を提示する技能がない」などの話を複数の事務職から聞いた。次々と新製品が発売され技術が進展する中で、営業職には最新の知識を習得しつづける姿勢が求められるのであろう。さらに、事務職女性が職場配属前に受ける製品・技術に関する教育は十分とはいえない。(5) キャッチアップのためには、追加的な教育の果たす役割が大きいと思われる。

営業職への進出を妨げる可能性のある第二の要因は、本人の意欲である。インタビューした女性事務職のうち、営業職への転換や本格的な営業活動への進出に意欲的だったのは、大村さんと金森さんの二人だけであった。木下さんの上司は営業職転換を考えているが、木下さん自身は販売予算のプレッシャーや顧客と社内の板ばさみなどを理由に、営業職にはなりたくないと言っている。同様に、栗原さん、剣持さんも営業職への進出には否定的であった。その理由は時間的・精神的な負担の大きさや、より高度で困難な仕事への不安感である。ベテラン女性事務職を営業職として活躍させるには、木下さんの上司が指摘するように、営業という仕事のおもしろさとやりがいを理解させる必要があろう。さらに、具体的な発言は得られなかったが、結婚や出産育児などのライフイベントとの兼ね合いが問題になる場合も予想され、対応策が求められよう。

しかし、営業職への転換を一度は断わった大村さんも、学校物件の営業をこなせるようになり、ある程度の実績を得てはじめて転換を決心している。実質的な職域の拡大を先行させ、体験を通して意欲を醸成することも有効であろう。

以上の考察から、A社の女性事務職が営業職としてのキャリアルートを確立するためには、少なくとも四つの条件が整う必要があると考えられる。第一に、いきなり本格的な営業に就かせるのではなく比較的易しい営業から取り組ませ、徐々に難易度を上げていくことが重要である。いわば事務職と営業職の中間的な職務から経験させていくことが、A社の営業職へのキャリアルートに不可欠である。

第二点めに、製品や顧客に関する教育を追加的に与えることが求められる。事務職としての職務遂行だけでは習得できない知識を補えるかどうかが、営業職へのキャリア拡大の隘路となる。

第三点めに、事務職に営業職へのキャリア拡大の意欲を持たせることが必要である。そのためには、営業のやりがいを伝えることも有効であろうし、女性営業職や事務職からの転換者をキャリアモデルとして示していくことも考えられよう。

第四点めに、営業職へのキャリアルートをより確かなものにするためには、家庭生活や出産・育児との両立を可能にする諸施策が求められよう。この点についてA社調査ではあきらかにならなかったが、営業職へのキャリア拡大が進むにつれて大きな障害として現れることが容易に予想されよう。

これまでの研究においても、事務職から営業職へのキャリア拡大の可能性が見出されている。脇坂［1998］は女性事務職の営業職としての活用の重要性を指摘し、冨田［1991］と脇坂［1993］［1996］は女性事務職が漸次的に仕事を取りこむことが、キャリア拡大において重要であると述べている。大村さんや金森さんの事例は、まさにその実例であるといえよう。

事務職から営業職へのキャリア拡大が今後も増えていくことが予測できる一方、取り扱う商品や顧客の特性がその可能性を左右することも考えられる。そこで本書では、さまざまな業種と企業に視野を広げ、営業職へのキャリア拡大の内実をあきらかにする。第II部では、一〇人の女性へのインタビュー調査をもとに、事務職から営業職へのキャリア拡大の条件と障害について詳しく述べたい。

(2)　専門スタッフとしての育成

木下さんと栗原さんのテストマーケティング活動と、剣持さんの販売促進は、いずれも営業活動を支援するスタッフとしての活動である。より効率的な営業活動を行なうために情報を収集し、目的に合わせて加工して、営業職や顧客に向けて発信している。マーケティングや販売促進の専門的なスタッフとしての技能を磨き、営業職の支援をより戦略的に担っていくキャリアルートが想定できる。

スタッフとして何を専門的に担当するかは、扱う市場や製品、また職場の規模や人員構成によって多様であると推察される。インタビューで発見できたのは、新規物件獲得のための市場調査や資料作成の分野と、販売店やユーザーへのサービスの二つの分野である。しかし今後の営業戦略によって、他の分野での活躍も想定できよう。たとえば、ハードウェアの低価格化が進む中で、ソフトサービスによって利益を生み出す必要がますます強まるといわれている。剣持さんは技術的な側面からの営業支援に力を入れたいと話しており、ベテラン女性事務職に技術的な教育を施して、ソフトサービスの分野に進ませることも選択肢のひとつであると思われる。

専門スタッフとしてのキャリアルートに関して、女性事務職の意欲は高い。各職場のベテラン事務職がスタッフとして付加価値の高い仕事を取り込み、成功事例を積み重ねていけば、それに習っていくベテラン事務職たちが増えるであろう。成功事例が増えていく中で、キャリアルートも徐々に確立していくものと思われる。

A社女性事務職のキャリアルートの二つの方向を予測した。女性事務職の営業職へのキャリア拡大については、業種と企業の範囲を広げて第II部において詳しく述べたい。

(1) アンケート調査時点では、大村さんは公式的な職種転換はしていない。大村さんは事務職として調査に答えたが、学校物件の営業活動はすでに行なっていた。

(2) 表4-2では、平均的な事務職とペアの営業職、ベテラン事務職とペアの営業職の、各単位作業の担当頻度を年間の推定日数に置き換えた(毎日やる=二六〇日／年、週に数回=一三〇日／年、月に数回=三六日／年、やることもある=六日／年、担当外である=〇日／年)。その上で各単位作業を七つの職務グループに分け、各グループに該当する単位作業の推定担当日数の合計を算出した。たとえば、平均的な事務職が「I　付帯的雑務」に分類される単位作業に対して一年間に投じている日数を合計すると、一、八一四日である。なお、大村さん以外の推定日数は各グループの平均値であり、「営業職に転換した事務職（大村さん）」は一人の推定日数である。

（3）表4-2と同じように、各単位作業を必要な知識・技能別に分けて推定日数を算出した。

（4）前章で見出された六項目の「職務分担の変化を促す要因」（一三〇〜一三一ページ）のうち、「営業職の労働力不足」と「IT化の進展」は五人の事例では必ずしも該当しなかったため、ここでの「職務転換の促進要因」は合計で九項目になった。

（5）参考として、A社国内営業部門の事務職と営業職の、入社時教育の概要を比較する。資料はA社国内営業部門の人事担当者、および「⑦情報システムの変遷調査」で調査を行なったA社の元社員の小西麻子さんへの聞き取りによる。ただし、わかった教育内容はあくまで概要であり、また調査時点の情報である。

人事担当者の話によれば、事務職は入社後の五日間にA社の事業内容と組織概要、就業規則などの本社人事部門による教育を受け、その後国内営業部門独自の教育プログラムを受講する。内容はビジネスマナー、情報システムの理解と操作の習得、顧客意識などであり、入社半年後には業務の進め方や電話応対に関するフォローアップ研修がある。また、製品知識に関しては、衛星放送を利用した遠隔地教育システムによる教育が提供されており、事務職が各職場で受講できる。

一方営業職は、入社後一カ月間は企業概要、製品基礎知識、ビジネススキルの取得といった内容の全社共通教育を受ける。その後配属部門の教育があり、国内営業部門では営業技術の習得、業務知識および製品知識教育、プログラミング研修などを実施している。さらに、各職場に配属された後も一年間は教育期間とみなされ、先輩または上司が育成担当となって育成プログラムを作成し、そのプログラムに沿ってOJTが行なわれる。

営業職が受ける入社時の教育および一年間のOJTに比べると、事務職の入社時教育は事務職の主たる職務を担当するために必要な、最低限の知識・技能の教育である。営業職としての職務遂行のためには、追加的な教育が必須であるといえよう。

第5章　ＩＴ化の女性事務職への影響

第5章では、Ａ社営業職場の職務分担の変化と女性事務職のキャリア拡大をもたらした要因のうち、ＩＴ化の進展に注目してその影響がどのようなものであったかを検討する。まず事務労働のＩＴ化の変遷を概観し、ＩＴ化の女性事務労働への影響に関する既存の議論を整理したうえで、Ａ社営業職場の事務職とＩＴの関係について前章までにわかったことを示す。これらを前提とし、Ａ社営業職場における業務処理情報システムの展開の経緯をあきらかにして、女性事務職の職務にどのような変化をもたらしたのかを探りたい。

第1節　ＩＴと女性事務労働

1　オフィスのＩＴ化の変遷

一九八〇年代以前のオフィスにおけるＩＴ化の歴史を海老沢［1980］は、揺籃期（一九五五～一九六四）、成長期（一九六五～一九七九）、成熟期（一九八〇～）に分けて論じている(1)。揺籃期のオフィスは低廉で豊富な労働力に依存しており、情報の収集・伝達はメーリングクラーク（郵便物担当者）が、情報の加工機能は計算機やパンチカードシステム（PCS：punched card system）が、情報の蓄積機能は帳票や紙カードが担っていた。

成長期には電子情報処理システム（EDPS：electronic data processing system）に関する技術が飛躍的に発展し、コンピュータが情報処理の中心に据えられた。この時期のうち一九七〇年代前半までは、発生したデータを一括処理するオフィス機能集中の時期である。さらに一九七〇年代後半に入ると、オンラインによるリアルタイム処理が普及し、一般のオフィスに入出力用の端末機が設置されるようになる。一括処理によって集中化されていたオフィスの諸機能が、情報の収集・伝達・検索機能を中心に分散化されたのである。

海老沢が成熟期になると予測した一九八〇年代には、ワークステーションやパソコンが出現し、個人がコンピュータを利用して業務を行なうようになる。鷹田憲久［1999］はこの時期の変化を、①個人使用による計算機の台数の飛躍的な増大、②大企業における定型業務の機械化の完了、③戦略的情報システム（SIS：strategic information system）のブーム、と捉えている。(2) また、鷹田は一九九〇年代の変化をオープン化、標準化、ネットワーク化の進展と特徴づける。LANやWANによって電子計算機網が組織の内外に出現し、電子計算機は文書処理や通信手段として利用されるようになった。

一九九〇年代後半にはインターネット技術が急速に進展した。インターネットの出現によって企業と顧客の関係が変化することが予測され、顧客が製品やサービスの設計に参加するなど、顧客と企業の対話による情報交換が重要になると指摘されてきた（矢島敬士 1999）。

2　IT化の進展が女性事務労働におよぼす影響

IT化の進展は、事務労働にどのような変化にもたらしたのであろうか。一九六〇年代から一九七〇年代にかけての大型汎用コンピュータの時代には、コンピュータ導入の影響は情報システム技術者や情報処理労働者に限定されていた。しかし、一九八〇年代に入ってパソコンやワープロなどのOA機器が急速に普及すると、働く人々はOA化によって、判断業務を行なう経営者や管理者と、定型業務を行なう一般事務職に二極化するとの予測がなされる。女性労働者への影響について柴山恵美子［1988］は、「定型・反復作業は女子に、技術や判断を要する高度の作業は男子にという新しい仕事差別が、OA化を契機に再編成されている(3)」としている。

このような「二極分化説」に対し、単純労働のOA機器による代替が進むと同時に、職務の統合と再編成によって職域が拡大するという「職務拡大化説」が提示された。たとえば中村圭介［1986］は、電機労連による「OA・情報化の女性労働者への影響調査（1984）」の結果を用いて、女性事務職には電算機操作やプログラム作成などの知識が必要になり、作業の難易度が高まると同時に、複数の機器を担当して作業範囲が広がったとしている。また、伊田広行［1991］は金融業の女性事務職の事例によって、職務範囲の拡大と単純作業の増加という、二つの変化が同時に起きているとしている。

一九九〇年代以降のパソコンの普及、全社的なシステム統合化、企業内外のネットワークの拡充により、事務労働への影響はより一層多様化、複雑化している。女性事務職への影響に着目すると、「情報ネットワーク化の進展と組織・仕事の変化に関する実態調査」（雇用情報センター1990）では調査企業の事務部門の五五・三％が「情報化によって女子社員の戦力化が行われた(4)」と答え、「情報化の進展及び今後の社会動向への企業の対応に関する実態調査」（日本労働研究機構1996）では、事務部門の三五・五％が情報化によって女子社員が戦力化されたとしている(5)。

「女性社員の戦力化」が何を指すのかを推測するために、仕事内容の変化について検討してみる。日本労働研究機構［1996］は、情報化に伴ってコンピュータ、ワープロなど端末操作に従事する女性が増えた（六八・六％）だけでなく、専門的・技術的業務に従事する女性（一八・五％）や、総合職・営業職など主要戦力として期待される女性社員（一四・二％）が増えたと指摘している。一方、単純業務に配置されている女性については、三八・二％が減ったとしている。[6] さらに『情報化技術革新による事務・技術職の働き方の変質と労使の対応』（中部産業・労働政策研究会 1997）によれば、女性労働者の二割以上が非対人的な仕事、専門性や自己完結性の高い仕事が増えたと指摘し、定型的な仕事が減ったとしている。[7] これらの調査結果から、ＩＴ化の進展に伴って端末機器操作に従事する女性事務職が増加しただけでなく、非対人的な仕事や専門性を求められる仕事、および自己完結性が求められるようになり、戦力として期待される女性が増えたことがわかる。

二〇〇〇年以降の調査からは、一九九〇年代の変化が継続または進展していることが読み取れる。「ＩＴ活用企業についての実態調査」（日本労働研究機構 2001）は非管理職の仕事内容のうち、専門性の高い仕事、創意工夫の余地の大きな仕事、非対人的な仕事のウェイトが高まっていることを見出している[8]（ただし、「非管理職」を対象としており女性に限定したものではない）。一方、「ＩＴ化がホワイトカラー労働者の仕事と職場に与える影響調査」（日本労働研究機構 2003）では、パソコン普及率の高い職場の非正規従業員ほど「基幹的な業務を補助する業務」や「定常的だが定型的な業務」などの周辺的な仕事を行なっていることをあきらかにしており、[9] ＩＴ化の進展が正規従業員と非正規従業員との仕事の「二極分化」へ向かっている可能性も見出される。

以上の調査結果から、一九九〇年代以降のＩＴ化の急速な進展が、女性事務職の仕事の高度化や戦力化を促進していることが予想される。事務業務のＩＴ化の進展が、女性事務職の職務をどのように高度化・戦力化しているかの具体的な解明が求められよう。岡本［1997］は「現場の労働者が仕事の経験を数値制御の工作機械のプログラムに生かして、新しい高度な技能を持った労働者になるというケースに類似したことは、女子事務職については知られていないようである」[10] と述べている。職場レベルでの観察と実証が求められよう。

第２節　Ａ社女性事務職の現在の職務とＩＴ

それでは、Ａ社営業職場のＩＴと女性事務職の職務にはどのような関係が見出せるのであろうか。まず調査時点における事務職の職務とＩＴの関係について、前章までにあきらかになったことを整理する。その上で、Ａ社営業職場のＩＴ化進展の経緯をインタビュー調査から提示し、さらに約四〇年前の事務職の職務内容と現在とを比較して、現在に至るまでのＩＴ化と職務の変化との関係を推察したい。

Ａ社営業職場の女性事務職の職務とＩＴの関係について、以下の三つの視点から考察した。

ａ　情報システムを使用しているか
ｂ　事務労働を一連の情報処理と考えた場合の職務の難易度はどうか
ｃ　職務に要求される知識・技能（ＯＡ機器・パソコンの技能）は何か

また、考察を進めるうちに発見された「職務分担に変化をもたらす要因」においても「ＩＴ化の進展」を指摘した。前章までに見出されたことを整理し、Ａ社女性事務職の職務とＩＴの関係を検討する。

⑴　平均的な事務職とＩＴ

情報システムを使用する職務を八割の平均的な事務職が担当しているが、ペアを組む営業職が担当する割合は二割にすぎない。多くの平均的な事務職が担当している職務を情報処理の難易度で捉えると、情報の翻訳・整理・伝達・

記録・保管に加えて、検索・修正のレベルであると考えることができる。また平均的な事務職にとって、職場の情報システムを使いこなす技能はきわめて重要である（第2章第1節、第2節）。

(2) 事務職の勤続年数の伸長とＩＴ

事務職の勤続年数の伸長は、事務職と営業職との、情報システムを使用する職務の分担状況に変化をもたらさない。また、事務職はベテランになると情報の翻訳・整理・伝達・記録・保管の職務に投じる日数を減らし、情報の検索・修正の職務により多くの日数を充てるようになる。営業職はこの逆であり、「ペア内部での職務の交換」が生じている。一方、情報の収集・加工・発信の職務では、事務職と営業職の両者ともに推定日数が増加し、「ペアとしての職務の高度化」が図られている。

ＯＡ機器・パソコンの技能においても、事務職はベテランになると職場の情報システムによる定型的な処理に投じる日数を減らし、ペアを組む営業職が日数を増やす。さらに、見積りシステムや各種ソフトの活用技能などのもっとも高度な技能においては、事務職と営業職の両者がともに日数を増やしている（第3章第1節2）。

(3) ベテラン事務職の職域拡大とＩＴ

ベテラン事務職の職域拡大は、職場の情報システムを使用しない職務で生じている。ただし、インターネットや電子メール、各種ソフトなどのＩＴを活用して、情報の収集・加工・発信を積極的に行なう職務への拡大である（第3章第2節2）。

(4) 他職務への転換とＩＴ

ベテラン事務職の一部には、営業や市場調査など、職場の情報システムを使用しない職務への職務転換が生じている。転換後の職務では情報の収集・加工・発信がきわめて重要である。しかしその多くはＩＴによるものではなく、顧客訪問などの直接的なコミュニケーションによって情報の収集と発信を行なっている（第4章第1節2）。

このように見てくると、女性事務職と職場の情報システムがきわめて深く結びついていることがわかる。事務職は職場の情報システムを使用する職務の多くを担い、ベテランになってもその状況は変化しない。しかし、ベテラン事務職の一部は、職場の情報システムを使用しない分野へと職域を拡大し、さらに職務転換を果たした事務職は、情報システムを使用する職務を手放していく傾向がある。

一方、インターネットや電子メール、各種ソフトの活用によって、ベテラン事務職はＩＴ活用の技能を伸ばし、積極的な情報収集・加工・発信へと職務を高度化している。しかし職務転換によるキャリア拡大を図った女性たちは、ＩＴによるのではなく、直接的なコミュニケーションによって情報を収集している。

職域拡大・職務転換とＩＴの関係については、数少ない事例による推察である。しかしながら、この職場の事務職が職場の情報システムに深く結びついて職務を遂行していること、さらにインターネットや各種の業務ソフトによって職務を高度化していることは指摘できるであろう。したがって、女性事務職の職務は職場の情報システムの進展とともに変化してきたのではないかという仮説が成り立つ。さらには、情報システムが今後どのように進化するかが、女性事務職の将来に大きな影響をおよぼすことも予測されよう。

第3節　事務労働のＩＴ化による長期的な影響

1　A社営業職場における情報システムの変遷

情報システムの進展が職務と職務分担に与えた影響をあきらかにするために、二つの調査を実施した。まず、A社営業職場で使用されている情報システムの変遷について、A社を退職した情報システム企画担当者に質問を行ない、回答を得た。「⑦情報システムの変遷調査」である。調査対象者の小西麻子さんは在職中に、A社国内営業部門で情報システムの企画を担当していた。二〇〇〇年一月に電子メールで質問を送付して回答を得た。

さらに、ＩＴ導入以前の事務職の職務内容を推測することを目的に、一九五六年にA社の営業部門で事務職として働いていた退職者に当時の状況をインタビューした。「⑤退職者職務内容調査」である。

まず、小西さんへの質問と回答によってあきらかになった、A社営業職場の情報システムの変遷について概観する。A社の営業活動を支援する情報システムは、一九七〇年代終盤に、受注・売上伝票のオンライン化からスタートした。ただしこの時期には、出荷以降の業務処理は手作業で行なっていた。一九八〇年代の初めに受注から納品・検収・請求までがオンライン化された。さらに回収・入金業務を管理するシステムが追加されて、受注から入金までのすべての業務が全社統一のオンラインシステムで処理されるようになった。このシステムによって、事務作業の省力化・効率化が図られ、つづいて一九八〇年代半ばには、オンライン上での製品在庫の管理が可能となる自動在庫販売システムが導入された。

自動在庫販売システムが導入される以前から、営業部門の責任範囲は受注から入金までであったが、実質的には顧客との折衝のプロセスが営業職の職務の中心であった。すなわち、受注獲得までは営業職が担当するが、受注確定後の手配や交渉は製品製造部門が受け持ち、納品後の検収・請求・回収業務は営業職が担当していた。しかし、この自動在庫販売システムの導入によって、在庫の確保や納品の手配についても営業部門がコントロールするようになった。

この自動在庫販売システムの導入には、A社のおかれた経営環境の変化が反映している。それまでの官公庁中心の営業活動から一般企業へと新たに市場が拡大し、取り扱う製品も大型コンピュータだけでなく、オフコンやパソコン、ファックスなどの低単価品が急増した。これらの市場と製品の変化は、販売形態にも変容をもたらした。それまでの受注生産から在庫販売へ、また顧客への直接販売から販売店による間接販売へと変化していった。つまり、多品種の製品在庫を抱え、注文に応じて迅速に納品する必要が高まったと同時に、顧客名や販売条件などのデータをコード化し、繰り返し使用する方法が効率的になってきたのである。

一九九〇年代に入ると、受注から入金までのオンライン処理と在庫管理の機能が統合されて、「営業システムａ」が構築された。前述のように、情報システムと事務職の仕事は深く結びついており、「営業システムａ」を使用する職務は、事務職が担当する割合がきわめて高い。ではなぜこのように情報システムと事務職とは深く結びつくようになったのであろうか。

小西さんによれば、情報システムが導入される以前から、受注伝票の手書きでの起票は事務職の担当職務だった。営業職の書いたメモを転記していたのである。情報システム導入後は、受注内容のコンピュータへの入力が事務職の職務となった。その後はシステムの拡充に伴って、在庫の確保、納期の調整、値引き申請、物件の進捗状況の管理にまで、担当職務を拡大してきたとのことである。

つまり、情報システムの導入当初は、手書き伝票の起票がキーボードによる入力に変更されたにすぎなかった。しかし、情報システムの発達は「入力」という作業の意味を拡大した。在庫の確保や値引きの申請といった「II　手

表5-1　1956年のA社女性事務職の職務

担当業務	サービス業務
・郵便・社内メールの受発信	・掃除
・電話と来客の応対	・1日3回の社員への給茶
・文書の清書と手書きでの複写	・食事とおやつの注文・集金・購入
・伝票発行（受注伝票、出荷伝票、戻入伝票）	・社員の私用（買い物、クリーニングの依頼と引き取り、銀行・郵便局での振込みなど）
・精算業務	
・会計業務	
・文具の管理	
・ファイリング	
・和英文タイプや印刷の依頼と受け取り	
・配達や受領などの外出	
・会議の準備	

配・手続き」の職務や、顧客との納期調整・回答のような「III　交渉・調整・回答」の職務、さらにオーダーミスや未処理オーダーの検索と処理といった「III　ミスの発見とフォロー」の職務が、すべてこの情報システムによって行なわれるようになった。そこで事務職はそれらの職務を順次取り込み、担当職務と役割を拡大していったのである。それによって担当職務は高度化し、高度化した作業をこなすことで、事務職の技能も向上していった。

2　一九五〇年代の女性事務職の職務との比較

IT化がもたらした事務職の職務と職務分担の変化を検証するために、情報システム導入以前の事務職の仕事ぶりについてインタビューから推測してみる。調査は、「⑤退職者職務内容調査」であり、一九九九年六月に二・五時間のインタビューを行なった。

佐川敦子さんは高校卒業後一九五六年にA社に入社し、営業職場の事務職を皮切りに役員秘書や教育業務に就き、調査時点では退職している。A社の営業職場の事務処理がオンライン化されるよりもかなり以前の話ではあるが、調査のために退職者を見出すのは困難であったので、佐川さんの事例を使用したい。佐川さんの入社当時の職務に関する証言の概略を記述し、現在の事務職の職務との比較を行なう。

佐川さんが入社当時働いていたのは電話機や交換機を輸出する部署である。職場には男性社員が一〇名から一五名ほどいたが、女性はひとりだったという。当時使われていた事務機器は、和英文タイプライター、手動式計算機、そろばんである。タイプライターと複写機は専門の担当者を配置した部署があり、佐川さんは必要に応じて依頼しに行った。

佐川さんは当時の女性事務職の職務を、サービス業務と担当業務の二つに分けて説明した（表5-1）。それによれば、仕事量の六割程度がサービス業務であり、毎日の社員への給茶を「命がけのような意識」で行なっていたという。担当業務とはいっても、自分の名前では伝票を発行できず、言われたとおりの内容で伝票を起票し、男性担当者の印を押して発行していた。そのため、男性社員全員の印鑑を保管していたという。製造部門へ納期確認の電話をすることはあったが、交渉はすべて男性が行なっていたので佐川さんは伝言係にすぎなかった。

これらの話によれば、四〇年前のA社女性事務職の仕事は、書記業務と社員へのサービス業務である。序章で紹介した労働省の一九六一年調査では「文書の起案」や「資料作成・蒐集」を担当する女性事務職が一割ほど存在したが、佐川さんに関する限りそのような職務は担当していない。受注や出荷に伴う伝票の処理を行なっているが、その作業内容は「清書」であり、現在の職務グループにあてはめれば、「I　付帯的雑務」に近いといえよう。佐川さんの時代の営業職がどのような職務を担っていたかについてはあきらかにできない。しかし、女性事務職の職務に限って比較しても、この時代の女性事務職の職務と現在の職務には大きな差異がある。その差異を埋める役割を果たしてきたもののひとつが、前項で述べた情報システムの進展である。

3　IT化の進展による女性事務職の仕事の変化

一九五〇年代の事務職の職務と情報システムの進展を考え合わせると、つぎのことが推察される。職場の事務機器がタイプライターと手動式計算機に限られていた一九五〇年代には、女性事務職の職務は主に書記業務と社員へのサービス業務であり、現在では「I　付帯的雑務」にあたる職務であった。しかし、一九七〇年代終盤に伝票処理がオンライン化され、女性事務職の職務は手書き伝票の清書からデータの端末入力へと変化した。その後のIT化の進展によって、受注から入金までの業務が全社統一のシステムで処理されるようになった。さらに一九八〇年代半ばには、製品在庫をオンライン上で管理する自動在庫販売システムが導入され、また一九九〇年代には受注から入金までの情報処理と在庫管理機能が一つのシステムに統合されて、一貫した情報システムが整備された。それに伴って、女性事務職の職務も端末入力による情報処理から、在庫の確保、値引きの申請、物件の進捗状況の管理へと拡大していった。またこの情報システムを使いこなすことで、女性事務職の技能も向上した。

A社営業職場の情報システムの進展が女性事務職の職務に与えた影響を、「職務分担を規定する要素」によって説明すると以下のようになる。伝票処理のオンライン化からスタートした情報システムの進展は、一九八〇年代に在庫管理機能が加わることで、在庫の確保、納期の調整、値引き申請、物件の進捗状況の管理にまでその機能を拡大した。機能拡大にともなって、それまで製品製造部門が担当していた納品手配や納期交渉の職務を事務職が取り込み、一九九〇年代には、営業職の担当していた検収・請求・回収業務も引き受けることになった。このことは「①仕事の流れ（工程）における担当部分」に変更をもたらし、「②販売活動に対する役割」を拡大させることになった。また「④情報処理の難易度」は情報の翻訳・整理・伝達・記録・保管のレベルから、検索・修正のレベルへと高度化したのである。さらに、在庫管理機能の付加された情報システムを活用し、納期交渉などの交渉や調整の職務を受け持つことで、「⑤要求される知識・技能」も変化し、事務職により高度な技能が要求されるようになった。

情報システムの進展と事務職の職務の変化については、システムの機能が決定的に変化した時期を捉えて転換点における変化を分析することができれば、さらに詳細が実証されよう。今後の課題としたい。

見出されたことを先行研究と比較する。この職場では、IT化の進展によって女性事務職の仕事と役割が拡大し、その職務遂行によって女性事務職の技能もまた高度化した。IT活用技能を習得しただけではなく、交渉や調整を行なう対人折衝技能も要求され、職場における役割も拡大したのである。さらに最近では、インターネットや電子メールで情報を集め、集めた情報を加工してその価値を高め、積極的に発信している。A社営業職場では、技術革新による「職務拡大化」が図られたといえよう。

一九九〇年代以降のいくつかのアンケート調査では、IT化の進展が女性事務職の仕事の高度化と戦力化を促していることが見出された。A社調査においても、女性事務職のオフィス内での職務の高度化と職域拡大にはITが重要な役割を果たしている。ベテラン事務職はITを活用して営業職とともに職務の情報処理のレベルを上げ、積極的な情報の収集・加工・発信を行なっている。一方、職域拡大から一歩進んで、営業や市場調査・販売促進にキャリア拡大を図った女性たちは、より直接的なコミュニケーションを必要とする職務へと向かっている。つまり、ITの進展は情報通信機器を使用する職務の範囲内においては、その職務の高度化と戦力化をもたらすが、女性事務職のキャリア拡大はITを活用しない職務へと広がっている。ただし、女性事務職のキャリア拡大と戦力化は、IT化のみによって引き起こされるのではない。ITのさらなる進展がその他の諸要素と関わり合いながら、女性事務職の仕事と技能にどう影響をおよぼすかを観察し続ける必要があろう。

第I部では、情報通信機器メーカーA社営業職場の女性事務職の職務調査によって、女性事務職の職務と役割の多様さと、職場組織の中で営業職と複雑に職務を分け合う男女の柔軟な分業体制があきらかになった。また、女性事務職は勤続年数を重ねるにしたがってその能力を伸張し、一部には職域拡大やキャリア拡大が生じていることが見出された。女性事務職のキャリア拡大を促し職場内の職務分担に変化をもたらす要因が見出され、特にIT化の進展が、女性事務職の長期的な能力伸張と役割の拡大をもたらしたことがあきらかになった。

第II部では、女性事務職のキャリア拡大に焦点を絞り、営業職への職務転換について検討する。キャリア拡大の内実とその条件をあきらかにすると同時に、女性事務職のキャリア拡大が職場組織にどのような影響をおよぼしたか、さらに性別職務分離がどのように変容したかを掘り下げていきたい。

(1) 海老沢［1980］七八～八四ページ。
(2) 薦田［1999］一四一～一四二ページ。
(3) 柴山［1988］二三一ページ。
(4) 雇用情報センター［1990］五〇～五一ページ。
(5) 日本労働研究機構［1996］二九ページ。
(6) 日本労働研究機構［1996］三四～三五ページ。
(7) 中部産業・労働政策研究会［1997］五五～五七ページ。ただし、回答のうち「かなり増える」と「若干増」の合計を「増えた」とし、「かなり減る」と「若干減」の合計を「減った」とした。
(8) 日本労働研究機構［2001］一六ページ。ただし、回答のうち「ウェイトが高まっている」と「ウェイトがやや高まっている」の合計を「ウェイトが高まった」とみなした。
(9) 日本労働研究機構［2003］七二ページ。
(10) 岡本［1997］三二ページ。

第Ⅱ部　営業職へのキャリア拡大と職場組織の変容

第6章　事務職から営業職へのキャリア拡大とその条件

第II部では、女性事務職の営業職へのキャリア拡大を採り上げる。事務職から営業職へのキャリア拡大がどのように展開され、その背景には何があるのか。さらに女性事務職の営業職への進出は、職場組織をどのように変容させるのかを検証する。

第I部では情報通信機器メーカーA社の営業職場の女性事務職に焦点を当て、その職務を詳細に分析した。それによれば、同一の企業・職場であっても女性事務職の職務内容は多様であり、その難易度には幅が見出された。また担当職務と技能には個人差が大きいこともあきらかになった。女性事務職といえども、皆が単純で均一な職務を担っているわけではない。ではA社以外の職場ではどうであろうか。A社で認められた職務の多様性と難易度の幅は、女性事務職に広く認められるのであろうか。そこで第II部では業種や企業規模を制限せず、さまざまな女性事務職の仕事の内実をあきらかにしたい。

また、A社の女性事務職は経験を積んで能力を伸ばし、職域拡大とキャリア拡大を図っていた。他職務への転換事例を検討した結果、営業職あるいは専門スタッフ職へのキャリアルートが予測された。そこで第II部では、事務職から営業職へのキャリア拡大に絞って検討する。なぜなら、営業職は企業の業績に直接的な影響を与える職種であり、優秀な営業職の人材確保と育成は重要な課題である。したがって、事務職から営業職へのキャリア拡大の可能性を検討することは、企業の人的資源管理に大きな意義をもつといえよう。

第II部では、営業職への進出を果たした一〇人の女性事務職への調査を用いて議論を進める。表序-1「⑧一〇人の事務職調査」である。調査にあたって「営業職へ職務転換をした、あるいは営業の仕事を部分的に取り込んでいる事務職女性」という条件で対象者を探し、それ以外の制限は設けなかった。したがって、業種や取り扱い製品、本人の属性などはさまざまである。一〇人の事務職調査は一九九五年六月から一九九六年九月にかけて、一人につき約三時間のインタビューによって行なった。

第1節　調査対象者のプロフィールとキャリア

1　プロフィール

一〇人のプロフィールを表6-1に記した。調査時点における一〇人の年齢は二二歳から四二歳までであり、七人が未婚者、既婚者三人のうち二人は調査時点ですでに退職していた。

最終学歴は短大または高校であり四年制大学卒業者はいない。また、中途入社者はH社の寺崎さんとJ社の鳥越さんの二人であり、残る八人は新卒で入社している。

営業活動を開始した時期で比較すると、入社二年までが三人、四~五年が三人、七年以上が四人である。入社二年までの三人はいずれも新卒採用者であり、キャリアの初期に営業職に進出したといえよう。七年以上の四人は、ベテランになってからの転身と捉えられる。

営業活動を開始する直前の所属部署は、一〇人中八人が営業職場である。また、事務職時代と同一の職場で営業活

表6－1 営業職へキャリアを拡大した10人のプロフィール

企業仮名	事業内容	従業員数（人）	仮名	年齢	最終学歴	入社	調査時点の勤続年数	直前の部署と職務	営業活動開始時点において				
									勤続年数	婚姻	異動	顧　客	商　品
B社	プラント・機械メーカー	16,000	柴田	23	短大	新卒	4年め	営業部・庶務	2年め	未婚	有	地方自治体	リサイクル機械
B社	同上	16,000	菅原	22	高校	新卒	4年め	営業部・キーパンチャー	2年め	未婚	有	自動車メーカー	ターボチャージャ
C社	物流・倉庫	440	関	28	短大	新卒	8年め	倉庫・事務	2年め	未婚	有	企業・画廊	トランクルーム
D社	ガス供給	13,000	曽我	34	短大	新卒	14年め（調査後退職）	ショウルーム・企画運営案内	9年め	未婚	有	住宅ディベロッパー	冷暖房システム
E社	総合商社	3,300	高山	30	専門学校	新卒	10年め	営業部・事務	7年め	未婚	無	製鉄企業（エジプト）	部品・消耗品
F社	電器メーカー	48,000	千葉	30	専門学校	新卒	10年め	営業部・事務	9年め	未婚	無	通信企業	通信システム
G社	通信・情報機器メーカー	54,000	津田	27	短大	新卒	6年めに退職	営業部・事務	4年め	既婚	無	鉄道企業	情報システム
H社	専門商社	400	寺崎	33	短大	中途	6年め	営業部・事務	5年め	未婚	無	アパレルメーカー	婦人服地
J社	教育サービス	150	鳥越	42	短大	中途	7年め	営業部・事務	4年め	既婚	無	企業（全般）	教育サービス
K社	装身具製造・卸売	140	中西	35	高校	新卒	16年めに退職	営業部・事務	13年め	既婚	無	専門店・百貨店	紳士用装身具

動を開始した人が六人、職場を異動して営業を始めたのは四人である。

2　キャリアと職務の概要

(1)　プラント・機械メーカーB社　柴田和歌子さん

柴田和歌子さんは短大を卒業してB社に入社し、環境営業部に配属された。営業推進グループで庶務業務を担当していたが、同期入社の一般職女性が先輩と一緒に顧客を訪問しているのを見てうらやましく思った。そこで、自ら営業職を希望して入社二年めにリサイクルプラントグループへ異動し、部署の事務業務と営業活動を行なうようになった。

調査時点で柴田さんは、事務業務と並行して破砕機やガラス瓶色分け装置などのリサイクル機械の営業活動を担当している。地方自治体のリサイクル施設設置計画に関する情報を新聞などで摑み、商品カタログを携えて飛び込み営業を行なう。しかし、販売予算の管理や価格折衝などは担当しておらず、リサイクル機械設置の設計段階までこぎつければ入札内容や見積りは上司が作成する。柴田さんの主な役割は、顧客情報の収集から入札に至るまでの、営業活動のアプローチ段階にあるといえよう。

(2)　プラント・機械メーカーB社　菅原直美さん

菅原直美さんは高校の情報処理科を卒業後B社に入社し、汎用機械事業部の管理部に配属された。キーパンチャーとして受注・販売実績の端末入力やアウトプットデータの配布などを担当した後、入社二年めに同事業部内の車両過給機[1]営業部に異動した。ちょうどその頃、車両過給機営業部に欠員が生じ、またその後菅原さんの所属していたキーパンチグループは解散したことから、欠員補充として異動したものと菅原さんは考えている。

菅原さんは、部署内の事務業務と自動車メーカーへのターボチャージャの営業活動を担当している。異動直後に工場見学を行ない、営業技術の研修を受け、上司に同行していくつかの顧客との商談に同席した。菅原さんはB社の長年の得意先である自動車メーカーを担当しており、新製品の試作、サンプル設計の打ち合わせなどに技術者とともに出席する。また、生産中の製品に関する納期の回答は自分で判断して行なっている。しかし、価格や販売条件に関する決定は行なわない。菅原さんの営業活動は、生産・納品に関する手続きと顧客対応の推進、および顧客と自社の技術者を結びつけて良好な取引関係を維持することに重点が置かれている。

(3)　**物流・倉庫C社　関ひろみさん**

関ひろみさんは短大を卒業してC社に入社した。営業所一課に配属され、倉庫で在庫管理・貨物の受け入れ・引き渡しなどに関する事務処理を経験したが、関さんには、これらの仕事が物足りなく思えた。そこで関さんは「トランクコーディネーター」（低温・低湿の小型倉庫をC社では「トランクルーム」と呼び、その貸し出しを担当する営業職を「トランクコーディネーター」という）として活躍していた女性営業職第一号の先輩に、自分もやってみたいと打ち明けた。自己申告制度を利用し、先輩女性営業職に後押しをしてもらって、入社二年めに東京支店営業課へ異動した。

先輩女性営業職からOJTで営業の仕事を学び、関さんはトランクコーディネーターとして、トランクルームでの美術品と文書の保管・管理の営業活動を担当するようになった。三〇〇社ほどの顧客を担当し、飛び込み営業も行なっているが、保管というサービスを提供しているため頻繁な貨物の出入りはない。また価格や契約条件は決まっており、一般貨物に比べて低価格である。しかし保管している美術品の閲覧に立ち会ったり、顧客の顔を覚えたりと、きめ細かな対応が求められるという。

(4) ガス供給D社　曽我美智子さん

曽我美智子さんは短大を卒業してD社の支社総務部門で事務職として働き始めた。入社二年めに国際科学博覧会のD社パビリオンのコンパニオンになり、その後支社販売課、本社営業部と異動しながら各部署の事務を担当した。仕事に物足りなさを感じた曽我さんはインテリアコーディネーターの資格を取り、入社八年めに新たにオープンしたD社のショウルームへ異動した。ショウルームを訪れる顧客の応対、併設されたインテリアスクールの企画・運営を担当しながら、休日と夜間の通学によって二級建築士の資格を取得し、入社九年めにリビング営業部へ異動した。

調査時点で曽我さんは、リビング営業部でガス温水冷暖房システムの営業を担当している。中小規模のディベロッパーやゼネコンを一五社受け持ち、他の男性営業職と同様の営業活動を行なっている。なお、調査の一カ月後に結婚を機に退職した。

(5) 総合商社E社　高山知子さん

高山知子さんは英語の専門学校を卒業してE社に入社し、電子情報機器本部の受け渡し課で、船積業務（通関書類や送り状の作成）担当の男性社員のアシスタントを務めた。翌年、プラント船舶本部の受け渡し課へ異動し、E社と国内鉄鋼メーカー、エジプト政府が合弁で建設したエジプトのP製鉄所に関する船積業務を五年間担当した。入社六年めにP製鉄所への営業活動を担当する部署に異動して事務業務を経験した後、P製鉄所に対する消耗品と部品の営業活動を担当するようになった。

調査時点で高山さんは、部署の事務業務と並行してP製鉄所への部品・消耗品の営業活動を行なっている。営業職がP製鉄所の拡張事業に力を入れることになり、高山さんが営業職から仕事を引き継いだのである。営業活動をスタートするにあたり、高山さんは国内製鉄所とエジプトのP製鉄所を訪問して見学した。

P製鉄所から部品・消耗品の入札案内が来ると、高山さんは国内鉄鋼メーカーと相談して価格を決め、応札内容を決定する。落札されれば製品の出荷を指示し、船積み業務を依頼する。毎日のように入札案内が来ることもあり、入札価格や応札するかどうかの判断も、すべて高山さんがひとりで行なっている。ただし、新規物件獲得や積極的な売り込みを必要としない営業活動である。

(6)　電器メーカーF社　千葉美紀子さん

千葉美紀子さんは英語の専門学校卒業後、F社の関連企業である通信機器メーカーに入社した。営業部において電話機や電話局内設備の営業事務および簡単な販売促進などの仕事を担当したが、グループ企業の統合によってF社へ移籍した。移籍後は営業部において電話機・局内設備・電池などの営業事務と、販売促進および簡単な販売活動を担当し、入社九年めに上司に勧められて営業職への公式的な職種転換を果たした。

調査時点で千葉さんは、電池の営業事務と並行して、自動構内交換装置と音声応答装置の営業活動を行なっている。顧客への商品紹介、キャンペーンや販促用ツールの企画、エンドユーザーへの商品説明などの、既存商品の販売促進活動が中心である。F社では、新商品開発を伴う営業活動を「開発営業」と呼び、千葉さんの担当している営業活動を「販売促進」と呼んでいる。この職場に配属された営業職は通例、「販売促進」を経験した後に「開発営業」へとステップアップするのだという。千葉さんの扱う通信システム商品は高度な商品知識を必要とし、開発スピードも非常に速いので、千葉さんは総合職から専門書を借りて読むなど勉強に努めている。

(7)　通信・情報機器メーカーG社　津田祥子さん

津田祥子さんは短大を卒業してG社に入社した。公企業営業部において部署の庶務・総務を担当していたが、ワープロ需要の急増に伴ってワープロの営業活動と事務業務を任されるようになった。販売店からの受注対応と出荷手配、社内での価格交渉、販促活動やクレーム対応など、ワープロに関わる業務をほとんどひとりで担当した。当時のG社にはこのような業務を任される事務職は少なかったため、津田さんは仕事に愛着とやりがいを感じ、展示会へ出かけて勉強するなど、商品研究を熱心に行なったという。

入社四年めにはワープロの営業と並行して、鉄道会社への情報システムの営業活動を、男性営業職とペアを組んで行なうようになった。情報システムの増設やトラブル対応を担当し、ひとりで顧客を訪問して要望を書き取り、帰社後に先輩に相談したり自分で調べたりして対処した。しかし、津田さんは情報システムに関する知識が決定的に不足し、また同行訪問によるOJTも行なわれなかった。津田さんは翌年の結婚を機に出張のない内勤を希望して営業活動から離れ、自身の体調不良と夫の転勤を機に退職した。

(8) 専門商社H社　寺崎むつみさん

寺崎むつみさんは、短大卒業後の三年間を空港管理会社の営業職場の事務職としてすごした。その後オーストラリアで旅行現地係員を二年間経験し、帰国後派遣社員として証券会社で六カ月間働いた後、H社に中途入社した。メンズテキスタイル部で営業事務を担当し、その後レディステキスタイル東京チームへ異動した。営業事務と並行して、大口顧客の在庫の買い戻しを任され、この仕事ぶりが評価されて入社五年めに総合職に転換した。翌年には初の女性営業職として国内アパレルメーカーの顧客を受け持ち、婦人服地の輸入・販売を担当するようになった。

寺崎さんは事務業務を担当していた頃から、自分の判断でやり遂げられて実績のあがる営業の仕事がやりたいと思い、上司に何度も希望を伝えていた。また事務職時代から商品の勉強をしたり、顧客の製品を自分で購入して試してみるといった自己啓発を熱心に行なっていた。

調査時点で寺崎さんは、国内アパレルメーカー五社を受け持っている。欧州テキスタイルメーカーの最新情報の提供、輸入生地を使った商品企画の提案などの営業活動を、ひとりで行なっている。

⑼　教育サービスJ社　鳥越真美さん

鳥越真美さんは短大卒業後、広告代理店に事務職として入社した。四年後に結婚と転居のため退職したが、転居先の精密機械メーカーでアルバイトを始めた。その後、この精密機械メーカーから教育事業部門が独立してJ社が設立され、鳥越さんはJ社の営業部でアルバイトを続けた。J社設立三年めに鳥越さんは正社員となり、同時に営業職になって顧客を受け持つようになった。

鳥越さんは子供が欲しいと考えていたので、いつでも退職できるようにアルバイトの事務職として九年間働いた。アルバイトとはいえ、自社商品である教育プログラムや教材に強い関心をもち、営業職の仕事にも興味を持っていた。事務職時代から職場の会議に出席していたので、どの営業職がなぜ業績を伸ばしているのかが自分なりにわかるようになったという。出産について結論を出したのをきっかけに、上司に相談して正社員の営業職に転換した。転換直後は事務職時代から面識のある大手顧客を担当し、その後業績をあげて営業部主任に昇格している。

⑽　装身具製造・卸売K社　中西まゆみさん

中西まゆみさんは高校の商業科を卒業してK社に入社した。仕入れ部と営業部での事務担当と、チェーンストアでの販売・仕入れを経て紳士アクセサリー営業部へ異動になり、当時の課長の補佐として営業活動の支援を受け持つようになった。事務業務・販売促進・アフターサービスなどを約八年間担当し、入社一三年めに課長から顧客を引き継いで営業職としてひとり立ちした。

課長の補佐だった頃から継続して担当した顧客はK社の最大顧客であり、中西さんは顧客と良好な関係を築いて営業成績を伸ばした。顧客との共同開発で、カフスボタンなどのオリジナル装身具を企画・販売し、部門内でトップの成績をあげたこともある。中西さんはK社初の女性主任となり、他の営業職と同様に成績に応じた報奨金をもらっていた。しかし、子供が欲しかったことと、他の女性社員との人間関係が難しくなったことをきっかけとして、入社一六年めに退職した。

第2節　事務職としての職務の特徴とタイプ

第I部A社調査では、事務職の職務を営業活動の流れに沿って整理し、五つの視点から分析した。しかし一〇人の事務職調査では、さまざまな職場の女性事務職の職務を捉えて比較検討することをめざした。そこで表6-2では、インタビューであきらかになった一〇人の事務職の職務を課業レベルで分類し、すべてを列挙した上で各人が事務職時代に担当していた課業に〇を付した。(2)

一〇人の事務職としての職務を比較すると、表6-2に示したように五つのタイプに分類することができる。

タイプ①　主に庶務・総務・部署内の経理を行なう
タイプ②　主に部署独自の事務処理を行なう
タイプ③　営業支援までを行なう
タイプ④　販売活動も行なう
タイプ⑤　主に販売活動を行なう

表6－2　事務職としての職務内容と5つの事務のタイプ

職　務	課　業	タイプ①		タイプ②		タイプ③	タイプ④				タイプ⑤
		柴田	菅原	関	曽我	高山	千葉	津田	寺崎	鳥越	中西
部署内の庶務	事務所内の簡単な清掃	○		○		○	○	○	○	○	
	課員への給茶	○				○		○	○	○	
	来客の応対・取り次ぎ	○		○		○	○	○	○	○	
	電話の応対・取り次ぎ	○	○	○		○	○	○	○	○	○
	郵便物の発送・受領・仕分け	○		○		○	○	○	○	○	
	文書・帳票の仕分け・管理	○		○	○	○	○	○	○	○	
	消耗品・備品の管理					○	○	○	○	○	
	課員の昼食手配・確認	○									
文書作成	社内定型文書の作成	○	○			○	○	○	○	○	○
	社内非定型文書の作成	○	○			○	○	○	○	○	○
	ワープロによる清書	○	○			○	○	○	○	○	○
部署内の経理	課員の旅費・交通費その他の清算	○	○			○	○	○		○	
	社内積立金管理	○									
	顧客からの入金内容の端末入力		○			○	○		○		
	仕入先への支払い内容の端末入力		○			○	○				
	入金内容と契約内容のチェック						○	○	○		
	販売実績の端末入力・管理		○								
	経理システムのプログラム作成		○								
人事・総務	課員の勤怠管理	○									
	給与明細表の配布	○									
営業支援	顧客および仕入先とのファックスの送信・受信					○	○	○	○	○	○
	顧客および仕入先とのテレックスの送信・受信					○			○		
	顧客および仕入先との電話での連絡・取り次ぎ					○	○	○	○	○	○
	営業担当者との電話・ファックスでの連絡・取り次ぎ					○	○	○	○	○	○
	商品のアフターサービスの受付・処理						○	○	○	○	○
	クレーム対応						○	○	○	○	○
	同行訪問による顧客との顔合わせ						○	○	○	○	○
販売促進	顧客への納入促進						○		○		○
	商品活用に関する技術支援の補助						○	○		○	
	顧客との会議による情報交換と情報提供						○	○			○
	顧客先での販売活動支援										○
	顧客先での棚卸し支援										○
販売活動	顧客からの注文の受付						○	○	○	○	○
	仕入先への在庫の確認						○	○	○	○	○
	顧客の注文に対する数量・金額・納期の回答						○	○	○	○	○
	仕入先への納品指示						○	○	○	○	○
	代金回収担当者への連絡						○	○	○		
	販売実績情報の管理						○				
	債権回収（顧客在庫の買い戻し）								○		
	仕入先との価格交渉							○			
	商品開発部門への情報提供と改善交渉							○			○

表6-2　続き

職務	課業	タイプ①		タイプ②		タイプ③	タイプ④				タイプ⑤
		柴田	菅原	関	曽我	高山	千葉	津田	寺崎	鳥越	中西
部署内会議	部署内会議の出席	○			○			○		○	
	現状や問題点の報告				○			○		○	
	関係部署との情報交換				○						
部署の事務（物流）	入庫内容の端末入力			○							
	出庫内容の端末入力			○							
	実在庫と端末上の在庫のチェック			○							
	在庫受け渡し時の受付・押印			○							
	荷主・引渡し先との電話・ファックスによる連絡			○							
部署の事務（ショウルーム）	顧客の案内・商品説明				○						
	商品使用に関するコンサルテーション				○						
	ショウルーム内のディスプレイ				○						
	資料ライブラリーの管理				○						
	インテリアスクールの運営・事務局				○						
	ショウルームスタッフの教育・指導				○						
	商品勉強会の企画・実施				○						
その他	事務職としての目標設定									○	

タイプ①の二人はともに営業職場の事務職であったが、庶務担当の柴田さんとキーパンチャーの菅原さんは、営業支援・販売促進・販売活動などの営業活動に直接関係する課業をまったく経験していない。

タイプ②の関さんと曽我さんの事務職時代の職場は営業部ではないため、それぞれの部署独自の事務業務を担当している。

タイプ③から⑤までの六人はすべて営業職場の事務職からのキャリア拡大であるが、担当していた課業には個人による違いが見られる。高山さんがあくまでも営業職の支援であるのに対して、千葉さん・津田さん・寺崎さん・鳥越さんは、顧客からの注文を受けて在庫や納期を回答し、納品の指示を出す受発注業務や、販売促進業務も行なっている。また、中西さんは事務処理をほとんど担当せず、アフターサービスの受付と処理・販売促進・受発注業務がその職務の中心であった。したがってタイプ③から⑤までの六人のうち、高山さん以外の五人は、積極的な売り込みや商談こそないが、営業活動の一部をすでに経験していたといえよう。

では、五つのタイプに分類される事務職の職務と、その後の営業活動にはどのような関係があるのだろうか。タイプ①の柴田さんと菅原さんは、事務職時代には商品や営業活動にほとんど接していない。タイプ②の関さんも、倉庫で物流事務を行っていたため営業活動についての情報は少なかった。しかし関さんは物流のしくみに日々接していたので、倉庫という商品の特性や、貨物と情報の流れを理解していたと思われる。同じタイプ②の曽我さんは、ショウルームで営業マンと一緒に顧客への商品説明を行っていたので、営業マンの仕事ぶりや商談の進め方を間近で見ていた。また、ショウルームという部署の特性上、自社商品については深い知識を持っていたと考えられよう。

タイプ③からタイプ⑤までは、営業支援・販売促進・販売活動などの営業活動に深く関わる職務を行なっていた。しかしその程度には差異があり、タイプ③からタイプ⑤へと次第に販売活動に関わる仕事のウエイトが増していく。つまり五つの事務のタイプは、⑤が最も営業職の職務に近く、①が最も遠いということができる。

第3節　営業職へのキャリア拡大

1　営業職としての職務の特徴とタイプ

つぎに、一〇人が営業活動に進出してからの職務内容を表6-3にあきらかにした。(3) 一〇人の営業活動を比較すると、事務職としての職務内容と同様に、個人による違いが認められる。柴田さんと菅原さんは、販売実績の分析や価格折衝、販売計画と実績との差異分析などの、営業数値や製品価格に関わる職務は行なっていない。それらの判断は上司である営業職が行なっている。柴田さんと菅原さんは主に、顧客ニーズの収集や自社技術者と顧客の橋渡し、納期回答などを担当しており、営業活動の中でも比較的易しい職務に限って担当しているといってよい。

高山さんの営業活動は、エジプトのP製鉄所に対する部品や消耗品の販売である。P製鉄所から入札案内が来ると

表6-3　営業職としての職務内容と3つの営業のタイプ

職務	課業	タイプA		タイプB	タイプC						
		柴田	菅原	高山	千葉	津田	寺崎	中西	鳥越	関	曽我
販売準備	販売実績の分析				○	○	○	○	○	○	○
	テリトリー分析	○			○	○	○	○	○		
	商品研究	○	○	○	○	○	○	○	○	○	○
	他社情報の収集	○	○	○	○	○		○	○	○	○
	販売会議への出席	○	○	○	○	○	○	○	○	○	○
	販売計画と目標の策定		○	○	○	○	○	○	○	○	○
	新規顧客の開拓	○			○		○		○	○	○
	外国為替相場の予約			○							
販売活動	商品説明	○	○	○	○	○	○	○	○	○	○
	商談による売り込み	○	○		○	○	○	○	○	○	○
	価格折衝			○		○	○	○	○	○	○
	販売条件の決定			○		○	○	○	○	○	○
	納入手続き		○	○	○	○	○	○	○	○	○
	代金回収	○	○		○		○	○	○	○	
販売促進	商品情報の提供	○	○	○	○	○	○	○	○	○	○
	業界情報の提供	○	○		○		○	○	○	○	○
	自社商品の活用に関する情報提供	○		○	○	○	○	○	○	○	○
	接待・食事会		○	○	○	○	○	○	○	○	○
	顧客の営業活動への協力		○		○	○	○	○	○	○	○
実績管理	販売実績の管理		○	○	○	○	○	○	○	○	○
	計画と実績との差異分析				○	○	○	○	○	○	○
	報告と対応策の具申				○	○	○		○	○	○
クレーム対応	陳謝・報告	○	○	○	○	○	○	○	○	○	○
	関係先との折衝		○	○	○	○	○	○	○	○	○
	対応策の立案				○	○	○	○	○	○	○
	防止策の立案				○	○	○	○	○	○	○
顧客管理	既存客・見込み客の情報管理	○	○			○	○	○	○	○	○
	重点顧客の設定	○							○	○	○

国内鉄鋼メーカーと連絡を取りながら応札価格を決定し、落札されれば納品手配を行なう。高山さんは価格の決定までほとんど自分で行なうが、積極的な売り込みはせず、あくまで来た注文に応える営業活動である。また商品説明や情報提供もほとんどが英文レターによるものであり、顧客への訪問活動は顔合わせの出張を数回行なった程度である。したがって、高山さんは柴田さんや菅原さんよりも高度な判断を求められるが、積極的な売り込みはなく受動的な営業活動であるといえる。

残りの七人の営業活動は、多少の違いはあるものの、担当する顧客に対する営業活動のほとんどすべての機能を果たしている。

以上のような一〇人の営業活動の内容を比較すると、三つのタイプに分類できる。

タイプA　高度な判断は行なわない営業活動

タイプB　商談・売り込みがなく受動的な営業活動

タイプC　営業活動のほとんどすべての機能を果たす

2　事務のタイプと営業のタイプの関係

事務職時代の職務のタイプと、キャリア拡大後の営業のタイプとの関係を、表6-4に表わした。

表6-4によれば、事務職時代に営業的な要素の多い職務を行なっていた人の方が、その後の営業活動の中でより多くの営業としての機能を果たし、より高度な判断を行なう傾向がある。事務職時代の技能を十分に活用して、キャリア拡大を図っていることがわかる。

しかし、関さんや曽我さんのように営業活動とは直接関係しない事務を担当していても、営業としてすべての機能を果たしている例も見出せる。ではなぜ関さんと曽我さんは、営業職として多くの機能を果たすことができたのであろうか。まず二人は調査時点ですでに営業職として五年以上の経験を積んでいる。したがって、営業職としての経験を積むにしたがって技能を伸ばし、多くの機能を果たすことができるようになった可能性がある。

表6-4　事務のタイプと営業のタイプの関係

事務＼営業	タイプA	タイプB	タイプC
タイプ①	柴田　菅原		
タイプ②			関　曽我
タイプ③		高山	
タイプ④			千葉　津田　寺崎　鳥越
タイプ⑤			中西

また関さんが一般貨物に比べて比較的易しい商品であるトランクルームだけを担当していることや、ガス温水冷暖房システムを扱う曽我さんが、二級建築士の資格を取得したこともプラスに作用しているものと考えられる。つまり事務職時代に営業的な要素の少ない職務を行ないながら、営業職転換後はすべての機能を果たしている人たちには、そのギャップを埋める要素が作用しているのである。

3　キャリア拡大のパターン

一〇人の事務職時代の職務と営業職としての職務を、技能向上の連続性によって比較すると、どのような共通性と相違点が見出されるのであろうか。

図6-1では、五つの事務のタイプを営業活動との関連性の高さによって縦に置き、おなじく三つの営業のタイプを、より高度な営業の技能と判断を必要とするタイプを上位に位置づけて並べている。

パターン1の柴田さんと菅原さんは、事務職時代には営業とは関係しない事務処理を担当していた。営業となってからも部署の事務処理を兼務しながら、営業活動の比較的易しい部分だけを受け持っている。パターン2の高山さんもまた、営業職となってからも事務業務を引き続き行なっている。高山さんの事務のタイプは営業支援までを行なうタイプ③であり、営業のタイプは商談や売り込みのない受動的なタイプBである。パターン1と2の三人は、いずれも部署の事務処理を受け持ちながら営業活動の比較的易しい一部分へと技能を伸ばしており、「兼務型」と捉えられよう。

パターン4の関さんと曽我さんは、事務職時代には営業活動には直接携わっていないが、営業職としては、ほとんどすべての機能を果たすタイプCである。また、パターン5の寺崎さん・鳥越さん・中西さんは、事務職として最も営業に近いタイプ④およびタイプ⑤の事務を行なった後に、営業職としてほとんどすべての機能を果たしており、か

図6-1　事務職から営業職へのキャリア拡大のパターン

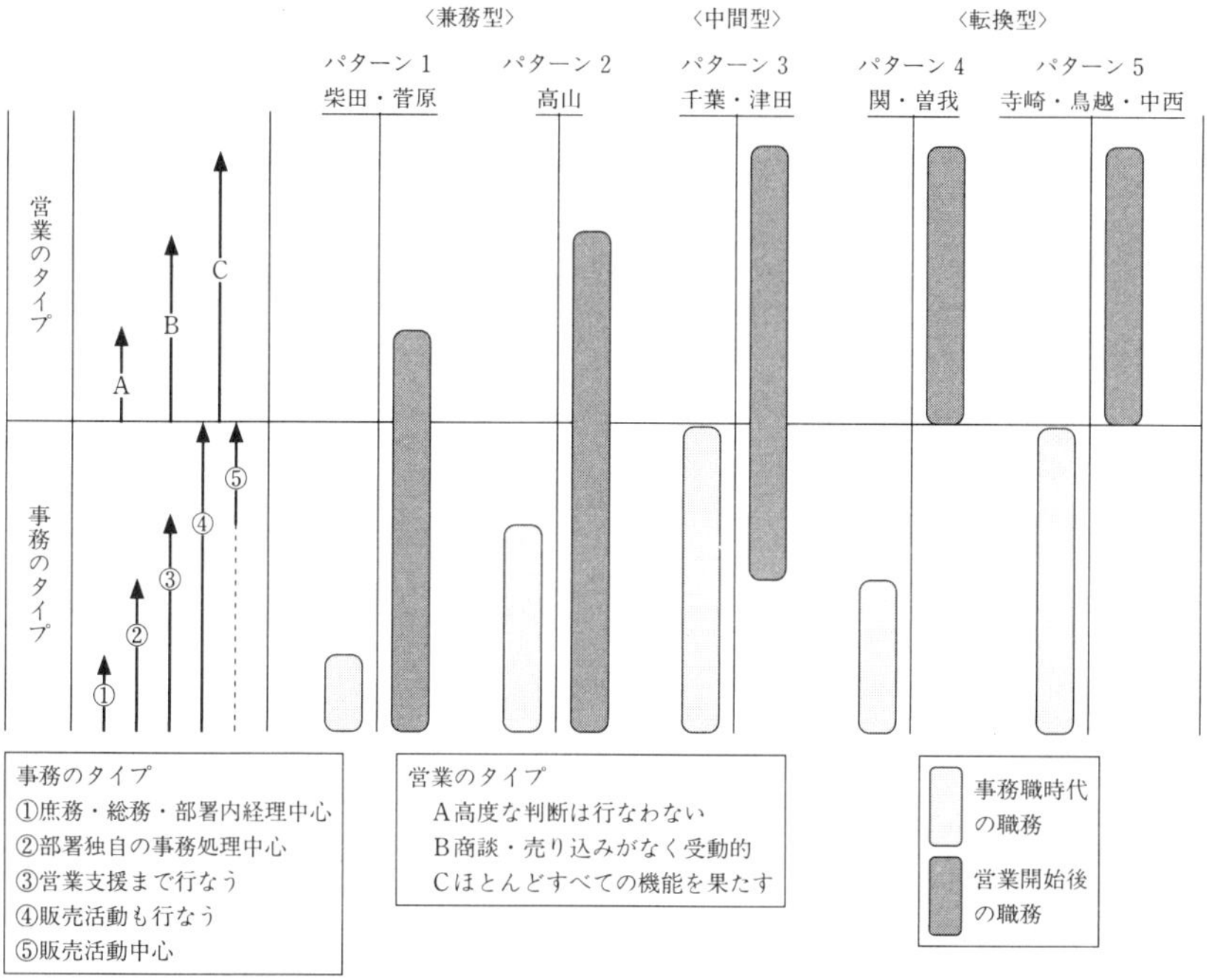

つ営業活動に専念している。パターン4と5はいずれも事務職から営業職への「転換型」と呼ぶことができる。

パターン3の千葉さんと津田さんは、事務職時代からすでに受注・発注などの販売活動や販売促進業務を行なっている。事務職としては最も高い技能を身につけた上で、営業進出後も事務職時代の職務を兼務している。また、営業としてはほとんどすべての機能を果たすタイプCの営業活動を行なっており、職務転換と兼務の「中間型」と位置づけられよう。

以上のように、事務職から営業職への技能向上は五つのパターンに類型化され、五つのパターンは兼務型、転換型、中間型に分類することができる。[4]

ではなぜこのような差異が生まれるのか。兼務型や中間型は、転換型へ移行するための通過点なのであろうか。

柴田さん、菅原さんの働くプラント・機械メーカーB社は、各拠点で採用する一般職女性に営業活動の一部を任せるという人材活用方針を掲げている。(5) 柴田さんと菅原さんは将来的にはひとりで営業ができるようになりたいと希望しており、本人の技能向上と企業の活用方針によっては、今後転換型へと移行することも可能であろう。しかしその場合、事務業務を誰が受け持つかが課題となる。また、高山さんの担当するエジプト製鉄所への営業活動では、部品・消耗品に関する限りあくまで受動的な営業活動であり、これ以上の高度な職務はない。この製鉄所に関するさらに高度な職務は製鉄所の拡張事業であり、求められる技能はきわめて高度である。したがって、高山さんが転換型のキャリア拡大を図るためには製鉄所建設に関する高度な知識が必要であり、キャッチアップのための教育と本人の相当な努力を要すると考えられる。

中間型の二人のうち、千葉さんの職場では若手男性営業職も千葉さん同様に、事務を経験した上で徐々に営業へと技能向上を図っている。ただし、そのスピードは千葉さんに比べてかなり速い。この職場の上司は、取り扱い商品別に事務処理から営業までを一人に一貫して担当させるという方針で営業職を育成している。したがって、千葉さんも当面は中間型のまま、さらなる技能向上をめざすことが予測できる。(6)

一方、津田さんは事務職時代から引き続きワープロの販売を担当しながら、鉄道会社への情報システムの営業活動を行なうようになった。しかし、この情報システムの営業活動は、ワープロの販売とはまったく異なる多くの専門知識を必要とし、津田さんは営業職としての成果を上げられないまま内勤に変更している。つまり、津田さんが事務職時代に身につけた知識や技能では、この職場におけるタイプCの営業活動は困難であったといえよう。津田さんは中間型のキャリア拡大をめざしたが、必要とされる技能のレベルが高すぎたために営業職の役割を果たせなかったと考えられる。

以上のように、兼務型や中間型が転換型へと移行していくか否かは、女性社員の育成に関する企業や上司の方針、営業職に求められる技能の高さと事務職の技能レベル、職場の事務職・営業職それぞれの業務量などに深く関わっている。見方を変えれば、高度な技能を必要とする職場であっても、ある一部分に限って任せれば、女性事務職による営業職務の取り込みは可能であるということもできよう。すなわち、女性事務職が営業職へのキャリア拡大を図っている職場では、企業と上司の方針・求められる技能の高さと事務職の技能レベル・業務量などの諸条件に応じて職場の上司がさまざまな可能性を探り、できることから任せてキャリア拡大を実現しているのである。このことは、A社調査で見出された女性事務職のキャリア拡大と一致する。

第4節　営業職へのキャリア拡大の条件

1　キャリア拡大の促進要因

第I部A社調査では、情報通信機器営業職場のベテラン女性事務職が職域拡大を図り、また営業職や専門スタッフ職への職務転換が生じていることが見出された。その背景には以下の促進要因が働いていることがあきらかになった。

A社女性事務職の職域拡大・職務転換の促進要因（第3章・第4章）

ア　事務職本人の要因

a　事務職の能力伸張

b　事務職の意欲

イ　企業・上司・職場の要因

c　企業の事務職活用の方針

d　上司の積極的な姿勢と支援
e　営業職の労働力不足
f　事務職の労働力の余剰
g　柔軟な分業体制
ウ　市場・顧客と商品の要因
h　競合環境の緩やかな市場や顧客
i　限定的な物件や商品
エ　技術的要因
j　IT化の進展
オ　転換後の定着を促す施策要因
k　追加的な教育

では、一〇人の事務職調査においても上記の要因が見出せるのであろうか。調査した一〇事例が成功事例か否かの判断は難しいが、通信・情報機器メーカーG社の津田さんのケースでは、本人が必ずしも成功したとは考えていない。その他の九事例は人事部門や周囲が認め、本人もある程度の満足を得ているので成功事例であると考えることとする。そこで成功事例九例、失敗事例一例について、営業活動への進出の背景を表6-5にまとめた。

(1)　事務職本人の要因

①　事務職の能力伸張

表6-5 事務職から営業職へのキャリア拡大の条件

背景			柴田	菅原	高山	千葉	関	曽我	寺崎	鳥越	中西	津田
事務職本人	事務職時代の能力伸張	ある程度の商品知識・業務知識を習得していた	×	△	○	○	△	△	○	○	○	○
		他の事務職より高いレベルの商品知識を習得していた	×	×	×	△	×	○	○	○	○	△
		他の事務職は行なわない仕事や、以前は男性が行なっていた仕事を担当した	×	×	△	△	×	○	○	○	○	○
		事務職として顧客を訪問した経験があった	×	×	×	○	×	×	○	○	○	△
		社内外との交渉や販売活動の経験があった	×	×	×	○	×	△	○	×	○	○
		部署内の会議に出席して情報を収集していた	△	×	−	○	×	△	−	○	×	○
		事務職時代から高い資格や手当を得ていた	×	×	×	×	×	×	○	×	○	×
	事務職の意欲	入社以前から仕事を長く続けようと思っていた	△	△	×	○	△	○	○	×	△	×
		事務職時代に仕事にやりがいを感じていた	×	×	−	○	×	△	○	×	○	○
		事務職時代に仕事を長く続けようと思った	△	△	−	○	△	○	○	○	○	○
		自分から営業活動を希望して申し出た	○	×	×	×	○	×	○	○	×	×
		現在の仕事を続けようと思っている	△	△	×	△	△	×	○	○	×	×
	自己啓発	仕事を通して進んで情報収集に努めた	○	×	−	○	×	○	○	○	×	○
		休日や終業後に情報収集や勉強に努めた	△	×	−	×	×	○	○	○	×	○
企業・上司・職場	上司の積極的な姿勢と支援	直属の上司が女性活用に積極的であった	○	○	○	○	△	○	○	○	○	○
		上司が営業活動を積極的に勧めた	×	×	○	○	×	×	×	△	○	○
		本人の仕事ぶりを知る上司の下で営業開始	×	×	×	○	×	×	○	○	○	○
	営業職の労働力不足	人員削減で労働力不足だった	○	○	○	○	○	○	○	×	△	○
		前任者が異動や担当替えになり欠員ができた	×	○	○	○	×	△	×	×	○	×
		若手営業職の仕事を引き継いだ	×	×	○	○	×	×	×	×	×	○
	キャリアモデルの影響	社内に女性営業職の前例があった	○	○	○	○	○	×	×	○	×	○
		すでに営業活動をしていた女性の影響を受けた	○	×	−	×	○	×	×	△	×	○
市場・顧客と商品	顧客	大企業や公共部門への営業活動である	○	×	○	○	×	×	×	×	△	○
		継続的な取引であり新規開拓は行なわない	×	○	○	△	△	×	×	×	○	○
		顧客の女性営業職への反発や抵抗がない	△	△	○	○	△	△	△	○	○	△
		交渉の相手は女性が多い、または女性が複数いる	×	×	×	×	△	△	×	△	○	×
	商品	他の営業職に比べて、特定の商品だけを扱う	×	×	○	×	○	×	×	×	×	×
		女性向けの身近な商品を扱う	×	×	×	×	×	△	○	△	△	×
定着を促す施策	追加的な教育	前任者や先輩とともに顧客を訪問した(OJT)	○	○	○	○	○	○	○	○	○	×
		多様なタイプの営業職に同行した（OJT）	△	×	×	×	×	○	×	○	×	×
		試行期間や訓練期間を設けたり、準備をした	○	×	×	○	×	×	×	×	×	×
		営業技術の研修を受けた（Off-JT）	○	○	×	×	×	○	×	○	×	×
		商品知識の教育を受けた（Off-JT）	○	○	○	×	×	○	×	○	×	×
		非公式な教育の機会を与えられた	○	×	−	○	×	○	○	○	○	×
	インセンティブ	営業活動によって総合職に転換したり昇格した	×	×	×	×	×	×	×	○	○	×
		キャリア拡大によって賃金が増えた	×	×	×	×	×	×	×	○	○	×
キャリア拡大を阻害しうる要因		事務職時代と同じ賃金であり、不満である	×	×	○	△	○	△	×	−	−	○
		他の事務職女性との軋轢が生じた	×	×	−	×	×	×	○	×	○	×
		結婚・出産と営業活動は両立できないと思っている	○	○	○	×	×	○	×	×	○	−

○あてはまる　×あてはまらない
△ややあてはまる　−調査せず

事務職としての経験年数の短い柴田さん、菅原さん、関さん以外の人たちは、事務職時代からすでに他の事務職は担当しない職務を任されたり、営業職の仕事の一部を取り込んで職域を拡大している(7)。この事務職時代の職域拡大によって、他の事務職よりも高いレベルの知識と技能(8)を習得し、能力伸張を図ったと考えられる。したがって、事務職時代の職域拡大が能力伸張を導き、その後のキャリア拡大へと進展していったといえよう。

ただし、事務職時代に営業職の職務の一部を取り込んで職域拡大を図っていても、高い資格や手当を得ている事務職は二人にすぎない。人材育成と本人の動機づけのためには、女性事務職を一括りにせず、個人の技能や職務の重要性を正しく評価することが必要であろう。職域を拡大している優秀な女性事務職を公正に評価することが、つぎのステップとしてキャリア拡大に挑戦させる環境整備に繋がると考えられる。

② 事務職の意欲

A社調査では、事務職本人の職務転換への意欲が重要な要因であった。一〇人の事務職調査においても、本人が希望して営業活動に進出した事例が見出されたが、四事例にすぎない。キャリア拡大に強い意欲を持つ特別な女性社員でなくても、営業活動への進出が可能であることがわかる。では、何が彼女たちに他の事務職とは違う途を歩ませたのであろうか。

事務職時代の仕事のやりがいと営業への進出の契機には、いくつかのタイプを見出すことができる。まず寺崎さんは、事務職時代の充実と自信によって自ら営業職に挑戦した「充実／積極型」、千葉さん・中西さんのように上司の勧めをきっかけに事務職時代の充実を営業活動へと発展させた「充実／上司による活用型」、柴田さん・鳥越さん・関さんは事務職時代の不満や行き詰まりから営業に挑戦した「現状不満／積極打破型」といえよう(9)。このように、事務職時代が充実していても物足りなく感じていても、また事務職本人に強い動機がなくても営業職への挑戦が可能であることがわかる。

③　事務職の自己啓発

A社調査では見出されなかったが、本調査では事務職本人の活発な自己啓発があきらかであった。事務職時代の自己啓発への熱心な取り組みが、営業活動への進出に役立っている。[10]

(2)　企業・上司・職場の要因

④　企業の事務職活用の方針

本調査は女性事務職本人へのインタビューが中心であったため、企業の事務職活用方針については十分な観察ができなかった。ただし、柴田さん・菅原さんの働くプラント・機械メーカーB社が一般職女性に営業活動の一部を任せる方針を掲げている点については、教育担当者への聞き取りによってあきらかになった。したがって、少ない事例ではあるが、企業の方針がキャリア拡大を促進することが見出された。

⑤　上司の積極的な姿勢と支援

ほぼすべての上司が女性社員のキャリア拡大に積極的な姿勢を示しており、上司の姿勢が重要な要因であることがわかる。また半数の上司が営業への進出を勧め、進出後もさまざまな支援を行なっている。[11]上司の姿勢と支援が大きな影響を与えることが、A社調査に続いてあきらかになった。

⑥　営業職の労働力不足

⑦　柔軟な分業体制

A社調査では、上司の判断によって職務分担を柔軟に変えられる職場の分業体制と、事務職の余剰が職務転換を促進することが見出された。一〇人の事務職調査では、営業職の労働力の不足がほぼすべての事例で認められ、その不足を補塡するために女性事務職が営業職の職務の一部を取り込んで営業に進出している。したがって、営業職へのキャリア拡大においては、営業職の労働力不足と柔軟な分業体制が促進要因となる。

⑧　キャリアモデルの存在

社内の女性営業職の影響を受けた人が三人、女性営業職の前例があったという人が六人であり、キャリアモデルの存在が営業職へのキャリア拡大に影響を与えていることがわかった。すでに女性営業職を誕生させている企業において、事務職から営業職への転換が進みやすいと考えられよう。特に「現状不満／積極打破型」で営業職に進出した三人は、いずれも女性営業職の仕事ぶりを見て自分もやってみたいと考えるようになったと言っている。キャリアモデルの存在が事務職の前向きな姿勢を引き出し、キャリア拡大を促進する要因となる。

(3)　市場・顧客と商品の要因

⑨　競合環境の緩やかな市場や顧客

A社調査では、競合環境の比較的緩やかな市場への営業活動に進出したり、地元販売店との信頼関係を活かした職務転換が見出された。一〇人の事務職調査でも、大企業や公共部門への営業活動に進出した事例が四事例あった。さらに三事例は継続的な取引の維持を任務とし、新規物件獲得のための活動は行なっていない。競合他社との激しい競争を強いられることが比較的少ない市場や、信頼関係の構築とメンテナンスがもっとも重要な取引では、営業職へのキャリア拡大が容易であることがわかる。

⑩　限定的な物件や商品

A社調査の営業職や専門スタッフ職への転換事例において、商品や物件を限定することで職務の難易度を下げる工夫が見られた。一方、一〇人の事務職調査では、取り扱う商品の性質や価格はさまざまであり、物件や商品を限定することが必要条件であるとはいえない。ただし、物流・倉庫C社の関さんはトランクルームの営業だけを担当しており、総合商社C社の高山さんも製鉄所の部品・消耗品だけを扱っている。この二事例では、限定的な商品を扱うことがキャリア拡大を容易にしているといえよう。

(4)　転換後の定着を促す施策要因

⑪　追加的な教育

営業職へのキャリア拡大に際して、追加的な教育がどのように行なわれたかを詳しく聞いた。成功事例のすべてにおいて、女性事務職は先輩営業職とともに顧客を訪問しており、同行訪問によるＯＪＴがきわめて重要な教育であることが見出された。またＯｆｆ-ＪＴに関しても、半数の事例で営業技術や商品知識の研修、工場見学などを行なっていた。ただし、冨田［1992］の調査した営業職として採用された女性のケース[(12)]と比較すると、本調査の事例が同程度に充実したＯｆｆ-ＪＴを受けているとはいいがたい。事務職時代にすでにある程度の知識や技能を身につけているため、新規採用の営業職女性社員ほどには教育を必要としなかったことが推察される。[(13)]

⑫　賃金インセンティブ

営業活動への進出による昇格・昇給があったのは鳥越さんと中西さんだけであるが、この二人は処遇の変更が意欲につながったと言っている。一方、六事例（五社）では、営業に進出した後も事務職のままでいる場合とほぼ同じ賃金であった。見出された事例についていえば、賃金インセンティブはキャリア拡大後の定着に寄与すると思われる。

以上のように、A社調査で見出された一一項目の促進要因のうち、一〇人の事務職調査で該当しなかったのは「事務職の労働力の余剰」と「IT化の進展」[14]のみである。少数の事例を含めれば、その他の要因はすべて一〇人の営業職へのキャリア拡大を促進する要因となっている。さらに、新たに見出された促進要因として、ア　事務職本人の要因では「事務職の自己啓発」、イ　企業・上司・職場の要因では「キャリアモデルの存在」、エ　転換後の定着を促す施策要因では「賃金インセンティブ」が追加された。

2　キャリア拡大の阻害要因

一〇人の事務職調査では、営業職への転換や転換後の定着を阻害する五つの要因が見出された。

①　追加的な教育の不足

営業職への進出が成功したとはいいがたい津田さんの事例では、追加的な教育がほとんど実施されていない。したがって、追加的な教育の不足は決定的な阻害要因になると予想される。また成功事例の同行訪問によるOJTについても、新人営業職が経験する同行訪問に比べて期間・内容ともに劣っている場合が多い。さらにOff-JTの機会も新人営業職にはおよばない。事務職時代の蓄積が新たな教育の必要性を低くしているとはいえ、それまでの経験では得られない知識や技能を見極めて教育機会を与えることは、転換後の業務遂行にとって重要である。

② 賃金インセンティブの不足

営業活動に進出してからも処遇上の変更がなされない事例が多く、賃金インセンティブが得られないことに不満をもっている人が見出された。営業職としての経験を積み実績をあげるにしたがって、この賃金インセンティブの不足が営業活動への阻害要因になる可能性が指摘できる。

③ 人事制度の未整備と組織メンバーへの説明不足

他の女性事務職との間で軋轢が生じたと述べたのは二人である。二事例はいずれも社内初の女性営業職であり、制度が整備されないまま特例的に総合職に転換したり昇格している。社内に前例がないこと、さらに職務転換に伴う処遇の変更について他の女性事務職の納得が得られていないことが、軋轢を引き起こす要因といえよう。職務転換に関する人事制度の未整備と組織メンバーへの十分な説明がなされないことが、キャリア拡大の阻害要因となり得る。

④ 顧客の抵抗感

一〇人の事務職調査では、顧客からの女性営業職への反発を決定的な阻害要因として指摘する人はいなかった。ただし、六事例では顧客の抵抗感を多少は感じており、一般社会通念や顧客の意識が営業活動の妨げとなることが予想されよう。

⑤　ライフイベントがおよぼす影響

既婚者のうち中西さんは、出産・育児への専念を希望して退職している。未婚者に関しても、事務職なら両立できるが、営業職の仕事と結婚生活との両立は難しいと考える人が七事例中四事例であった。家事・育児の負担が、今後の営業活動において重大な問題となることが予想されるが、実際に営業活動に支障を来たしているか否かは本調査では検証できなかった。

一〇人の事務職調査によって、女性事務職の営業職へのキャリア拡大を促進する要因と阻害する要因が、以下のように見出された。

事務職から営業職へのキャリア拡大を促進する要因

ア　事務職本人の要因

a　事務職の能力伸張

b　事務職の意欲

c　事務職の自己啓発

イ　企業・上司・職場の要因

d　企業の事務職活用の方針

e　上司の積極的な姿勢と支援

f　営業職の労働力不足

g　柔軟な分業体制

h　キャリアモデルの存在

ウ　市場・顧客と商品の要因

i　競合環境の緩やかな市場や顧客

j　限定的な物件や商品

エ　定着を促す施策要因

k　追加的な教育

l　賃金インセンティブ

営業職へのキャリア拡大を阻害する要因

i　追加的な教育の不足

ii　賃金インセンティブの不足

iii　人事制度の未整備と組織メンバーへの説明不足

iv　顧客の抵抗感

v　ライフイベントがおよぼす影響

先行研究においても、事務職時代の能力伸張、上司の積極的な姿勢と支援、営業職の労働力の不足、追加的な教育などがキャリア拡大の促進要因となることが見出されている（冨田 1991；脇坂 1996）。また Kanter と Stein [1979] は、女性営業職が事務職のロールモデルになると指摘した。本調査でも同様の結論である。

一方、先行研究では女性向けの商品を扱ったり、交渉相手が女性である場合が目立ったが（冨田 1992）、本調査および第Ⅰ部A社調査によって、幅広い商品を扱う営業活動に女性事務職が進出していることがあきらかになった。

営業活動への進出の阻害要因として、岡崎［1987］は顧客の女性営業職への反発、女性事務職自身の意欲の不足、女性同士の軋轢の存在を指摘している。本調査では女性事務職の意欲不足は認められなかったが、顧客の抵抗感が阻害要因となる可能性が見出された。また女性同士の軋轢は、人事制度の未整備や他のメンバーへの説明不足から生じるものと推察された。

A社調査、および一〇人の事務職による営業職への進出事例から、女性事務職のキャリア拡大の内実とその条件があきらかになった。しかし女性事務職のキャリア拡大は本人の仕事と働き方を変えるだけでない。ともに働く職場メンバーと職場組織に影響をおよぼすことが予想されよう。そこで次章では、一〇人のキャリア拡大を職場組織の中に位置づけ、他の職場メンバーとの職務分担の変化、とくに男女の分業体制がどのように変化したかを検討したい。

(1) ターボチャージャ。自動車部品のひとつであり、内燃機関の出力強化装置のこと。
(2) したがって、○を付していない課業には当該職場に存在しないものも含まれる。本人の担当していた課業を比較した表であり、職務の分担を表わすものではない。
(3) 営業としての職務内容についても、本人の担当する課業を示すものであって、職務の分担を表わすものではない。
(4) なおA社調査では、ベテラン事務職の職域拡大と職務転換を三つのパターンに分類して捉えた（第4章　図4-1）。このうち、営業職に転換した大村さんと金森さんのキャリア拡大を図6-1に当てはめれば、高山さんと同じパターン2の「兼務型」であるとみなすことができる。
(5) B社営業本部業務部の教育担当者への聞きとりによれば、調査時点で同社は主に短大卒業者を一般職として採用し、初任配属の際に総務や庶務などの内勤事務か、営業部門で営業活動の一部を行なうかを本人に選択させているとのことであった。同社ではこの営業活動の一部を任せる職種を「営業アシスタント」と呼び、一九八八年の三名を皮切りに一九九二年には最多数の三三名をこの職種に配属したという。
(6) ただし、千葉さんによれば、この育成方法はF社全体の方針ではなく、職場によっては事務処理と営業活動を完全に分けて担当させている部署もあるという。

(7) 寺崎さんは回収不能となった顧客の在庫買戻しを担当したり、新作服地展示会で顧客の注文を受け付ける仕事を任された。中西さんは小売店に対する積極的な販売促進活動や商品企画のサポートを行なった。鳥越さんは研修トレーナーの補佐として客先へ出向き、トレーナーを手伝った。曽我さんはショウルームの設立準備から運営までを担当した。津田さんはワープロの販売活動と販売促進を任されていた。これらはいずれも他の事務職が担当しない仕事である。また、千葉さんは客先の商品在庫数を把握して受注促進を積極的に働きかけ、高山さんはそれまで男性社員が担当していた製鉄所の船積み業務をひとりで担当していた。

(8) たとえば、寺崎さんの職場では婦人服地の品番・色・素材の混率・価格がわかれば事務処理はできる。しかし、寺崎さんは事務職時代から新作服地展示会での受注業務を任されていたので、商品の特徴や品質・生地による税率の違いなどを自分で調べて習得していた。

(9) なお、残りの四人については、事務職時代のやりがいと営業進出の契機に関する特徴は見出せなかった。

(10) たとえば曽我さんは、夜間と週末に学校へ通ってインテリアコーディネーターと二級建築士の資格を取得している。

(11) たとえば鳥越さんの上司は、営業職に転換してからも事務業務から手が離せない鳥越さんを見て、他の営業職に対して鳥越さんへの事務業務の依頼を禁じたという。鳥越さんはこの上司の支援によって、営業活動に専念できたと感じている。

(12) 冨田［1992］の調査したワインセールスレディ、女性用肌着のセールス、生命保険会社の職域セールスの事例では、工場実習や商品知識の講義、資格取得のための講座受講などのOff-JTを経て、同行訪問によるOJTを受けながら育成されている。営業職として採用された場合のほうが、事務職からの進出よりも、より充実した教育メニューが用意されることがわかる。

(13) たとえば千葉さんが事務職時代に行なっていた職務は、その職場の若手営業職が仕事の基本を学ぶために配属当初に担当する職務でもある。したがって、千葉さんは事務職として働きながら同時に営業活動への準備・教育を行なっていたと捉えることができる。

(14) A社調査で見出された「IT化の進展」が事務職の職域拡大に貢献する点については、一〇人の事務職調査では観察していない。

第7章　女性事務職のキャリア拡大と性別職務分離の縮小

本書では、女性事務職の職務を職場組織の中で捉え、職場の男性と女性との分業体制とその変化を考察することによって職場レベルでの性別職務分離を検証してきた。一〇人の事務職調査は女性事務職本人へのインタビュー調査であったため、男性営業職の職務の詳細を調べて、男女の分業を詳しく検討するには至っていない。しかし、事務職本人の発言から、女性事務職の営業への進出によって職場メンバーの担当職務がどう変わったかの概要を把握することができる。そこで第7章では、女性事務職のキャリア拡大が男女の分業に与えた影響を探る。女性事務職のキャリア拡大の前後で、職場の性別職務分離にはどのような変化があったのであろうか。さらにA社の事例と考え合わせて、性別職務分離の現状を推察してみたい。

第1節　女性事務職のキャリア拡大に伴う分業体制の変化

一〇人の調査対象者のうち、六人は事務職時代と同じ職場で営業活動をスタートしているので、本人の営業への進出前後における職務分担の変化を聞いた。また部署を異動したうえで営業職に転換した四人については、本人が着任する以前の職務分担をわかる範囲で答えてもらい、着任後と比較した。

図7-1ab　分業体制の変化（職場モデルA）

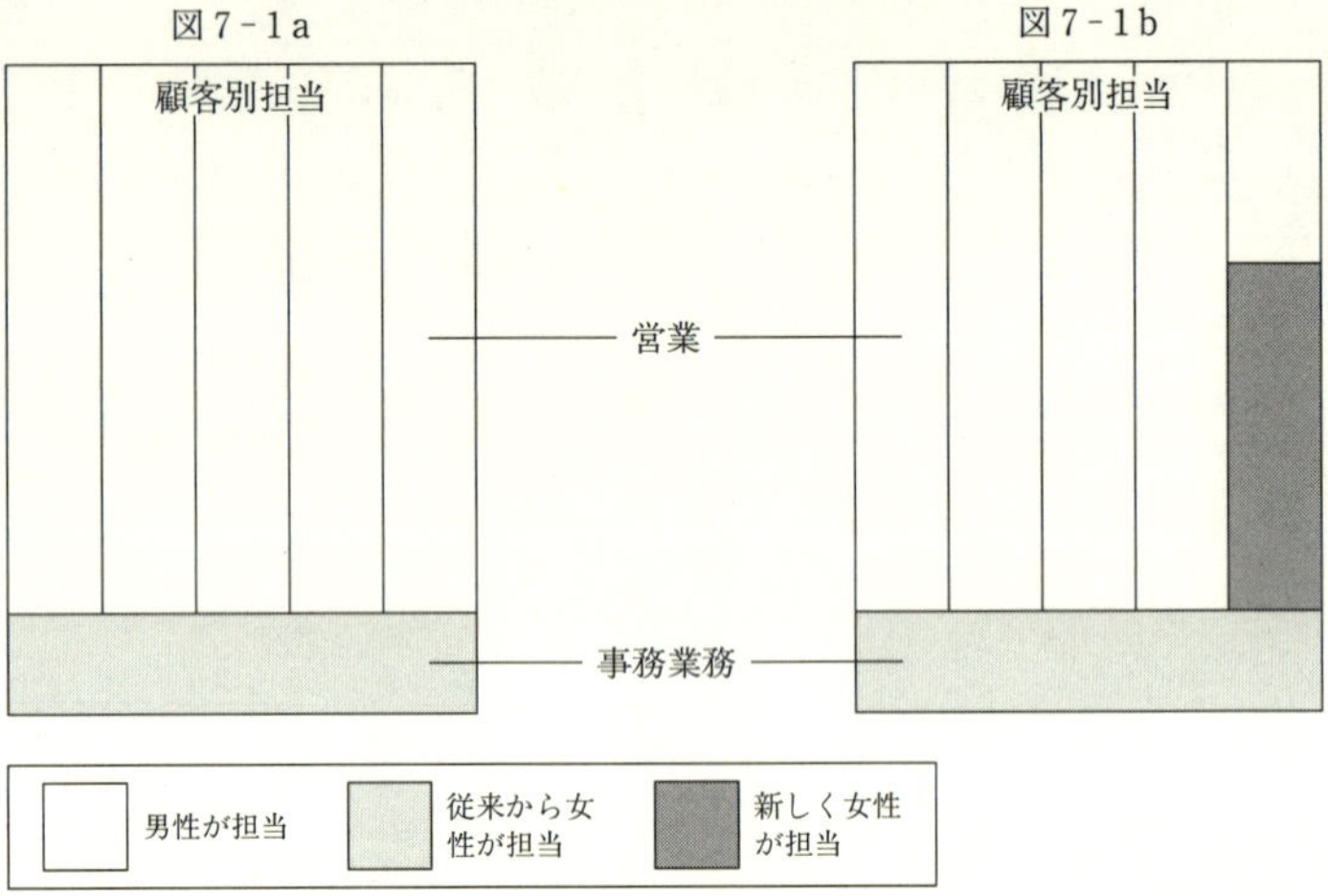

職場のメンバー全員の職務をひとつの箱の形に表わし、縦軸を仕事の難易度、横軸を仕事の種類と考えると、一〇人の職場組織の変化は四つのモデルに表わすことができる。

職場モデルA：女性が事務業務＋男性の職務の易しい部分を担当

このモデルの職場では、従来は複数の男性営業職がそれぞれ担当顧客を持ち、すべての事務業務を女性が行なってきた（図7-1a）[1]。女性事務職の営業への進出によって男女の分業は変化し、特定の顧客への営業活動のうち比較的易しい仕事を女性が受け持つようになった（図7-1b）。事務業務については、営業に進出した事務職本人が兼務している。このモデルに該当するのは、製鉄所の部品・消耗品を扱う高山さんと、リサイクル機械の柴田さん、ターボチャージャの菅原さんである。

職場モデルB：女性が事務業務＋男性と同じ職務を担当

このモデルでは、営業に進出した女性事務職が担当顧客への営業活動をすべてひとりで行なっており、男性営業職とまったく同じ職務に就いている。事務業務は他の女性事務職が受け持っている（図7-2b）。なお、事務代行会社の女性派遣社員が事務業務に就いている事例が一例あった。このモデルに該当するのは、ガス温水冷暖房システムの曽我さん、婦

図７-２ab 分業体制の変化（職場モデルＢ）

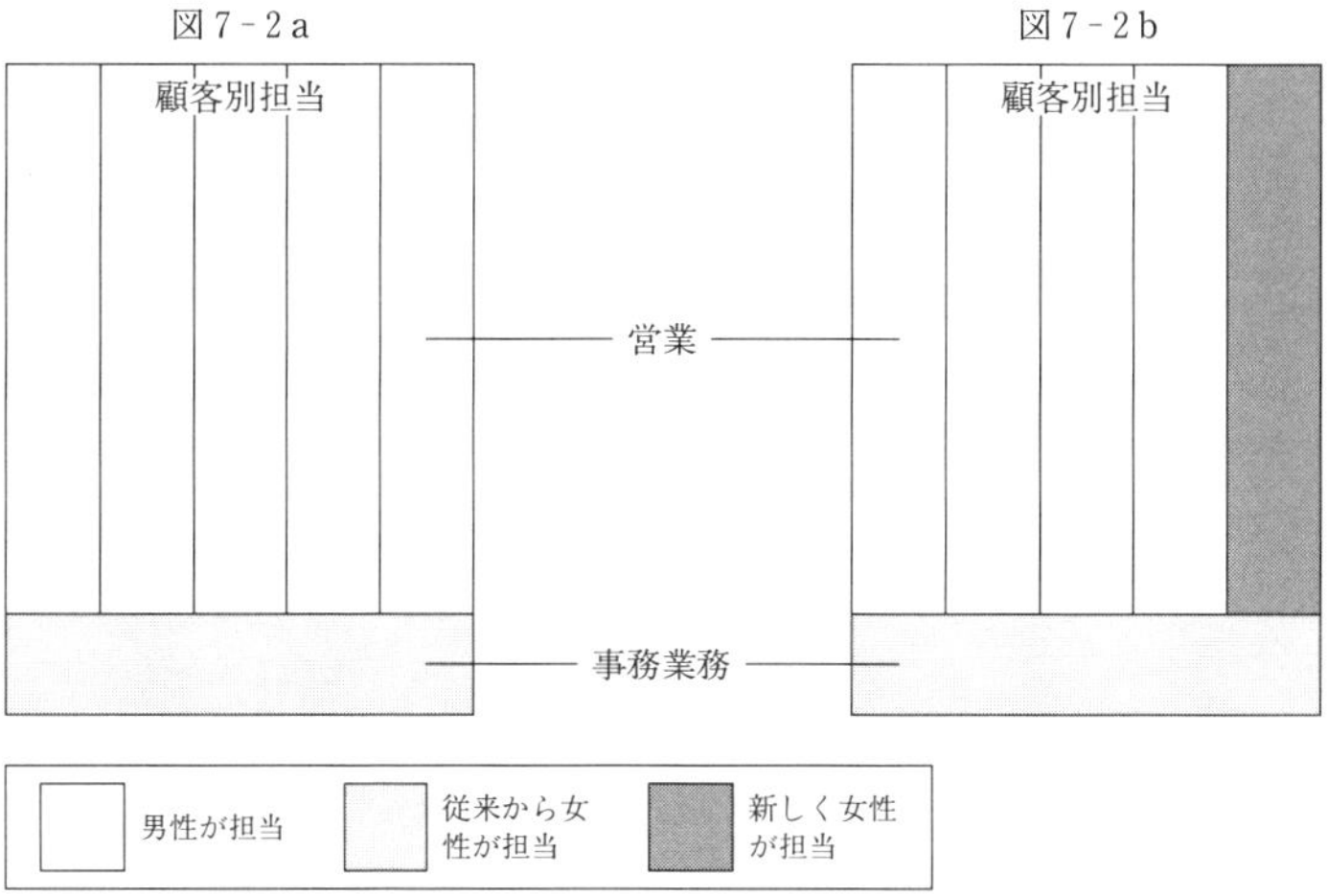

人服地を扱う寺崎さん、教育サービスの鳥越さんである。紳士用装身具を扱う中西さんの場合は、モデルＡの図７-１aから図７-１bを経てモデルＢの図７-２bへと変化している。また通信・情報機器メーカーの津田さんはこのモデルＢをめざして鉄道会社への情報システムの営業を始めたが、知識・技能が不足してうまくいかなかった。

職場モデルＣ：女性が事務業務＋難易度の低い特定の職務を横断的に担当

このモデルでは、営業に進出した女性事務職は低単価で比較的単純な特定の商品だけを担当している。担当商品の特性から、営業活動の難易度は他の商品を扱う男性営業職よりも低いと考えられる。また担当顧客を限定せず、男性営業職の顧客も含めて横断的に受け持っている。事務業務については、営業と兼務して女性が担当する場合と他の女性事務職が受け持つ場合がある（図７-３b）。このモデルに該当するのは、通信・情報機器メーカーの津田さんがワープロの営業を担当していた時期と、トランクコーディネーターの関さんである。

職場モデルＤ：男女ともに事務業務を含めた縦割り分担に近づく

このモデルの職場では、女性事務職の営業進出以前の職務分担

図7-3ab　分業体制の変化（職場モデルC）

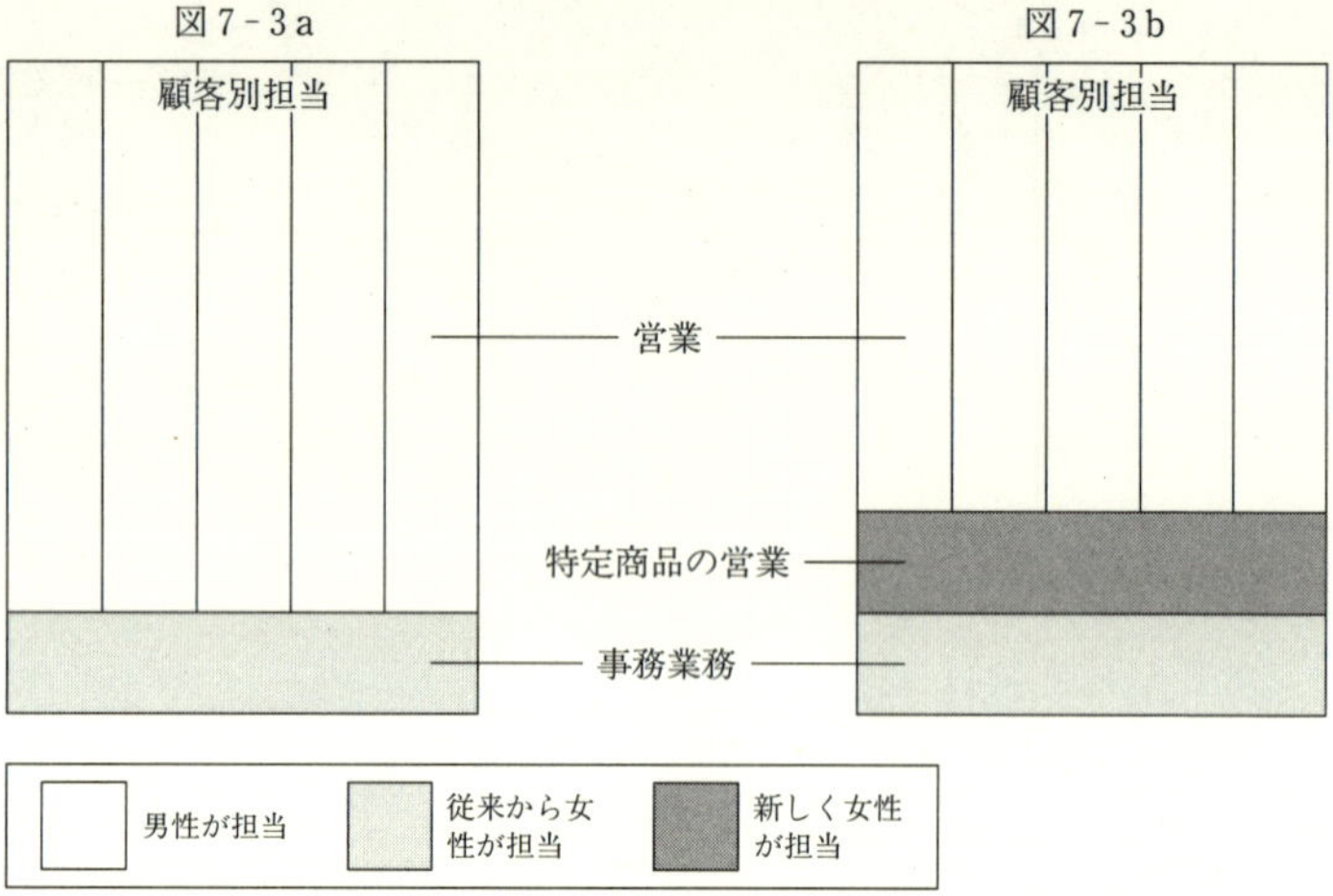

図7-4ab　分業体制の変化（職場モデルD）

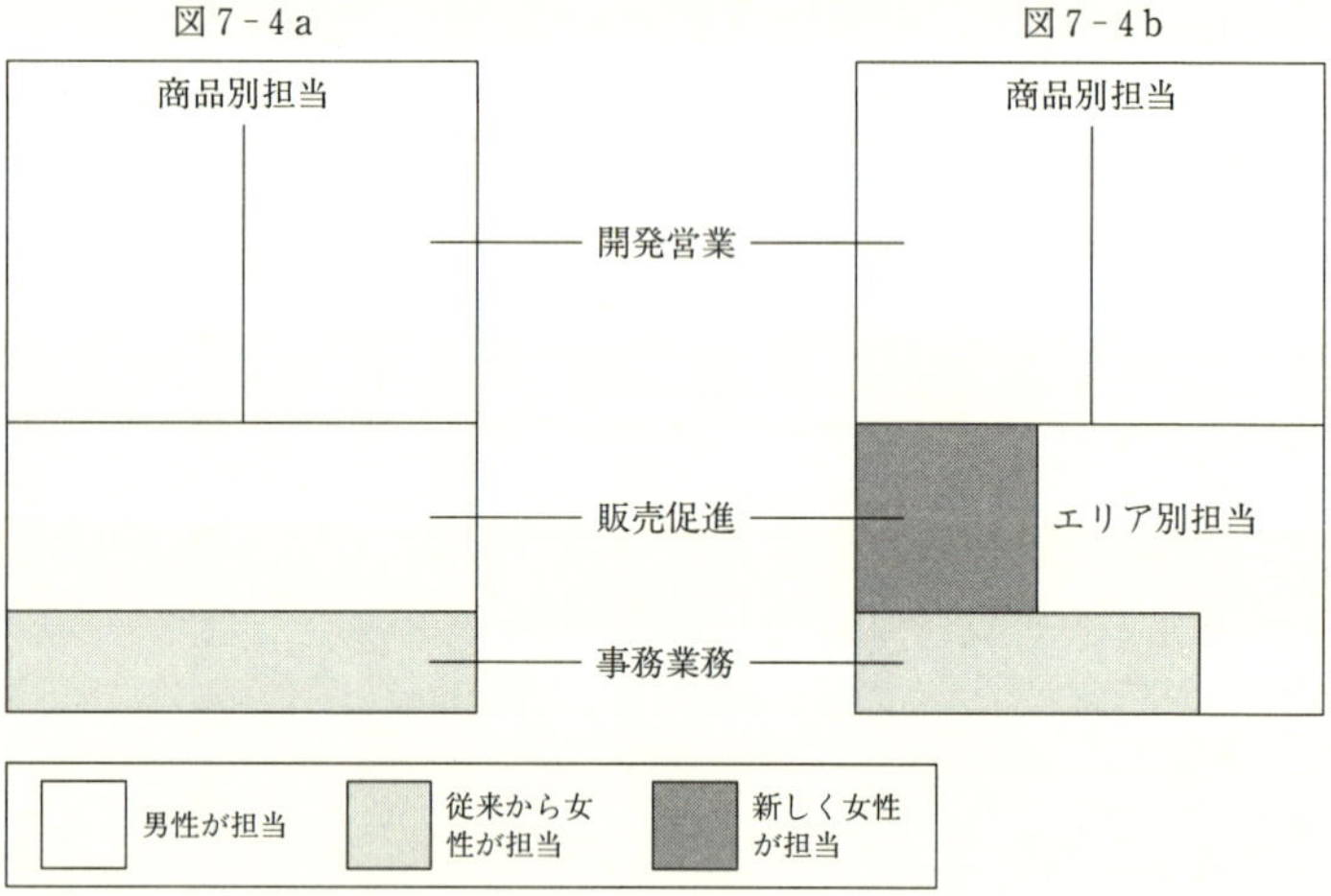

はAからCまでのモデルと同様であるが、女性事務職の営業進出後の分担は複雑である（図7-4b）。電器メーカーで通信機器を扱う千葉さんの職場が該当する。ベテラン男性営業職はそれぞれが担当商品を持って「開発営業」を行

なっている。「販売促進」と名づけられた営業活動は、従来は若手男性営業職の職務であり、開発営業へのキャリアステップであった。千葉さんはこの「販売促進」に進出し、若手男性営業職と千葉さんがエリアによって仕事を分け合っている。また千葉さんと若手男性営業職は、ともに事務業務も兼務している。したがって、「販売促進」および事務業務については、商品あるいはエリア別の縦割り分担に近づき、男女ともにその一部を担っているといえよう。

なお、A社調査で営業職への職務転換を図った二事例をこのモデルに当てはめると、事務を兼務しながら学校物件を担当している大村さんはモデルCにあてはまり、チェーンストアのポスレジの入れ替えから営業をスタートした金森さんの場合は、モデルAと考えられよう。

第2節　性別職務分離の縮小と男女の分業の多様化

一〇人の女性事務職の営業への進出に伴って職場の職務分担に変化が生じ、その変化は四つのモデルによって表わせることがあきらかになった。四つのモデルのすべてが、女性事務職のキャリア拡大以前には「事務は女性、営業は男性」という分業体制であり、すべての職場に同一の性別職務分離が観察された。もちろん、A社調査と同じように詳細な職務調査を行なえば、男女がともに担う職務やグレーゾーンの職務が見出されよう。さらに、女性事務職の多くが事務職時代から男性営業職の職務の一部を取り込み、職域拡大を経てキャリア拡大へと進展させたことを考えると、男女の職務の境界はA社と同様に柔軟なものであるといえよう。しかし、A社において男女の大まかな分業があったように、一〇人の女性事務職の職場でも、「事務は女性、営業は男性」という性別職務分離が成立してきたと考えられる。

女性事務職の営業への進出によって、職場レベルでの性別職務分離はあきらかに縮小されている。しかも、どの職場も同じように縮小しているのではない。従来は一様であった一〇人の職場の分業体制は、事務職のキャリア拡大によって四つのモデルへと多様化しているのである。

ではなぜ四つのモデルに多様化したのであろうか。またこのモデルは、女性営業職が経験年数を重ね、一人前になるにしたがって一定の方向へと収斂されていくのであろうか。第6章において一〇人のキャリア拡大には五つのパターンがあり、それらは「兼務型」「転換型」「中間型」に分類できることが見出された。さらに、キャリア拡大がいくつかに類型化された背景には、女性活用に関する企業と上司の方針、営業職に必要な技能の高さ、事務職本人の技能レベル、業務量などが深く関わっていることを指摘した。一人の事務職女性がどのように技能を向上させ、そのキャリアを変化させていったのかを考える場合と同じように、ある職場組織において女性が男性の仕事のどの部分を取り込み、また全員がどのように仕事を分け合うようになったのかについても、これらの要因が影響をおよぼしているのである。

したがって分業体制の四つのモデルは、これらの要因に導かれて変化していくものと推測できる。リサイクル機械の柴田さんとターボチャージャの菅原さんの職場は、今後の本人の技能向上と上司の方針によっては、図7-2bのモデルへと移行していく可能性がある。また、トランクコーディネーターの関さんの職場は図7-3bのモデルであり、関さんはトランクルームに限定した営業を行なっているが、関さんの能力開発を進めていくためには図7-1bあるいは図7-2bの分業体制になるように仕事を与えていく必要がある。そのためには、男性営業職が扱っている一般貨物の営業活動を任せなければならないが、トランクルームと一般貨物では、商品の性質や価格・顧客層に大きな違いがあり、関さんがキャッチアップできるかがネックとなる。さらに電器メーカーの千葉さんの上司は、商品別に事務処理から営業までを一人に一貫して担当させるという方針であり、図7-4bの職場は、将来的には事務処理を含めたすべての職務を縦割りで分担するようになる可能性がある。

　以上のように、「事務は女性、営業は男性」という一様な分業体制であった職場が、女性事務職のキャリア拡大に伴って変化し、性別職務分離は縮小に向かっている。新たな男女の分業体制は、取扱商品の特性、必要な技能の高さと男女それぞれの技能レベル、上司の方針などの諸要因に導かれながら、最も効率的な分担となるよう、多様に変化していくものと思われる。

　A社調査では、一〇人の事務職調査のような職場単位での性別職務分離の縮小を、具体的なモデルとして見出すことはできなかった。しかし、さまざまな業種と規模の企業の職場を丹念に調べてみれば、男女の職務の境界は曖昧になり、分業体制は多様化して、いわばモザイク模様に近づいているのではないだろうか。職場の仕事とその分担の内実を詳細に観察し、性別職務分離の変容を見極めていく必要がある。

（1）　ただし、男性営業職の人数は図のとおりではない。以下の図もすべて同様である。

終　章　結論と展望

本書は、女性事務職の仕事とキャリアを職場組織の中で捉え、その内実と変化をあきらかにすることを目的とした。そのために、本書では三つの課題を設定して職務とキャリアに関する詳細な調査を行ない、その分析によって課題解明を試みた。三つの課題とはすなわち、①女性事務職の能力伸張とキャリア拡大、②性別職務分離の有無と程度、③女性事務職のキャリア拡大と性別職務分離の縮小を引き起こす要因、を実証することである。

課題解明のために、本書の第Ⅰ部では情報通信機器メーカーA社営業職場の女性事務職への調査を行なった。勤続年数の異なる二階層の女性事務職へのアンケート調査を用いて、勤続年数の違いによる職務の差異を観察して女性事務職の能力伸張を実証した。その際、ともに働く男性営業職との職務分担の視点から分析を行なって、男女の分業体制の特徴をあきらかにした。さらに、九人のベテラン事務職へのインタビューによって、職域拡大とキャリア拡大の事例を具体的に観察した。

なお、事務労働を分析するために、以下の五つの視点を設けた。

事務労働を分析するための五つの視点

① 仕事の流れ（工程）のどの部分を担当しているか

② 職場の主たる目的である販売活動に対してどのような役割を担っているか
③ 情報システムを使用しているか
④ 事務労働を一連の情報処理と考えた場合の職務の難易度はどうか
⑤ 職務に要求される知識・技能は何か

第II部では、営業職へのキャリア拡大を図った九社一〇人の女性へのインタビューによって、キャリア拡大の内実と条件を探った。また女性事務職のキャリア拡大が職場組織をどのように変容させたかを検討し、職場レベルでの性別職務分離の縮小と男女の分業の多様化をあきらかにした。

終章では、以上の分析によって得られた結論を三つの課題に沿って提示したうえで、女性事務職のキャリア拡大と性別職務分離の縮小のメカニズムを考える。最後に、環境の変化が女性事務職に何をもたらすかを予測して、今後の展望と課題を示したい。

第1節　女性事務職の能力伸張とキャリア拡大

1　女性事務職の職務の複雑さと多様さ

本書が解明する第一の課題は、「女性事務職は仕事経験の積み重ねによって能力伸張とキャリア拡大を図っているか」である。先行研究が指摘したように、女性事務職の仕事が「定型的」で業種や部署による差異が少ないものであるとすれば、能力伸張やキャリア拡大は望めないと考えられよう。

分析結果によれば、A社営業職場の女性事務職の仕事を女性事務職集団全体として捉えると、個別の目的をもつ三一の課業と、各課業の目的を果たすための一三七の単位作業によって構成されている。その職務の特徴を五つの分析視点によって観察すると、①営業活動のすべてのプロセスに関わる、②「付帯的雑務」「手配・手続き」「交渉・調整・回答」「ミスの発見とフォロー」「情報収集・分析・提案」「情報提供・販売促進」「計画立案・販売活動」の七つの役割を果たす職務によって構成されている、③職場のすべての情報システムを活用する、④情報の翻訳・整理・伝達・記録・保管のレベルから、検索・修正、情報の収集・加工・発信のレベルまでを担っている、⑤幅広い業務・製品知識と、OA機器やパソコンのスキル、対人折衝技能が求められる　ということがあきらかになった。さらに、単純作業から高度な知識とスキルを要する作業まで、その職務には六段階の難易度の差異が認められた。したがって、職務内容を丹念に分析すれば、女性事務職の仕事が「定型的」であるとの主張には同意できない（第1章第2節3）。

第II部では営業職に転換した一〇人の女性の、事務職時代の職務内容を列挙して比較・分類した。それによれば、一〇人の事務職としての職務は五つのタイプに分かれ、職場の庶務・総務を中心に行なうタイプから、営業職場で主に販売活動を担うタイプまで、その内容には違いが見出された。したがって、女性事務職の職務は業種や部署による差異が少ないとは認められない（第6章第2節）。

2　ベテラン事務職の能力伸張

A社営業職場の平均的な女性事務職の職務には、以下の特徴が見出された。①受注確定から回収終了までのプロセスを主に担当する、②「手配・手続き」「交渉・調整・回答」「ミスの発見とフォロー」および「付帯的雑務」の処理の役割を主に担っている、③職場の情報システムを使用して職務を遂行している、④情報の翻訳・整理・伝達・記録・保管のレベルに加えて、検索・修正のレベルを求められる、⑤必要な業務知識は社内制度や事務処理方法・情報システムの機能・関連部門の機能・顧客の概要などであり、製品知識では製品名・品番・価格・機能の概要・在庫状況・納期予測などが求められる。また職場の情報システムと使いこなすスキルと、対人交渉の技能を必要とする。ただし、高度な職務を担当する平均的な事務職も少なからず存在し、より多くの単位作業を担って広範な職務を任されている事務職ほど、高度な知識と技能を有していることがわかった。同一勤続年数の女性事務職であっても、担当職務と技能には個人差が生じている（第2章第1節）。

ベテラン女性事務職は平均的な事務職との比較において、以下の特徴を示した。①仕事の工程における担当領域に大きな変更はない、②販売活動に対する役割には大幅な変更は生じないが、「情報収集・分析・提案」の役割は拡大する、③情報システムの使用についてはベテランになっても変わらない、④情報の検索・修正や収集・加工・発信の職務をより多く担うようになる、⑤幅広い業務知識やより詳細な製品知識、見積りシステムや各種ソフトの活用技能、より困難な交渉や複雑な調整が必要な職務により多くの日数を投じるようになる。これらの特徴だけではなく、ベテラン事務職は複雑な物件に関する職務や重要書類を扱う職務を営業職から取り込んでいること、後輩事務職や若手営業職の指導・育成を担う場合があること、顧客からの問い合わせにきめ細かく対応して商談成立を支えていること、さらに職場の問題解決に取り組んでいる場合があることが見出された。以上の検証から、A社営業職場の女性事務職は、勤続年数の伸長にしたがって知識と技能を向上させていることがあきらかである（第3章第1節2、3）。

3　職域拡大とキャリア拡大

ベテラン事務職へのインタビューによれば、女性事務職の一部には職域拡大が生じている。具体的には、販売店訪問や電子メールによる情報提供、顧客情報収集や拡販用資料作成などの職務に進出する事例が見出され、なかにはコンピュータの機種入れ替えとシステム構築の受注を担当したベテラン事務職もいた。これらのベテラン事務職が拡大している職域には、つぎの特徴がある。①受注獲得以前のプロセスや、受注から回収までの流れと並行して発生する職務である、②営業職の主たる役割領域である「情報収集・分析・提案」「情報提供・販売促進」「計画立案・販売活動」に進出している、③情報システムを使用しない職務である、④情報の収集・加工・発信のレベルの職務に進出している、⑤マーケットや自社業界に関するより広範な知識や、より高度な製品知識、顧客への積極的な交渉の技能を求められる職務である。したがって、ベテラン事務職は主に営業職が担う領域の仕事を取り込み、漸次的な職域拡大を図っている（第3章第2節1、2）。

さらにA社では、職務転換による女性事務職のキャリア拡大の事例が見出された。営業職、テストマーケティングの専門スタッフ、販売促進・営業支援スタッフの三職種への転換である。転換後の新しい職務には、以下の特徴が見出された。①職務転換は特定のプロセスを担う職務において生じているのではない、②「情報収集・分析・提案」「情報提供・販売促進」「計画立案・販売活動」の役割を果たす職務であり、それぞれの事例によって異なる役割を担っている、③情報システムを使用しない職務への転換である、④情報の収集・加工・発信が強く求められる職務であるが、ITによるのではなく、直接的なコミュニケーションによる情報収集を行なっている、⑤より高度で幅広い知識と技能を求められる職務である。さらに、競合環境の緩やかな市場を対象としたり、限定的な物件や商品だけを担当する、という特徴も見出された。また営業職への転換者は、その知識・技能のレベルにおいて、事務職と営業職の中間に位置づけられることがあきらかになった。したがって、A社ではベテラン女性事務職の一部で営業職や専門スタッフへのキャリア拡大が生じており、キャリア拡大によって事務職はその役割を拡大し、情報処理や知識・技能のレベルを高めていることが実証された。また営業職へのキャリア拡大を果たした女性事務職は、事務職と営業職の中間的な難易度の職務を担っていることが示された（第4章第1節1、2、3）。

一方、第II部の一〇人の事例調査によれば、さまざまな業種と規模の企業で女性事務職の営業職へのキャリア拡大が生じている。営業職といってもその職務は一様ではなく、高度な判断は行なわないタイプ、商談・売り込みがなく受動的なタイプ、営業活動のほとんどすべての機能を果たすタイプの三類型が見出された。さらに、一〇人の事務職時代の職務と営業職としての職務を技能向上の連続性によって観察すると、「兼務型」「転換型」「中間型」の三つに類型化することができる（第6章第3節）。

キャリア拡大というと人事制度上の公式的な職種転換（たとえば総合職転換）などの目覚ましい変貌を想起しがちである。しかし具体的な事例を丹念に観察すると、職場内での職域拡大から徐々に職務領域を広げたり、営業職との中間的な職務からスタートするなど、多様なタイプのキャリア拡大が生じているのである。職場の上司が、商品特性や求められる技能の高さ・事務職の技能レベル・業務量などを見極めながら、ベテラン女性事務職にできることを少しずつ任せ、新たな役割や目標を与えて漸次的な技能向上とキャリア拡大を図っていることが示されたといえよう。

第2節　性別職務分離の縮小と職場組織の変容

1　職務分担を規定する要素

性別職務分離について、これまでには男女の職務が深く分断されているという主張があったが、職場レベルでの分離の程度について実証された研究はほとんどない。そこで本書では、第I部、第II部をとおして、女性事務職と男性営業職や他の職場メンバーとの職務分担のあり方を観察して男女の分業体制を捉えた。

職場の男女は何を基準にして職務を分け合っているのか。多種多様な職務を誰がどのような理由で引き受けるのか。上司は何を判断材料として仕事を振り分けるのか。これらの点をあきらかにするために、A社調査では事務職と営業職の職務を比較し、職務分担の実態を検証した。その結果、あらかじめ用意した事務労働を分析する五つの視点のすべてにおいて、事務職と営業職の担当職務には違いが見出された。したがって、この五つの視点は「職務分担を規定する要素」とみなすことができる。さらに新たに発見された要素を含めると、A社営業職場の男女はつぎの八つの要素によって職務を分け合っている（第2章第2節3）。

職務分担を規定する要素（それによる分担）

①　仕事の流れ（工程）における担当部分（業務プロセスによる分担）
②　販売活動に対する役割（役割分担）
③　情報システムの使用（情報システムの使用による分担）
④　情報処理の難易度（情報処理の難易度による分担）
⑤　要求される知識・技能（職務に必要な知識・技能による分担）
⑥　顧客の特性（顧客による分担）
⑦　商品や物件の特性（商品・物件による分担）
⑧　取り扱う書類の重要性（取り扱う書類の重要性による分担）

2　柔軟な分業体制

しかしながら、事務職と営業職は上記の要素によって担当職務を厳格に定義し、制限しあっているのではない。どちらか一方だけの独占的な職務はほとんど見出されず、両者がともに引き受けるグレーゾーンの職務も少なくない。この職場の事務職と営業職は、各々が主たる職務領域を受け持ちながら相手の役割とプロセスにも踏み込み、必要に応じてその一部分以上を担って仕事を進める、柔軟な分業体制であると捉えることができる。職場の上司は上記八つの要素に加えて、事務職と営業職の各個人の技能や業務量を考慮しながら、臨機応変に仕事を振り分けていると考えられる（第2章第3節）。

事務職がベテランになると両者の境界はさらに曖昧になる。ベテラン事務職が難易度の高い職務に進出し、ペアを組む営業職が難易度の低い職務を引き受ける「ペア内部での職務の交換」が生じている。また、情報の収集・加工・発信や最も高度な知識・技能を必要とする職務では、事務職と営業職の両者がともに投じる日数を増やしており「ペアとしての職務の高度化」を図っている。したがって、事務職がベテランになると営業職と職務を交換するだけでなく、ペアとしての仕事の質を向上させ、業績向上に貢献している可能性が指摘できる（第3章第1節2、4）。

A社営業職場の職務は、先行研究が示すような「企画・判断業務」と「定型業務」に二分できるものではない。この職場の男女は各々が主たる職務領域を持っているが、相手の領域に相互に踏み込む柔軟な分業体制である。さらに事務職がベテランになると、両者の境界は曖昧さを増し、ペアとしての仕事の高度化も図られる。したがって、男女の職務が深く分断されているとの主張に同意することはできない。

いうまでもなく、A社営業職場には職種による男女の偏りを指す「性別職域分離」が存在している。営業職のほとんどが男性、事務職の全員が女性であり、事務職イコール女性であることが人材の活用と能力開発にとって合理的であるか、あるいは個人の職業人生の充実にとって障害となるのではないかという議論は必要である。しかし、本書のテーマである職場内部での職務の分け合い方、すなわち「性別職務分離」について詳細に検討すると、A社営業職場では、各々が主たる領域を持ちながらも相手の職務を取り込んで、または補い合って、さらに両者がともに高度化を図って仕事を進めている。また職場内部でのこのような職務の分け合い方が、女性事務職の技能向上を促進し、キャリア拡大へとつながっているのである。したがって、事務という職務の機能と価値を正しく分析・評価し、事務と営業のそれぞれの職能と互いの関係を正確に捉えることが、女性事務労働研究の出発点となるのではないだろうか。

3　性別職務分離の縮小と男女の分業の多様化

一〇人の事務職による営業職へのキャリア拡大事例では、男女の分業体制の変化を女性事務職のキャリア拡大の前後で比較した。それまではどの職場も一様に「事務は女性、営業は男性」という分業であったのに対して、営業職への女性の進出によって、職場の男女の分業体制は四種類のモデルへと変化していた。性別職務分離は縮小し、男女の分業は多様な姿へと変化している（第7章）。

第3節　女性事務職のキャリア拡大と性別職務分離の縮小を引き起こす要因

第三の課題は、「女性事務職のキャリア拡大と性別職務分離の縮小はなぜ生じるのか」を解明することである。前述の二つの課題を実証することで、職場組織の中での女性事務職のキャリア拡大とその影響に関わる仕組みが浮かび上がってきた。すなわち、女性事務職が勤続年数を重ねるにしたがって仕事の領域を広げ、時にはキャリア拡大を図り、それに伴って男女の分業に変更が生じて性別職務分離が縮小されるという仕組みである。では、この仕組みが生成され、機能・維持されていく背景にはどのような要因が影響をおよぼしているのであろうか。

第3章と第4章では、A社のベテラン女性事務職による職域拡大と職務転換事例によって、その背景に働いている要因を抽出した。さらに第6章では、一〇人の営業職へのキャリア拡大事例をとおして、その促進要因と阻害要因をあきらかにした。すべての要因を挙げて分類・整理したい。

(1) 女性事務職本人の要因

女性事務職本人の要因として、①事務職の能力伸張、②事務職の意欲、③事務職の自己啓発の三つの要因がキャリア拡大に寄与していることがあきらかになった。まず①事務職の能力伸張がもっとも重要な要因である。女性事務職が経験を積んで能力を伸ばし、それを活かしてキャリア拡大を図っていることを、多くの事例が明示した。②事務職の意欲については、職域拡大やキャリア拡大への強い意欲が重要なケースと、上司からの働きかけを契機としてキャリア拡大に踏み出すケースとが見出された。また、営業職へのキャリア拡大事例によって③事務職の自己啓発の重要性が見出された。事務職としての仕事に必要な知識だけでなく、さらに高度な知識や営業職の仕事に必要な知識を学ぶことが、その後のキャリア拡大に有効である。

(2) 企業・上司・職場の要因

女性事務職のキャリア拡大には、④企業の事務職活用の方針、⑤上司の積極的な姿勢と支援、すなわち組織側の要因が重要である。本書が採り上げた多くの事例がそうであるように、女性事務職の職域拡大や職務転換は、人事制度に組み込まれた公式的なキャリアルートではない場合が多い。したがって、とくに⑤上司の積極的な姿勢と支援が決定的な役割を担う。女性事務職を組織の重要な人材として捉え、日常の業務管理をとおして能力と意欲を見極め、職域拡大の機会を与えてそのサポートを行なうことが、女性事務職のキャリア拡大につながっていく。

また、⑥営業職の労働力不足と、⑦事務職の労働力の余剰が女性事務職のキャリア拡大を促進している。一〇人の事例研究では⑥営業職の不足が目立ち、A社調査では⑦事務職の余剰が見出された。職場内で、営業職あるいは事務職に仕事量と労働力のミスマッチが生じた時、⑧柔軟な分業体制が女性事務職の役割と職務の拡大を可能にし、キャリア拡大と性別職務分離の変容を促すことがあきらかになった。つまり、柔軟な分業体制が互いの職務への乗り入れを促進し、事務職の職域拡大に寄与する。さらに、人と仕事の組み合わせを職場の上司が柔軟に組み換えられるからこそ、女性事務職のキャリア拡大が可能になる。その結果、男女の分業はさらに境界が不鮮明になっていく。

また、一〇人の営業職へのキャリア拡大事例から⑨キャリアモデルの存在が大きな役割を果たすことが見出された。組織内にすでに女性営業職や営業職への転換者がいる場合、事務職のキャリア拡大への興味や意欲が引き出される。さらに女性営業職が指導者の役割を果たす場合もある。

(3)　**市場・顧客と商品の要因**

営業職場で女性事務職がキャリア拡大を図る場合、市場・顧客と商品の特性も見過ごすことのできない要因である。職域拡大事例では担当する市場の特性に応じた職務の拡大が見られたが、職務転換や営業職へのキャリア拡大の場合は、⑩競合環境の緩やかな市場や顧客を担当したり、⑪限定的な物件や商品を受け持つ事例が少なくない。比較的易しい職務からキャリア拡大をスタートする工夫である。

(4)　**技術的要因**

本書では、事務労働を大きく変貌させたＩＴの進展が、女性事務職の仕事とキャリアに影響をおよぼすと予想した。Ａ社における事務労働のＩＴ化の進展と、女性事務職の職務変化を長期的な視点から検証したところ、⑫ＩＴ化の進展が女性事務職の職務を長期に渡って徐々に拡大し、女性事務職の能力伸張を導いてきたことがあきらかになった。さらに最近では、事務職がＩＴを活用してその職務を情報の収集や加工・発信のレベルへと高度化していることも実証された。

図終-1　キャリア拡大の仕組み

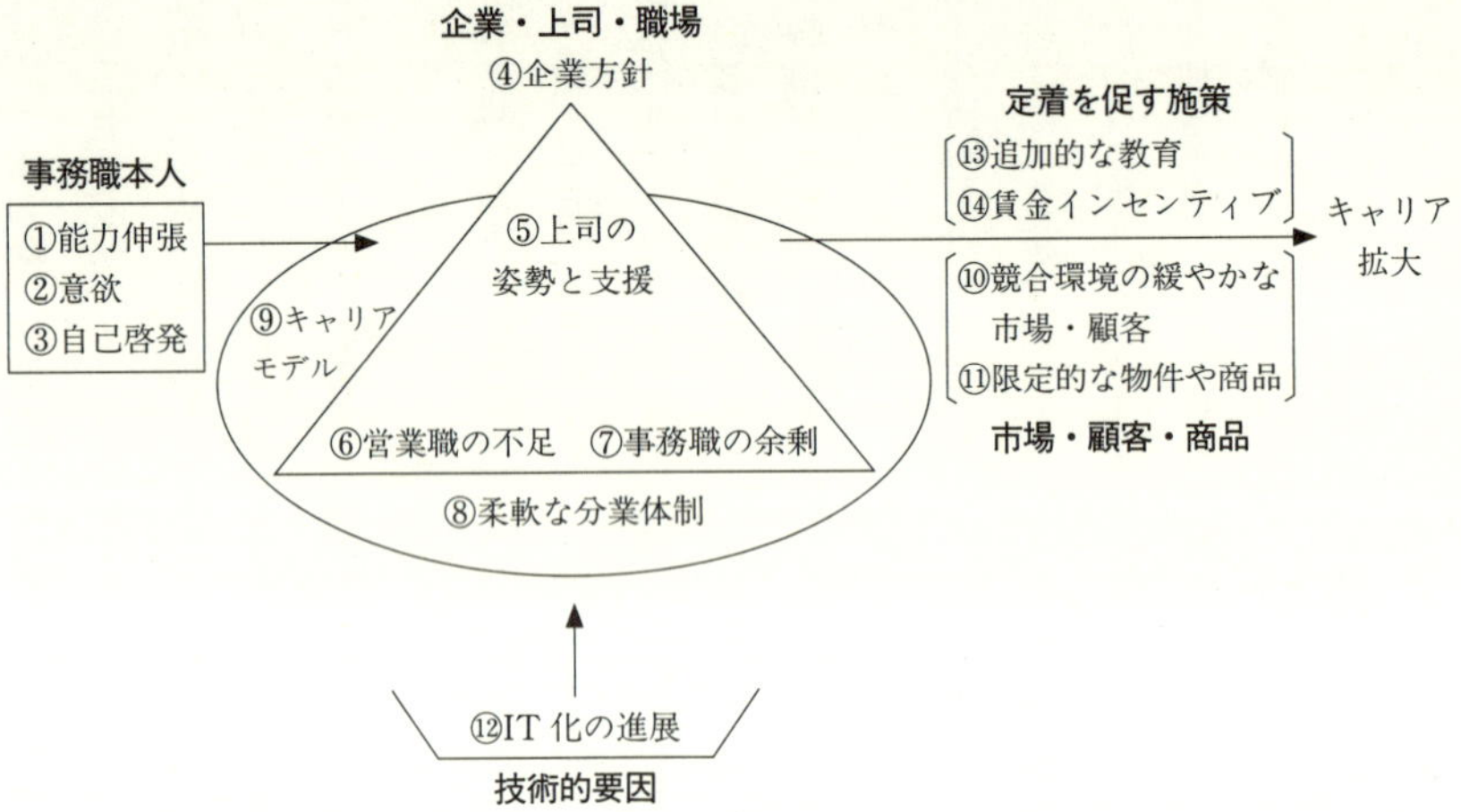

(5)　定着を促す施策要因

職務転換によるキャリア拡大を成功へ導き、新たな職務への定着を促すために、企業あるいは職場の上司が導入する施策も重要である。本書の二つの調査によって、⑬追加的な教育と、⑭賃金インセンティブが有効であるとの示唆を得た。一般的に、家事や育児との両立を支える施策が女性のキャリア拡大に寄与すると言われる。本書の調査ではこの点については実証できなかったが、営業職へのキャリア拡大事例において、家事・育児との両立の困難を予想する女性が少なくなかった。したがって、いわゆるファミリーフレンドリー施策はキャリア拡大後の定着を促す重要な要因であろうとの予測ができる。

以上のキャリア拡大を促進する要因を図に表わした。図終-1は、A社において新たな職務をひとつ取り込んで職域拡大を図ったケースから、一〇人の営業職への転換事例まで、調査から読み取れたすべての「女性事務職の職域拡大やキャリア拡大を促進する要因」を盛り込んで、その仕組みを概念図に表わしたものである。

女性事務職のキャリア拡大が、組織内部の要因、および環境要因の影響を受け、さらに積極的な施策を通じて実現していくことを、事例を挙げて説明してみよう。A社の支店で学校へのパソコン販売を担当する営業職に転換した大村さんは、事務職時代の経験からパソコンの自動在庫販売システム（⑫IT化の進展）に精通しており、パソコンの受注についてはペア以外の営業職からも仕事を頼まれるほどであった（①事務職の能力伸張）。パソコン販売が子会社へ移管されて大村さんは担当職務の一部を失ったが（⑦事務職の労働力の余剰）、学校物件だけが残ったので、上司の判断で大村さんが営業職に転換して学校物件を担当することになった（⑧柔軟な分業体制）。公式的な職種転換以前から学校物件の営業を担当していた大村さんは、「このまま終わりたくない」と職種転換への意欲を持つようになった（②事務職の意欲）。上司は職種転換以前から学校物件担当者会議に出席させるなどの勉強の機会を与え（⑬追加的な教育）、大村さんを正式な担当者であると公言し、顧客へのアピールを行なった（⑤上司の積極的な姿勢と支援）。

ただし、大村さんは学校物件という市場に対して、すでに信頼関係が築かれている販売店を経由して営業活動を行なっており（⑩競合環境の緩やかな市場や顧客）、商品もパソコンに限定されている（⑪限定的な物件や商品）。また、大村さんの仕事を職務調査によって詳細に調べると、事務職と営業職の中間的な難易度の職務を担っていることがわかる。したがって、大村さんは比較的取り組みやすい職務から、徐々にキャリア拡大を図っているといえる。

以上のように、事務職本人の要因、企業・上司・職場の要因、市場・顧客と商品の要因、技術的な要因、さらに定着を促す施策要因のすべてが相互に影響しあって、大村さんはキャリア拡大を実現したのである。

(6)　営業職へのキャリア拡大を阻害する要因

営業職へのキャリア拡大事例のなかには成功したとは認めにくいケースもあり、キャリア拡大を阻害する要因を示唆してくれた。最も重大な阻害要因は、i追加的な教育の不足である。事務職時代の知識・技能の蓄積が追加的な教育の必要性を低くしているとはいえ、事務職時代には習得できない知識・技能を見極めて十分な教育機会を与えることが、キャリア拡大後の定着と戦力化にとってきわめて重要である。

また、ii賃金インセンティブの不足、iii人事制度の未整備と組織メンバーへの説明不足、といった制度とその運用上の課題と、iv顧客の抵抗感が営業職としての職務遂行を妨げる可能性が見出された。さらに、vライフイベントがおよぼす影響については、家事・育児との両立の難しさがいずれ障害になるだろうと考える女性が少なからず存在した。

第4節　展望と課題

1　環境変化と事務職の将来

最後に、A社の営業職場が環境変化によってどのように変貌するかを予測し、女性事務職の将来と今後の課題を考えたい。

A社の事務業務のＩＴ化は調査後も進展を続けており、ネットワークの範囲も広がり続けている。元情報システム企画担当者である小西さんによれば、調査時点においてA社の情報システムはインターネットによる操作機能を充実させ、物流や保守サービスを統合したトータルなシステムへの進化を予定していた。システムが進化すれば営業職が顧客との商談中に在庫確保や値引き申請を行なえるようになり、業務プロセスの変更と職務分担の変化が予想される。変化の大きな方向性は情報処理の省力化であり、女性事務職の主たる担当領域の職務は縮小し、人員はさらに抑制されていくものと思われる。ただし、事務業務のすべてが外出先で処理できるようになるとは考えにくく、また営業職のデスクワークが増えれば顧客訪問の時間が減って営業機能の弱体化につながろう。したがって、ＩＴのさらなる進展によって事務業務の省力化は進むであろうが、営業職場の事務業務がなくなることはない。また、顧客の要望がハードウェア中心からソフトウェアを組み込んだトータルな情報システム構築へとシフトしていることから、それぞれの営業物件ごとにハードとソフトを組み合わせた多様なサービスを提供する必要性が強まり、受注後の事務業務がますます複雑化することも予想される。ＩＴの進化によって事務業務の一部は省力化されるであろうが、残った事務業務がさらに複雑化・高度化したり、交渉・調整などの対人折衝に関わる業務が増加することも考えられよう。

一般に非正規雇用労働者が急増しており、女性事務職を派遣社員に置き換える動きが広がっている。A社は調査時点では欠員補充としてごく少数の派遣社員を採用しているにすぎなかったが、本書の詳細な職務調査によれば、短期就業の非正規雇用労働者に委ねることのできる職務は「付帯的雑務」を中心としたごく限定的な範囲にとどまると思われる。職場の情報システムを熟知し、営業職とペアを組んで「手配・手続き」「交渉・調整・回答」「ミスの発見とフォロー」の役割を遂行していくためには、さらに顧客からの問い合わせに臨機応変に対応したり、若手営業職に業務知識を指導するレベルに達するためには、中・長期の勤続年数が必要である。また、事務職が外出中の営業職に代わって顧客の要望に応えたり、職場の問題を解決して業務効率化に貢献するためには、業務上の問題点や仕事の成果を営業職や上司と共有できる、正規雇用労働者であることが重要である。チームの一員としての役割認識と貢献意欲の重要性に、男女の差はない。したがって、正規雇用の事務職が営業職場から消えることはないと予測できる。

では、A社の女性事務職の働き方にはどのような変化が生じるであろうか。まず、一定量以上の「付帯的雑務」が発生する大規模な職場では、この領域の職務が切り離されて外注化されたり、非正規雇用労働者に委ねられる可能性がある。非正規雇用事務職が実際にどれほど増えていくかを、継続的に観察する必要があろう。

仮に、女性事務職の育成とより高度な職務への進出が、顧客サービスと営業力の強化につながることを職場の管理者と企業が理解していれば、正規雇用事務職の採用と育成は継続され、事務職の職域拡大・キャリア拡大が増えていくと考えられる。しかし、女性事務職の職務の複雑さや役割の重要性など、職場全体への影響の度合いを企業が正しく認識していない場合には、多くの業務を非正規雇用事務職に移管しようと試みられるかもしれない。その場合、優秀な非正規雇用事務職が供給され続けなければ、事務業務の生産性は確実に低下すると予想される。情報システムを使いこなし、時には営業職の仕事の一部を担って受注獲得と顧客サービスに力を注ぐ女性事務職の職務は、誰にでもすぐにできる仕事ではない。

したがって、A社営業職場に残った正規雇用の女性事務職たちは、さまざまな形で職域拡大やキャリアの拡大を図ると思われる。営業職の職務の漸次的な取り込みは今後も続くであろうし、営業職やスタッフ職へのキャリア拡大も予想されよう。営業職と事務職の中間的な職務が見出せれば、比較的易しい物件からスタートさせて徐々に営業職として育成することも可能であろう。スタッフ職へのキャリア拡大では、たとえばソフトウェアに関わる技術サービス業務を任せるなど、営業戦略と職場の労働力の状況に応じて管理職が判断を下し、新しいタイプの職務を担うスタッフ職が生まれることも予想できる。

以上、A社営業職場の考察によって女性事務職の今後を予測した。しかし、営業職へのキャリア拡大といっても、扱う商品や顧客、必要なスキルや職場内での仕事の振り分け方によって、兼務型、中間型、転換型といったいくつかのタイプがあることを第II部で指摘した。したがって、さまざまなタイプの女性営業職が各企業に登場してくると予測されよう。また、スタッフ職へのキャリア拡大も想定できる。その際、キャッチアップのための追加的な教育、キャリア拡大を支える人事制度とその適切な運用、ファミリーフレンドリー施策の充実がポイントとなることはすでに述べたとおりである。

このように考えると、女性事務職は大きく二つに分化していくことが予想される。すなわち、高いスキルの要らない情報処理を担う短期就業の非正規雇用事務職と、職場固有のスキルを有し、営業職や専門スタッフ職などのより高度な職務に向けて技能とキャリアを連続させていく長期就業の正規雇用事務職の二つのグループである。さらに、後者の正規雇用事務職は、もはや「事務職」という仕事の手段によって名づけられる職種ではなく、仕事の目的や機能によって職場に位置づけられる存在になるのではないだろうか。阿部正浩［2001］は、銀行と損害保険会社において従来の一般職のスキルがデジタル化されて派遣社員に移管され、正規雇用の一般職はアナログ・スキルを必要とするさらに高度な職務へと技能向上を図っていることを指摘している。阿部が見出した、ファイナンシャル・プランナーとして金融商品を販売する銀行の一般職や、損害保険サービスセンターで事故状況の把握から保険金の支払いまでを担当する一般職、さらに本書があきらかにした営業職場で販売活動の一部を担いながら時には営業職の代行も引き受ける女性事務職たちは、「一般事務職」あるいは「ＯＬ」と呼ばれる集団ではなく、ホワイトカラー専門職として認識されつつあるのではないだろうか。

2　キャリア拡大にむけて

女性事務職の能力伸張とキャリア拡大を促進するためには、どのような方策が求められるのであろうか。もっとも強調したいのは、複雑で幅広い女性事務職の職務内容にこそ、能力開発とキャリア拡大の可能性が存在するという点である。女性事務職が単純で定型的で補助的な職務を担っているとの認識に拠る限り、職場での日々の仕事による能力開発は不可能であると見誤ってしまう。しかし本書の事例が示すように、女性事務職の能力開発とキャリア拡大は、日常の担当業務をいかに広げていくか、営業職の手が回らない仕事をどのようにして自分の仕事にするか、顧客の要望によって新たに生じた課題にどこまで応えられるかなど、女性事務職が毎日の仕事の中で、いかに腕を磨いていくかにかかっているのである。

したがって、日々の仕事の中で職場の上司が女性事務職にどのような仕事と目標を与えるかが、もっとも重要なポイントとなる。たとえばA社の入社四年めの事務職には、担当職務の範囲とスキルに大きな個人差があった。高いスキルを持つ事務職を見出して課題を与え、積極的に育成することが求められよう。実際に、A社で営業職に転換した大村さんや金森さんの上司は、男性が担当していた職務を事務職に次々と与えて能力開発を図っている。さらに一〇人の営業職への転換事例によれば、事務職時代に営業職の職務や新しい仕事をどれだけ取り込んだかが、その後のキャリア拡大に影響をおよぼす。したがって、女性事務職の担当職務を狭い範囲に限定せず、営業職の職務や新たな課題の中から女性事務職に何を任せるか、どのような目標を与えるかを職場の管理者が見極められるかどうかが重要である。まずは職場の管理者が女性事務職を貴重な人材として認識し、その育成に力を注ぐことが出発点となろう。

仕事と目標の与え方だけでなく、女性事務職の職務の価値を正しく評価して公正に処遇することも欠かせない。本書では、調査した各企業の人事制度や処遇の内実に踏み込むことができなかった。しかし事務職へのインタビューからは、企業が女性事務職のスキルレベルを低いものとみなして、勤続年数による横並びの人事管理を行なっていることが窺われた。男女を問わず、人材開発とキャリア拡大にはそれを奨励するインセンティブの仕組みが不可欠である。女性事務職を同一のスキルレベルの集団とみなすのではなく、ひとりひとりの女性事務職が職場で担う役割、スキルの高さ、業務上の成果や職場への影響力などを正しく評価し、その伸張を認めていく。つまり女性事務職の人材育成の基本的な仕組みを人事制度に適切に組み込み、上司による日常の指導によって実践することが求められる。また、そもそも女性事務職の職務価値と実際の処遇との間にギャップがないか、組織への貢献に見合った処遇を行なっているかを点検することも必要である。

ひとりひとりに適切な目標や課題を与え、その結果を正しく評価し処遇するためには、職場の管理者が女性事務職の職務を的確に把握していなければならないのはいうまでもない。しかし、近年の女性事務職の非正規雇用労働者への置き換えと、その後の正社員採用復活などの動きをみると、女性事務職の職務の重要性や技能のレベルを、企業と職場の管理者は把握していないのではないかという疑問がわく。中・長期の勤続が予測される女性事務職の職務価値とスキルレベルの的確な把握と、現有女性人材のさらなる能力開発・活用が求められる。

女性事務職本人にとっても、高い目標や新たな課題に挑戦して、その結果と能力発揮を点検・評価するプロセスには大きな意義がある。職場における自己の役割や他のメンバーとの職務分担の現状、現在のスキルレベルなどを的確に把握することによって、次なる目標と能力開発の課題を検討することができよう。仕事に発揮された自己のスキルをチェックし、新たな職域への挑戦や学習の機会を求めて上司とコミュニケーションを図ることが、女性事務職のキャリアデザインへの主体的な第一歩となろう。自らの知識やスキルを把握し、専門性を磨き職務領域を広げて仕事の価値を高めることが、企業社会における女性事務職の進路を拓くのではないか。

あとがき

本書は、法政大学大学院において一九九七年修士（経営学）、二〇〇一年博士（経営学）を取得した論文を再構成し、加筆・修正を加えたものである。

本書は「相川さん」から始まる二〇人の女性事務職を中心として、予備調査を含めると一〇〇人を超える女性の仕事とキャリアに関する証言を基に生み出されたものである。本書をまとめることによって、これらの方々への私の務めが、一応は果たせたように思う。

A社調査では多くの方々にご協力いただき、営業職場の女性たちの日々の仕事と、仕事への思いを聞き取ることができた。何度も同じ事を尋ねる私に辛抱強くつき合ってくださったA社の女性事務職の方々、男性社員や上司の方々に心からの感謝を述べたい。またA社の事務職であるHさんには、すべての調査に同行していただいて意見を交わし、アドバイスをいただいた。本書の第I部はHさんとの共同研究ともいうべきものである。現在は主任として活躍しておられるHさんに深く感謝し、さらなるご活躍を祈念したい。

第II部では一〇人の女性に話を伺ったが、結婚・出産などの個人的な事情を含め快くお話しいただき、こちらが励まされることもしばしばであった。あわせて深く感謝申し上げたい。

私は事務職として働いた経験を持たないが、企業研修の講師として、多くの女性事務職の方々から仕事と職場について話を伺う機会を得た。そのうちの幾人かは、「以前は男性が担当」していた「私の仕事」がいかに難しいか、いかにおもしろいかを語った。また自分にできそうな仕事、やってみたいことが職場にはたくさんあると話す女性も多かった。私の出会う女性たちは、なぜ「つまらない仕事に縛りつけられているＯＬ」と言われているのだろうかという疑問を抱えて、私は創成期の熱気が溢れる社会人大学院の門を叩いた。

法政大学大学院では、先生方の熱心なご指導を賜る幸運を得た。川喜多喬先生には、安易な思い込みを捨てること、何よりも真摯に丹念に調べること、得られたデータと格闘すること、知り得たことのみを明示すべきことなど、研究の姿勢と方法を一から厳しくご教示いただいた。先生には、いかほどの言葉をもってしても感謝の気持ちを言い尽くすことはできない。

藤村博之先生にも論文指導を賜り、聞き取りで得られた小さなエピソードが持つ重要な意味を教えていただいた。小池和男先生は不勉強で生意気な社会人学生に対して、常に真剣にそして温かくご助言くださった。佐藤博樹先生、奥西好夫先生にも折に触れてご指導と貴重なコメントを頂戴した。先生方の寛容で粘り強いご指導がなければ、とうてい本書をまとめることはできなかった。厚く御礼を申し上げたい。

ご指導を賜ったすべての先生のお名前を記すことはできないが、故橋本寿朗先生、岸真理子先生には副査としてアドバイスをいただき、学会発表に際しては諏訪康雄先生、中村圭介先生、有利隆一先生から貴重なご意見を頂戴した。深く感謝を申し上げたい。

また法政大学大学院の学友には、調査対象者の紹介やゼミでの議論において大変お世話になった。仕事を持ちつつともに学んだ友人たちに、心からの感謝を表わしたい。友人たちから得た協力と励ましは、私の研究を支える大きな力となった。

働きながら大学院で学ぶことがめずらしかった時代に、勤務先の理解を得られたことも私にとって幸運であった。研修の仕事によって多くの女性事務職と出会う機会を与えられたこととあわせて、当時の勤務先の上司と仲間に謝意を述べたい。

もとより、本書の内容については私一人がその責任を負うものである。しかしながら、多くの方々から賜ったご指導とアドバイスが活かされ、本書が女性事務職の仕事に関する理解の深まりの一助となれば幸いである。

他方で、女性事務職の置かれている状況は、本書の調査以降大きく変化した。非正社員化の拡大と揺り戻しの動き、事務労働の変質、男女に関わりなく激しさを増す個人競争など、女性労働を捉える視点そのものを問い直す必要を感じている。今後の私の課題である。

厳しい出版事情の中、本書の出版を快く引き受けてくださった日本経済評論社の栗原哲也社長、谷口京延氏、担当編集者の新井由紀子さんに心から御礼を申し上げたい。出版の了解を得た日、滲んで見えた神保町の街並みを忘れることはできない。

最後に、地道に働いて二人の娘を大学へ進学させ、私の選ぶ道を認めて励ましてくれた父・直二郎と母・三紀子に心から感謝し、本書を捧げたいと思う。

参考文献

合場敬子［1996］「アメリカ社会学における性別職域分離研究の理論的枠組みと今後の研究方向」『日米女性ジャーナル』第二〇号

赤岡功［1989］『作業組織再編成の新理論』千倉書房

浅海典子［1997］「事務職から営業職へ――職務転換の条件」『日本労働研究雑誌』No. 445

――［2001］「情報通信機器営業職場における課業編成（work organization）――「女性事務労働は定型・補助」通説の検証」『日本労働研究雑誌』No. 498

阿部正浩［2001］「派遣社員が増える理由」脇坂明・冨田安信編『大卒女性の働き方』日本労働研究機構

有村貞則［1999］「アメリカン・ビジネスとダイバーシティ」『山口経済学雑誌』第四七巻第一号

――［2004a］「外資系企業とダイバーシティ・マネジメント［I］」『山口経済学雑誌』第五二巻第五・六号

――［2004b］「外資系企業とダイバーシティ・マネジメント［II］」『山口経済学雑誌』第五三巻第二号

伊田広行［1991］「ME化と女子労働」竹中恵美子編『新・女子労働論』有斐閣

伊藤実［1988］『技術革新とヒューマン・ネットワーク型組織』日本労働協会

牛尾奈緒美［2002］「アメリカ型アファーマティブアクションの日本への導入――日本的ジェンダー・マネジメントの構築に向けて」『三田商学研究』第四五巻第五号

海老沢栄一［1980］「オフィス・オートメーションの利用形態」涌田宏昭編『現代オフィス・オートメーション』日本経営出版会

大内章子［1999］「大卒女性ホワイトカラーの企業内キャリア形成――総合職・基幹職の実態調査より」『日本労働研究雑誌』No. 471

大沢真知子［1993］『経済変化と女子労働』日本経済評論社

――［1998］『新しい家族のための経済学』中央公論社

大槻奈巳［1998］「性別職務分離の形成――総合職システムエンジニアの事例から」『女性労働研究』第三四号
岡崎敬子［1987］「女子の事務職における人材形成について」『企業における教育訓練の機会均等に関する研究』雇用職業総合研究所・日本産業訓練協会
小笠原祐子［1998］『OLたちの〈レジスタンス〉』中央公論社
小方直幸・金子元久［1997］「『女子事務職』の形成と融解」『日本労働研究雑誌』No. 445
岡本英雄［1997］「女子事務職の現状」『日本労働研究雑誌』No. 445
奥林康司・庄村長・竹林明・森田雅也・上林憲雄［1994］『柔構造組織パラダイム序説』文眞堂
川口章［2002］「ファミリー・フレンドリー施策と男女均等施策」『日本労働研究雑誌』No. 503
唐崎斉［1989］「事務管理の体系と機能」山口尚夫・叶野清・唐崎斉『企業経営と事務管理』嵯峨野書院
川喜多喬［1985］「技術革新と労働者」間宏・北川隆吉編『経営と労働の社会学』東京大学出版会
川喜多喬［1989］「シェア争奪時代のセールスマンの仕事と心情」『産業変動と労務管理』日本労働協会
木本喜美子［1995］「性別職務分離と女性労働者――百貨店A社の職場分析から」『日本労働社会学会年報』第六号
――［1999］「女の仕事と男の仕事――性別職務分離のメカニズム」鎌田とし子・矢澤澄子・木本喜美子編『講座　社会学一四　ジェンダー』東京大学出版会
――［2003］『女性労働とマネジメント』勁草書房
熊沢誠［1993］『新編　日本の労働者像』筑摩書房
――［2000］『女性労働と企業社会』岩波書店
倉谷好郎・小松崎清介・高原康彦［1987］『OAシステム概論』オーム社
経済同友会［2004］『「多様を活かす、多様に生きる」――新たな需要創造への企業の取組み』
ケビン・クローストン、トーマス・W・マローン［1995］「情報技術の企業組織へのインパクト」T・J・アレン、M・S・スコット・モートン編／富士総合研究所訳『アメリカ再生の「情報革命」マネジメント』白桃書房
剣持一巳［1983］『マイコン革命と労働の未来』日本評論社
小池和男・冨田安信編［1988］『職場のキャリアウーマン』東洋経済新報社

小池和男［2005］『仕事の経済学　第三版』東洋経済新報社
厚生労働省［2005］『平成一六年版　女性労働白書』
駒川智子［1998］「銀行における事務職の性別職務分離――コース別人事管理制度の歴史的位置づけ」『日本労働社会学会年報』第九号
――［2000］「コース別人事管理制度の変容――都市銀行の『女性活用』」木本喜美子・深澤和子編『現代日本の女性労働とジェンダー』ミネルヴァ書房
鷹田憲久［1999］「組織と情報システム」鷹田憲久・矢島敬士『企業情報システム入門』コロナ社
雇用情報センター［1990］『情報ネットワーク化の進展と組織・仕事の変化に関する調査研究報告』
近藤美智子［1993］「営業職のキャリアと意見」高年齢者雇用開発協会『多層化するホワイトカラーのキャリア――変わる企業の人材管理』
金野美奈子［2000］『OLの創造』勁草書房
――［2004］「性別職域分離――仕事の中の男性と女性」佐藤博樹・佐藤厚編『仕事の社会学――変貌する働き方』有斐閣
坂爪洋美［2002］「ファミリー・フレンドリー施策と組織のパフォーマンス」『日本労働研究雑誌』No. 503
佐藤悦子［1998］「電気機器会社の働く女性」藤井治枝・渡辺峻編『日本企業の働く女性たち』ミネルヴァ書房
柴山恵美子［1988］「コンピュータ労働と女のあした」柴山恵美子編『女たちの衝撃――コンピュータは女の働き方をどう変えたか』学陽書房
篠塚英子［1982］『日本の女子労働――揺さぶられる経済基盤』東洋経済新報社
島田達巳［1991］『情報技術と経営組織』日科技連
首藤若菜・高木郁朗［1998］「なぜ男女の賃金格差は縮小しないのか」『賃金と社会保障』No. 1239, 1244, 1247, 1248
首藤若菜［2003］『統合される男女の職場』勁草書房
M・S・スコット・モートン編［1992］宮川公男・上田康訳『情報技術と企業革新』富士通ブックス
仙田幸子［2000a］「女性一般職のキャリア形成――その促進要因と限界」『女性労働研究』第三八号
――［2000b］「女性一般職の『ヨコの移動』によるキャリア形成――大手商社を事例として」『産業・組織心理学研究』

仙田幸子・大内章子［2002］「女性正規従業員のキャリア形成の多様性――コース別雇用管理制度をてがかりとして」『組織科学』Vol. 36 No. 1

総務省統計局［2005］『労働力調査年報（平成一六年版）』

竹内敬子［1994］「雇用労働力の女性化と企業」竹中恵美子・久場嬉子編『労働力の女性化』有斐閣

竹中恵美子［1989］『戦後女子労働史論』有斐閣

――［1991］『新・女子労働論』有斐閣

谷口真美［2005］『ダイバシティ・マネジメント――多様性をいかす組織』白桃書房

中部産業・労働政策研究会［1997］『情報化技術革新による事務・技術職の働き方の変質と労使の対応』

筒井清子・山岡熙子［1991］『国際化時代の女子雇用』中央経済社

東京都中央労政事務所［1998］『女性事務職の現状と活用に関する調査』

東京都立労働研究所［1993］『女性活用に関する企業事例報告書』

冨田安信［1991］「女性社員の技能形成」『大阪府立大学経済研究』Vol. 36 No. 3.

――［1992］「女性営業職の育成と動機付け」『大阪府立大学経済研究』Vol. 36 No. 4.

――［1993］「女性の仕事意識と人材育成」『日本労働研究雑誌』No. 401

内閣府［2004］『少子化社会白書　平成一六年版』

中村圭介［1986］「OA化が雇用に及ぼす影響」東京都労働経済局『OA化の影響とその課題』

中村真人［1987］「女子労働者の増加と階級構造の変化」鎌田とし子編『転機に立つ女性労働――男性との関係を問う』学文社

中村恵［1988］「大手スーパーにおける女性管理職者・専門職者――仕事経験とキャリア」小池和男・冨田安信編『職場のキャリアウーマン』東洋経済新報社

並木高矣・島田清一［1981］『事務管理』丸善株式会社

二一世紀職業財団［2000］『大卒者の採用状況及び総合職女性の就業実態調査結果報告書』

日経連ダイバーシティ・ワーク・ルール研究会［2002］『原点回帰――ダイバーシティ・マネジメントの方向性』日本経営者団

体連盟
日本労働研究機構［1995］『女性の専門的キャリア形成』資料シリーズ、No. 49
日本労働研究機構［1996］『情報化の進展及び今後の社会動向への企業の対応に関する実態調査報告書』
日本労働研究機構［2001］『ＩＴ化と企業・労働――ＩＴ活用企業についての実態調査、情報関連企業の労働面についての実態調査』
日本労働研究機構［2003］『情報技術革新と雇用・人事管理の変化』調査研究報告書、No. 163
野々口格三［1969］『事務管理新論――情報システムの設計と運営』同文館出版
花岡菖・太田雅晴［1996］「製販統合型情報システム」島田達巳編『日本企業の情報システム』日科技連
二村敏子［1982］「人間資源アプローチと職務充実」二村敏子編『組織の中の人間行動』有斐閣
平和経済計画会議［1986］『企業情報システムの職場・労働者への影響』機械振興協会経済研究所
ペイ・エクイティ研究会［1997］『商社における職務の分析とペイ・エクイティ』
ホーン川嶋瑤子［1994］「女性と労働をめぐる諸理論――人的資本論から制度派まで」『日米女性ジャーナル』第一六号
松行彬子［1995］『国際情報通信企業の経営戦略　増補版』税務経理協会
嶺学［1986］「柔軟な職務構造」法政大学大原社会問題研究所編『労働の人間化――人間と仕事の調和を求めて』総合労働研究所
――――［1991］「大企業における配置と仕事の配分の柔軟性」『労働の人間化を求めて』法政大学出版局
矢島敬士［1999］「経営情報システムにおける基本情報技術」蔦田憲久・矢島敬士『企業情報システム入門』コロナ社
八代充史［1984］「女子労働者の雇用管理――大手百貨店の事例研究」『三田商学研究』第二七巻五号
――――［1992］「大手小売業における女性の管理職への昇進――人事部門の機能の実態」『日本労働研究雑誌』No. 388
八幡成美［1993］「情報ネットワーク化の進展と仕事の変化」法政大学大原社会問題研究所編『労働の人間化の新展開』
――――［1999］「『技術革新と労働』に関する実証研究のレビュー」『日本労働研究雑誌』No. 467
山田明浦［1996］「事務の機能と特質を確認する」山田明浦編『明日を変える事務と事務部門の革新』日本規格協会
吉田寛治［1987］「事務処理の効率化」中佐古勇・吉田寛治・森貞俊二『事務・文書管理』嵯峨野書院

連合総合研究所［2003］『ＩＴの仕事と職場組織に与える影響』

労働省婦人少年局［1963］『女子事務職員――実態調査報告』

労働政策研究・研修機構［2004］『変わる企業社会とこれからの企業・個人・社会の課題――「雇用重視」型社会に向けて』労働政策研究報告書，No. L-3

労働大臣官房政策調査部［1996］『企業の情報化と労働』

脇坂明［1990］『会社型女性――昇進のネックとライフコース』同文館出版

――――［1993］「総合商社における女性の活用」『労働力資源の有効活用のための人事管理のあり方に関する調査研究』雇用促進事業団　日本産業訓練協会

――――［1996］「コース別人事管理の意義と問題点」『日本労働研究雑誌』No. 433

――――［1997］「コース別人事制度と女性労働」中馬宏之・駿河輝和編『雇用慣行の変化と女性労働』東京大学出版会

――――［1998］『職場類型と女性のキャリア形成　増補版』御茶の水書房（初版は一九九三年）

――――［2001］「仕事と家庭の両立支援制度の分析」猪木武徳・大竹文雄編『雇用政策の経済分析』東京大学出版会

Beechey, Veronica.［1987］*Unequal work*. Verso. 高島道枝・安川悦子訳［1993］『現代フェミニズムと労働』中央大学出版部

Benet, Mary Kathleen.［1972］*The Secretarial Ghetto*. McGraw-Hill.

Braverman, Harry.［1974］*Labor and monopoly capital*, Monthly Review Press. 富沢賢治訳［1978］『労働と独占資本』岩波書店

Crozier, Michel.［1971］*The World of the Office Worker*. Translated by David Landau. University of Chicago Press.

Davies, Margery W.［1982］*Woman's Place is at the Typewriter*. Temple Unisersity Press.

Glenn, Evelyn Nakano and Feldberg, Roslyn L.［1984］"Clerical Work: The Female Occupation" in Jo Freeman eds., *Women: a feminist perspective*. Mayfield.

Goldberg, Roberta.［1983］*Organizing women office workers*. Praeger.

Kanter, Rosabeth Moss.［1993］*Men and Women of the Corporation*. Basic Books. 高井葉子訳［1995］『企業の中の男と女』生産性出版

Kanter, Rosabeth Moss and Stein, Barry A. 〔1979〕"The Gender Pioneers: Women in an Industrial Sales Forse" in Kanter, Rosabeth Moss and Stein, Barry A. eds., *Life in Organization*. Basic Books.

Lockwood, David. 〔1989〕*The Blackcoated Worker: a study in class consciousness*. 2nded. CLARENDON PRESS OXFORD
寿里茂訳〔1964〕『現代の新中間層』ダイヤモンド社

Rothman, A. Robert. 〔1987〕*Working: sociological perspectives*. Prentice Hall, Inc.

図表一覧

タ行

ナ行

ハ行

ヤラワ行

索　　引

ア行

カ行

サ行

【著者略歴】
浅海　典子（あさみ・のりこ）

1959年　東京都に生まれる
1981年　明治大学文学部卒業
　　　　株式会社和光、株式会社マネジメント サービス センターを経て
2001年　法政大学大学院社会科学研究科　経営学専攻博士後期課程修了
　　　　博士（経営学）
現在、神奈川大学経営学部助教授
主要業績：「事務職から営業職へ――職務転換の条件」『日本労働研究雑誌』
　　　　No.445、1997年
　　　　「情報通信機器営業職場における課業編成（work organization）」
　　　　『日本労働研究雑誌』No.498、2001年

女性事務職のキャリア拡大と職場組織

2006年5月1日　第1刷発行　定価（本体3800円＋税）

著者　浅　海　典　子
発行者　栗　原　哲　也

発行所　株式会社日本経済評論社
〒101-0051　東京都千代田区神田神保町 3-2
電話 03-3230-1661　FAX 03-3265-2993
nikkeihy@js7.so-net.ne.jp
URL：http://www.nikkeihyo.co.jp
印刷＊藤原印刷・製本＊美行製本
装幀＊渡辺美知子

乱丁本落丁本はお取替えいたします。

Printed in Japan ISBN4-8188-1824-0